新商科

MBA新形态特色教材

战略管理

张世如◎主　编

王娟娟　刘文通◎副主编

清华大学出版社

北京

内 容 简 介

本书以战略环境分析、战略选择和战略实施为主线展开,旨在使高等院校学生和企业管理人员掌握有关企业战略的基本理论、基本框架、重点及核心内容,为日后在实际管理工作中运用所学分析企业所处的战略环境,并作出战略选择打下理论基础。本书共分为九章,分别介绍了战略逻辑构建、穿越周期的宏观洞察、中国情境的战略洞察、供给侧和需求侧战略洞察、企业战略理想构建、企业战略能力识别、企业战略类型与工具、战略实施重点和难点、企业数字化实施的战略演化等内容,各章均配有即测即练题。

本书主要作为全国高等院校工商管理硕士、管理类及相关专业硕士的课程教材,也可作为企业中高端人员及战略管理学习者的研学读物。

图书在版编目(CIP)数据

战略管理/张世如主编. —北京:清华大学出版社,2023.10
新商科 • MBA 新形态特色教材
ISBN 978-7-302-64784-3

Ⅰ.①战…　Ⅱ.①张…　Ⅲ.①企业管理－战略管理－高等学校－教材　Ⅳ.①F272.1

中国国家版本馆 CIP 数据核字(2023)第 204772 号

责任编辑:张　伟
封面设计:汉风唐韵
责任校对:王荣静
责任印制:沈　露

出版发行:清华大学出版社
　　　　　网　　　　址:https://www.tup.com.cn,https://www.wqxuetang.com
　　　　　地　　　　址:北京清华大学学研大厦 A 座　　　　邮　　编:100084
　　　　　社 总 机:010-83470000　　　　　　　　　　　邮　　购:010-62786544
　　　　　投稿与读者服务:010-62776969,c-service@tup.tsinghua.edu.cn
　　　　　质量反馈:010-62772015,zhiliang@tup.tsinghua.edu.cn
　　　　　课件下载:https://www.tup.com.cn,010-83470332
印 装 者:天津鑫丰华印务有限公司
经　　销:全国新华书店
开　　本:185mm×260mm　　印　张:11.5　　　　　字　　数:266 千字
版　　次:2023 年 12 月第 1 版　　　　　　　　　　印　　次:2023 年 12 月第 1 次印刷
定　　价:45.00 元

产品编号:094099-01

前言

当前的中国面临百年未有之大变局,产业和企业的战略环境充满了各种不确定性。放眼中国的经济市场化进程,一大批本土产业和企业迅速崛起,但在此时都不得不重新面对新的经济发展阶段和国内循环体系重构的严峻挑战,企业亟须通过战略转型和创新对此进行响应。企业选择的战略,既要符合国内经济高质量发展的升级需求,又要为中国企业在全球经济和产业体系中的准确定位谋划路径与蓝图。因此,当前阶段的中国企业战略实践和理论要强调有效应对与利用环境的高度不确定性,聚焦于构建、保持和发挥竞争优势的决策与行动,寻求企业的持续成长。本书紧扣战略管理实践案例,寻求企业自身特质与外部环境变革的契合,力求昭示企业的独特定位,开启竞争优势的源泉。

本书系统地介绍了战略的逻辑思维、基本理论、类型特点和分析方法,探讨了战略管理与数字化战略实施的演化过程,并从中国情境角度,对企业发展的宏观环境进行洞察,通过实际案例的论证深入剖析了如何将战略规划与实际发展保持一致,从而实现完整的战略部署。本书基于经典的战略管理理论和战略管理实践的最新发展,对战略管理概念和工具做了全面而翔实的探讨,每章都加入很多基于实践的案例,是一本寻求反映新的战略理论发展和中国战略实践演变的教材。

撰写本书主要有以下几个目的:第一,通过对本书的学习,帮助学习者掌握企业战略管理的基本概念与理论,了解战略管理的典型案例与最新实践,熟悉这一学科的基本构架和分析逻辑,有一个总体的认识;第二,培养学习者的战略思维能力和战略实施艺术,理解并掌握战略管理基本原理和具体分析方法与流程,使学习者具备运用战略管理理论分析和解决企业实践问题的能力;第三,培养学习者长远眼光、国际视野、严谨细致的科学作风,将战略管理理论与其他经济管理知识融合,为学习者走入企业或社会从事研究和制定战略决策奠定基础。

本书的特色在于强调前沿理论与本土企业实践的结合,遵循现实背景与时代的要求,提出战略的一个核心逻辑、两套演化系统、三类关键识别、四种思维方式,立足中国经济特有的环境特征,运用产业价值链、产业生命周期、五力模型、战略集团、动态竞争、EFE 矩阵分析、SWOT 分析、公司层和业务层战略关系思维导图等实用性较强的管理分析工具,对企业的战略环境、战略能力、战略实施重难点进行分析与识别,同时结合数字化这一无可逆转的趋势背景,针对性地提出了企业数字化实施的战略演化。每章包含大量实例引证,使理论价值和方法运用得到进一步提升。

　　本书由中南财经政法大学工商管理学院张世如担任主编,王娟娟、刘文通担任副主编。其中,张世如负责第一章至第五章的内容编写,刘文通负责第六、七章的内容编写,王娟娟负责第八、九章的内容编写,中南财经政法大学工商管理学院硕士研究生刘昕负责后期文字编辑和其他工作。

　　希望本书的出版能够帮助读者认识和把握战略管理的本质与核心问题,重视对战略思维的构建,从而不断地在新的历史发展阶段对外界环境和企业战略的变化进行连续性探索,增强创新意识,提高战略思辨与实践能力。

张世如　中南财经政法大学工商管理学院

2023 年 7 月

目 录

战略逻辑构建

【本章学习目标】

1. 了解什么是战略,对战略逻辑的构建有一个全面、清晰的认知;
2. 了解战略的概念和核心逻辑;
3. 学会认知和分析企业内外部系统演化过程;
4. 掌握对企业战略的关键识别和系统性思维方式。

【开篇案例】

新冠肺炎疫情是黑天鹅还是大变局?

2020 年 3 月 11 日,世界卫生组织宣布,新冠肺炎疫情"从特征上可称为大流行",此次新冠肺炎疫情成为全人类面临的重大挑战,任何国家和地区都无法置身事外。与 2008 年的全球金融危机相比,新冠肺炎疫情的蔓延更像是一个"黑天鹅"事件,人类社会的生产、生活受到巨大的影响,世界经济也遭受了巨大的冲击。据联合国贸易和发展会议估计,新冠肺炎疫情将使全球国内生产总值(GDP)减少 2 万亿美元,石油和其他大宗商品出口国所受影响最为严重,其他与最初受影响经济体有密切贸易往来的国家也将成为"重灾区"。

2020 年,全球主要经济体经济增长均呈现出 V 形反弹态势,但年末发达经济体经济增长势头已有所放缓,就业、产出和需求已显现弱势,大宗商品贸易低迷、资本跨境流动严重受阻导致新兴经济体经济增长继续承压,经济增长整体表现欠佳。2020 年,美国、欧盟等发达经济体的经济增长率达 −9% 至 −8%,2021 年国际货币基金组织(IMF)发布的《世界经济展望》报告显示,2020 年亚洲经济体的经济增速为 −1.4%,较 2019 年下降 5.3 个百分点。总体而言,2021 年全球经济形势将呈现"低增长、低通胀、低就业、高货币、高债务、高福利"的特点。

在经济增长、就业与收入、物价、公共债务、贸易与投资、金融市场等方面,新冠肺炎疫情给各经济体都带来了不同程度的负面影响,经济发展的不平衡性和风险进一步加大。各经济体均采取了大规模的应对措施,美联储、欧洲央行等快速采取了量化宽松的货币政策,大幅下调利率,美联储和欧洲央行等相关机构的政策空间大幅收窄,最后被迫实施零利率甚至负利率政策才能勉强维持股票市场的稳定,但依旧难以为实体经济的恢复提供持久动力。为应对经济萎缩、市场萎靡的局面,美欧国家向民众补贴现金,以期拉动消费增长,但这一举措却进一步扩大了政府的财政赤字。这些非常规政策在产生积极效果的同时,也给全球经济长期增长带来了不确定性。除此之外,亚洲各经济体也出台了各种救助或刺激性政策,既包括刺激总需求的需求侧举措,也包括实施救助以改善供给的供给侧举措。在东亚地区,中国按照"积极的财政政策要更加积极有为"的要求出台抗疫举措,将财政赤字率从2.8%提高至3.6%以上。总体而言,2021年经济增长的下行压力大,动力不足,全球整体的经济复苏缓慢。

2022年12月7日,国务院相关部门发布十项防疫新措施,明确新冠感染者要"科学分类收治",符合居家条件的无症状感染者和轻症患者一般都在家隔离。接着,一些城市相继优化疫情防控措施,除养老院、医院等特殊场所外,其他公共场所不再核查核酸检测阴性证明。2023年1月30日,国务院联防联控机制召开新闻发布会称,目前全国整体疫情已进入低流行水平,各地疫情保持稳步下降态势。春节假期出入境人员大幅度增加,数量较2022年春节假期上升120.5%。随着疫情防控措施的持续优化,助企纾困和促消费政策不断落地,春节期间生活服务消费复苏也十分明显。数据显示,春节假期餐饮堂食消费同比增长15.4%,店均消费增长10.8%。这意味着历经三年的艰苦抗疫,我们的生活终于可以逐步恢复至疫情前。

思考题:

产业和企业应该如何思考和应对疫情驱动的战略变局?

资料来源:

[1] 丁一凡.新冠肺炎疫情下的世界经济形势与中国新发展格局[J].当代世界,2020(11):4-10.
[2] 徐秀军,张宇燕.新冠肺炎疫情下亚洲经济形势分析与展望[J].当代中国与世界,2021(2):61-69,128.
[3] 尹佳音.一季度世界经济形势分析及全年走势[J].中国经贸导刊,2021(9):42-44.
[4] 国际权威机构观点综述[J].全球化,2021(1):122-125.

第一节　一个核心逻辑

一、战略的概念

"战略"一词来源于军事,在《简明不列颠百科全书》中被定义为战争中利用军事手段达到战争目的的科学和艺术,在我国古代文献中还存在大谋、大略、方略、韬略等与战略含义相同的概念。第二次世界大战以后,企业战略专业化理论和管理实践不断发展,在学术研究和管理咨询实践的推动下,陆续出现了以肯尼斯·安德鲁斯(Kenneth Andrews)为代表的设计理论、以伊戈尔·安索夫(Igor Ansoff)为代表的计划理论、以迈克尔·波特(Michael Porter)为代表的竞争战略理论、以哥印拜陀·普拉哈拉德(Coimbatore Prahalad)和加里·哈梅尔(Gary Hamel)为代表的核心能力理论以及战略资源理论的企业战略理论。从企业战略理论研究的发展来看,主要经历了四个阶段。

第一阶段为20世纪60年代和20世纪70年代,主要有设计理论和计划理论。设计理论的主要观点为：战略分为公司实力、个人价值观和渴望、市场机会、社会责任这四个要素，而企业需要对自身拥有的资源(resources)进行优化配置，从而获得竞争优势。计划理论的主要观点为：战略由四个要素构成，分别为产品和市场范围、协同效应、增长向量以及竞争优势。

第二阶段为20世纪80年代。这一阶段在战略管理理论中占据主流地位的是波特提出的竞争战略理论。在商业竞争越发激烈的背景下，基于艾·里斯(Al Ries)与杰克·特劳特(Jack Trout)于20世纪70年代提出的定位理论，波特提出，获取竞争优势是企业战略的核心，而竞争优势有两大影响因素，一是企业所处产业的盈利能力；二是企业在产业中的相对竞争地位。由此，企业战略研究重点从之前的企业向外扩展到行业，并形成行业结构理论。

第三阶段为20世纪90年代初期，基于核心竞争力的研究在战略管理理论中占据主导地位，由此形成核心能力理论与战略资源理论。普拉哈拉德和哈梅尔是核心能力理论的主要代表人物。该理论认为，企业可持续发展竞争优势来自企业的核心能力，而企业核心能力最基本的特征是独特性和难以模仿性。杰恩·巴尼(Jay Barney)的战略资源理论则认为，可持续竞争优势的企业资源应具备价值性、稀缺性、不可模仿性和不易替代性这四个特征，强调企业的内部资源对提升企业核心竞争力的重要作用。

第四阶段为20世纪90年代后期，动态化战略理论开始出现。罗伯特·布格尔曼(Robert Burgelman)和安德鲁·葛洛夫(Andrew Grove)提出了在动态战略环境中的基本分析框架，即以战略矛盾、战略转折点与战略认知为基础。詹姆斯·穆尔(James Moore)提出了生态系统理论，并将商业活动分为四个阶段：开拓、拓展、领导和更新。尚纳·布朗(Shona Brown)与凯瑟琳·艾森哈特(Kathleen Eisenhardt)则认为，未来外部环境具有高度不确定性，因此，战略重在进行对变革作出反应、预测并领导变革。企业应不断对管理进行变革来构建和调整竞争优势，以取得良好的竞争力。

从20世纪90年代以来的战略实践和理论发展来看，可以将战略定义为：企业在应对和利用环境不确定性的过程中，为构建、保持和发挥竞争优势而采取的长期性、系统性和动态性的决策或行动，这些决策和行动之间需要具有高度的一致性和连续性。

二、战略核心逻辑

企业战略管理的核心问题是聚焦于如何处理企业面对的内外部挑战。因此，战略逻辑可以被总结为以下几点。

（1）企业战略强调如何应对和利用环境的高度不确定性，因此可以认为战略是面对未来长期不确定性的管理。企业在分析和制定战略时面对的影响因素复杂多变的外部环境，难以预测和量化。战略管理不是维持现状，而是不断改变现状，以适应不断变化的环境。环境的高度不确定性是企业在生存和发展当中面对的最大挑战，因此战略在决策和行为上要突破重复性或者说是线性的思维，战略的非常规性和非线性恰恰是决定企业在长期竞争当中成功脱颖而出的关键。

（2）企业战略是为了构建、保持和发挥竞争优势的决策与行动。企业战略的管理目标是聚焦于如何使企业在与外部竞争者的对抗中获得生存和发展的空间，生存竞争需要企业通过决策和行为构建其在对抗中的优势，并使企业的竞争优势不会因为外部环境的变化而被削弱，进而保障企业获得永续经营的可能性。

（3）企业战略需要保持战略决策和行为的长期性、系统性和动态性。长期性强调企业战略目标不应被短期利益所左右，战略不是日常的重复决策和行为，而是企业长期发展历史上的非常规决策和行为。系统性强调战略决策和行为要关注对企业内外部各种环境变量和各类相关利益者的影响机制，充分考虑牵一发而动全身的情况。动态性强调战略决策和行为要充分意识到应对与利用外部环境不确定性的难度，外部不确定性因素不受企业控制，难以简单识别和分析，战略是基于动态环境变化的管理思考。

为了理解企业如何在战略上获得成功，建立正确的战略决策和行为，就需要理解企业面对的最根本的挑战是什么。这个挑战可以称之为盈利能力的限制，其核心逻辑是：**如果供给能够轻易地满足需求，企业的收益将趋向最小化。** 因此问题就转换为如何才能破解盈利能力的限制，企业是通过它的战略以及管理系统的协同来实现这一点的。企业在战略上应对内外部挑战的核心逻辑可以归结为通过战略决策和行为实现对企业盈利能力限制的突破。

第二节   两套演化系统

企业在面对战略分析和决策的过程当中，存在两个主要问题需要回答：第一是企业的外部战略环境如何变化，企业如何从中识别机会和威胁；第二是企业本身如何变化，企业如何构建组织、能力、资源以匹配和把握外部机会与威胁。对这两个问题的回答可以归结为企业外部演化和内部演化系统的认知与分析。外部演化就是竞争系统的演化，内部演化就是企业系统的演化。企业在其原有发展轨迹和战略的基础上，需要认知和分析外部演化与内部演化给其带来的影响。在认知和分析过程中，如果其竞争系统的发展和演化是稳定的并呈现线性状态，企业就会保持稳定的战略选择，在发展方向和管理系统保持稳定不变的情况下进入下一个战略环境变化的循环。如果企业明显地认知到其发展受到外部环境突变或企业内部组织结构利益群体的变化导致的非线性因素的影响，企业就要考虑其竞争环境和企业环境的非线性演化问题。当竞争系统和企业系统的演化出现非线性因素时，就需要企业进行战略变革。对应竞争系统演化和企业系统演化的非线性因素，企业必须进行外部竞争场域的选择和企业内部的变革。当内部变革开始进行，企业就进入战略重构阶段，其战略重构就会进一步适应外部系统的演化和推动内部系统的演化。竞争系统和企业系统演化与企业的战略过程之间的逻辑关系如图 1-1 所示。

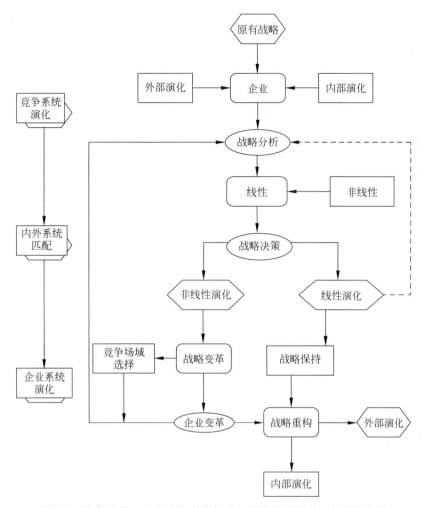

图 1-1　竞争系统和企业系统演化与企业的战略过程之间的逻辑关系

一、外部：竞争系统的演化

　　企业外部演化重点是聚焦竞争系统演化的非线性。企业对于外部环境中战略机会和威胁的识别和分析，大部分都是基于现有的认知框架。现有认知框架无论是来自经验、理论、数据或模式，都会强调和导向企业现有业务的线性增长与发展逻辑。但战略上企业真实面对的关键问题源于外部的不确定性的长期管理，而这种外部的不确定性往往表现为外部的非线性的增长机会。源于企业内部的决策和行为都是基于线性认知框架和管理假设，如何使内部的线性认知框架和管理假设匹配外部的非线性增长机会或威胁，才是企业适应竞争系统演化的关键。

二、内部：企业系统的演化

　　企业系统的演化是企业在外部竞争系统演化的基础之上内部应该如何调整和变革。企业系统演化包含两个方面：第一，如果外部竞争系统演化处于相对稳定状态，企业系统演化就要根据现有行业和市场竞争系统的状态作出相应的反应和调整。如通过与竞争对手的模式比较或管理比较实现定位调整或标杆管理,进而对企业内部的管理和组织系统进行调整与变革。第二,当颠覆性的外部竞争系统演化出现时,企业系统演化就需要对其管理和组织的基本范式进行根本性、颠覆性的变革。如企业数字化是一个由技术因素驱动而产生的企业内部要素重新配置、重新管理的过程,在此过程中外部竞争系统的颠覆性演化会导致企业内部系统,包括管理和组织范式的根本性变化。数字化会要求在传统的企业组织架构里增加新的数字化管理岗位或者部门。此类岗位设置如首席信息官或者类似的信息管理部门在互联网企业中萌芽,目前已广泛在金融企业中出现,未来会扩张和渗透到不同的传统行业和新兴行业当中。这一变化体现了数字化导致外部竞争系统演化所引发的企业系统本身在组织层面的内部演化。当前企业正面对数字化、生态化或者是其他的环境因素的颠覆性变化而导致的企业内部系统的根本性变革。企业系统要在外部竞争环境演化的基础上,寻找到能够与之相匹配和相适应的企业系统状态,类似于生态环境急剧变化之后,生物要寻找到适应环境变化的稳定的遗传密码进而成功延续生存。

第三节　三类关键识别

企业战略的三类关键识别就是识别战略决策和行为中面对的机会、威胁和核心竞争力(图1-2)。当企业理解了战略的核心逻辑、厘清了竞争系统演化和企业系统演化的关系之后,战略的核心问题就转变为应该如何去认知和分析企业在环境变化当中所面对的具体机会和威胁,然后如何在应对机会和威胁的过程当中,构建、保持和发挥企业的核心竞争力。

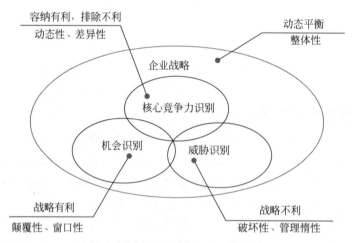

图1-2　企业战略的三类关键识别

机会识别:战略层面所指的机会是指企业面对竞争系统当中的颠覆性演化而形成的企业战胜竞争对手的战略有利局面。战略机会往往具有结果颠覆性和机会窗口性的特征。结果颠覆性意味着通过机会把握,企业能够获取竞争上的长期优势,机会窗口性是指机会的出现和把握存在时间窗口限制。

威胁识别：威胁与机会相对应，威胁是指企业在竞争系统的演化中出现的能够危及企业本身的可持续性、削弱企业本身的竞争地位或者是压缩企业未来发展空间的不利局面。威胁往往具有对企业现有竞争优势的破坏性。而由于管理惰性，企业会无法意识到威胁的存在。

核心竞争力识别：核心竞争力指的是企业在竞争系统和企业系统演化中如何可持续地容纳有利因素、排斥不利因素的能力。核心竞争力具有动态性和与其他竞争对手相比明显的差异性特征。当企业分析应对机会和威胁的核心竞争力构建时，需要具有动态的认知角度。影响竞争的机会和威胁因素往往被认知是片面和局部的，所以在战略上对于机会和威胁的认知一定要形成长期的动态思考。竞争系统演化带动的机会和威胁本身也在不断演化，对于企业而言，是跟企业系统的演化关联在一起的。而核心竞争力跟企业系统演化关联在一起，基于核心竞争力的传统理论认为通过企业之间的静态比较，可以分析企业在资源和能力上存在的优势或者劣势。但企业作为竞争系统和内部系统演化塑造的组织，在其演化过程当中，核心竞争力本身就在不断地演变和发展，因此需要把企业核心竞争力的静态比较观转化为基于演化的核心竞争力的动态发展观。

第四节　四种思维方式

当需要对企业战略进行系统性思考的时候，可以遵循四维度的思维方式，分别为历史纵深思维、未来预测思维、维度多元思维和格局框定思维，如图 1-3 所示。

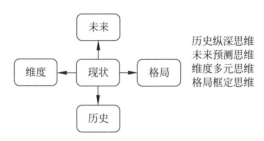

图 1-3　企业战略的四种思维方式

第一是历史纵深思维。历史纵深思维是指当企业思考相关战略问题的时候，需要明白企业会受到环境和自身发展史上哪些因素的长期性影响。首先，如果企业处于有相当长历史的行业中或者本身有较长历史，对于企业现状和未来的思考与分析会不可避免地受到历史上非常多长期因素的影响。长期因素包含企业管理风格、资产状态、制度性要求以及企业人力资源的延续性。如果不思考企业从哪里来的问题，那么恐怕就没有办法对企业的现状以及企业应对未来的状态作出清晰的分析和判断。其次，如果企业本身历史较短，但是所处行业有较长历史，那么行业的发展历史，以及企业在行业中竞争对手的发展史就会对认知和分析企业的现状、未来以及相应的战略决策具有指引性。需要明白的是，历史因素是指在企业发展中长期发挥作用的因素，不要把短期行为和因素作为思考企业长期生存和发展的影响因素。

第二是未来预测思维。在战略上分析企业历史和现状的最终目的是对企业的未来发展作出分析和判断,所以战略思考中需要形成未来预测思维。既然战略管理是面对未来长期不确定性的管理,那么对于企业战略的成功,真正具有决定性影响的是企业未来发展方向,需要厘清什么是企业未来发展的决定性逻辑,企业的未来发展是按照线性演变还是按照非线性演变。在非线性演变当中,要将没有出现在历史和现状思考范围内的因素纳入未来思考的框架,进而形成对企业未来发展的预测性判断。且在未来进行预测性思考的时候,要清晰地知道企业不同层面的可延续性因素或者不同来源的创新性因素。如何思考可延续性因素和创新性因素在企业未来发展当中的影响机制和权重,是未来预测思维构建中最关键的环节。

第三是维度多元思维。在分析和思考企业所面对的内外部演化系统时,要充分意识到,影响企业的因素并不局限于企业直接面对的竞争对手或者是竞争环境当中存在的。除了战略分析当中的常规性因素比如政治、经济、文化和技术等外,在分析企业所面对的内外部系统演变时也需要进一步拓展到其他维度的因素。如新冠感染疫情导致的公共卫生危机对不同行业和企业的战略影响,充分表明关于公共卫生危机等非传统安全因素的思考对战略思考的重要性。因此,要尽可能地把非传统战略因素纳入企业常规的战略思考框架当中,尽可能去拓展企业战略思考的维度。

第四是格局框定思维。企业面对的内外部系统演化具有高度不确定性和复杂性,在分析企业战略时,如何在众多高度不确定性和复杂因素当中寻找到决定性因素,把握企业战略发展的关键矛盾和矛盾的主要方面,进而形成战略性的格局思考,构建指引企业战略分析和战略制定的有效框架,就是战略思维层次的格局框定思维。

【案例讨论】

蚂蚁集团(金服)的发展和困境

蚂蚁科技集团股份有限公司(以下简称"蚂蚁集团")(金服)历经十几年的发展,从2004年的支付宝业务起家,逐步深入涉足金融业务,将公司定位于以普惠金融服务为主导的金融科技企业。蚂蚁金服在2014年10月正式成立后,致力于通过科技创新能力,搭建一个开放、共享的信用体系和金融服务平台,为全球消费者和小微企业提供安全、便捷的普惠金融服务。2017年以后,受P2P爆雷事件影响,国家金融监管逐步严格,蚂蚁金服开启了去金融化的道路,以BASIC(区块链、人工智能、安全、物联网、云计算)技术为核心,建设区块链基础设施平台,协助央行开展数字人民币体系的研发等,逐步向科技金融方向靠拢。2018年,蚂蚁金服市场估值普遍超过1 500亿美元,主营收入主要由支付连接、金融服务和技术服务三部分组成,成为中国互联网金融行业的巨头。2020年7月,蚂蚁集团依靠数据和技术优势,业绩亮眼,估值再创新高。

一、蚂蚁集团(金服)市场概况

(一) 国内市场

蚂蚁集团以"让信用等于财富"为愿景(vision),致力于打造开放的生态系统,通过"互联网推进器计划",助力金融机构和合作伙伴加速迈向"互联网+",为小微企业和个人消费者提供普惠金融服务,是一个综合性互联网金融集团,以移动互联、大数据、云计算为基础,为中国践行普惠金融作出了重要实践。

蚂蚁金服业务版图:从支付宝不断向外拓展,不仅包括银行、理财、消费金融、征信、众筹、保险和金融基础设施等金融领域,还涉及人工智能(AI)、企业服务、汽车出行、餐饮、媒体、影视等非金融领域,业务结构不断多元化。目前,蚂蚁金服已经形成了以普惠、科技、全球化为首的三大发展战略(图1-4)和以支付、理财、微贷、保险、征信、技术输出为主的六大业务板块(图1-5)。据蚂蚁金服透露,其支付业务服务涵盖多种不同的消费场景,从信用卡、消费金融、融资租赁、抵押贷款,到酒店、租房、租车、婚恋、分类信息、学生服务、公益、交通以及医疗公共事业服务等。

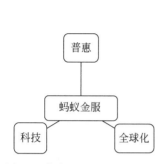

图1-4 蚂蚁金服三大发展战略　　　　图1-5 蚂蚁金服六大业务板块

根据浙江阿里巴巴电子商务有限公司(以下简称"阿里")发布的财报,数字金融服务贡献了蚂蚁集团总收入的50%以上。具体来看,在中国,蚂蚁集团的数字金融服务主要包括理财、微贷以及保险。2018年起,蚂蚁集团总资产位居市场第一,为陆金所的两倍,远超京东数科,净资产稳居首位。从总体体量上看,蚂蚁集团占领先优势,京东数科体量相对较小。[①] 蚂蚁集团营业收入远超京东数科和陆金所,2019年起,蚂蚁集团净利润高速增长,重夺领先地位,2020年上半年差距逐渐明显。随着蚂蚁集团、陆金所相继发展,金融科技头部平台的市场份额有望继续增加,原因:一是中小型互金平台数量仍在减少,留下大量市场空白被这些头部平台"接盘";二是蚂蚁集团、陆金所将在科技研发与业务拓展上加大投入,赢得更大的业务竞争优势。

2020年11月,在里昂证券发布的报告中,就互联网贷款领域而言,国内金融科技领域正呈现出8家头部平台"剩者为王"的新格局,分别是蚂蚁集团、陆金所、微众银行、新网银行、度小满、360数科、京东数科、乐信;如图1-6所示,截至2019年,这8家头部平台拥有的市场份额达到约92%。

(二)国际市场

据了解,蚂蚁金服第一个海外业务成果是印度的Paytm。2015年,蚂蚁金服两次增资Paytm,占股达40%。截至2017年,印度Paytm的用户数已增长至2.2亿,这意味着Paytm超越PayPal,成为全球第三大电子钱包。除了印度,蚂蚁金服还积极布局东南亚

---

① 资料来源:华盛研选 蚂蚁、京东数科、陆金所! 三家金融巨头有何异同?〔EB/OL〕.(2020-10-28).https://www.163.com/dy/article/FQ1CTSVD0519QIKK.html.

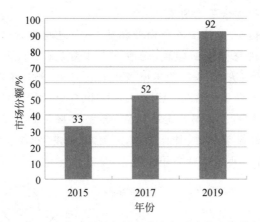

图 1-6　国内金融科技领域 8 家头部平台的市场份额

市场。其于 2016 年 11 月战略投资泰国支付企业 AscendMoney。于 2017 年 2 月注资菲律宾数字金融公司 Mynt。两个月后，与印度尼西亚 Emtek 集团成立一家合资移动支付公司。在东亚市场上，蚂蚁金服向韩国互联网公司 Kakao 旗下的移动金融公司 KakaoPay 注资 2 亿美元。支付宝还与日本第二大便利连锁店罗森合作，以便让日本的 1.3 万家罗森商店支持支付宝，此外支付宝也可以在日本的国际机场以及大型零售商中使用，如 Takashimaya 百货商店和 BicCamera 购物中心。美洲市场上，2017 年 5 月，支付宝宣布与 FirstData 合作，让美国的 400 万个商户销售点（POS）支持支付宝，这样的支持力度与当地 ApplePay 等量齐观。

据《新京报》，截至 2020 年 3 月 31 日，国际业务方面，蚂蚁集团已经与孟加拉国、印度、印度尼西亚、韩国、马来西亚、巴基斯坦、菲律宾和泰国等九个本地合作伙伴实现了战略合作，比如，外国信用卡持有者现在也可以通过支付宝 App 在中国内地使用手机支付。蚂蚁集团及其全球九个本地数字钱包合作伙伴所服务的全球年度活跃用户数量已经达到约 13 亿。

二、蚂蚁集团（金服）发展历程

（一）蚂蚁金服时期

蚂蚁金服公司全称"浙江蚂蚁小微金融服务集团有限公司"，前身可以追溯到 2000 年 10 月成立的阿里，蚂蚁金服是阿里生态的重要一部分。2003 年 10 月，淘宝网上首次推出担保交易（支付宝前身）服务。2004 年 12 月，支付宝正式成立，这是蚂蚁金服的起步阶段。2003—2012 年，支付宝逐渐从服务电商交易的支付工具发展为服务各行业的支付平台，随着移动互联网的发展，渗入生活的各个环节，为用户提供了极大便利，同时也成为移动生活方式的代表，并迅速成长，为日后蚂蚁金服的成立奠定了基础。

2013 年 3 月，支付宝的母公司宣布将以其为主体筹建小微金融服务集团，小微金融（筹）将服务人群锁定为小微企业和个人消费者。2013 年 6 月，余额宝正式上线，这是一款与天弘基金合作的货币基金产品，因它门槛低、操作方便，被定义为现金管理工具。2014 年 10 月，蚂蚁金服正式成立，旗下业务包括支付宝、余额宝、招财宝、蚂蚁小贷（后逐渐整合至网商银行）和网商银行（筹）等。2012—2014 年，蚂蚁金服从小微金融一路发展，逐步向支付业务以外的其他金融领域布局,未来蚂蚁金服将打造出更为完善的金融平台。

2014—2018 年,蚂蚁金服的互联网金融生态圈逐步完善并成型,计划成为传统银行的补充,为小微企业和个人消费者提供便捷的普惠金融服务。

(二)融资事件[①]

蚂蚁金服融资事件,如表 1-1 所示。2015 年 7 月初,蚂蚁金服对外宣布已完成 A 轮融资,市场估值超过 450 亿美元。9 月 5 日,中国邮政旗下的全资本运营平台——中邮资本正式完成战略入股浙江蚂蚁小微金融服务集团有限公司,占蚂蚁金服 5% 的股份。

表 1-1　蚂蚁金服融资事件

时　间	融资轮次	金　额	投 资 机 构
2018 年 7 月 5 日	战略投资	未知	中金公司
2018 年 6 月 23 日	战略投资	16 亿元	中国太保
2018 年 6 月 8 日	Pre-IPO	140 亿美元	新加坡政府投资公司(GIC)、加拿大养老基金(领投)、淡马锡(领投)、银湖资本、马来西亚国库投资、华平投资(领投)、泛大西洋投资、凯雷投资、红杉中国
2018 年 2 月 1 日	战略投资	未知	阿里(领投)
2017 年 5 月 18 日	债券融资	35 亿美元	投资方未知
2016 年 4 月 26 日	B 轮	45 亿美元	建信信托(领投)、中投海外(领投)、中国人寿、国开金融、春华资本、中国邮政、中金甲子、易方达基金、天弘资产
2015 年 9 月 5 日	战略投资	未知	中邮资本
2015 年 7 月 5 日	A 轮	120 亿元	中国人保、中邮资本、中国人寿、春华资本、金浦投资、社保基金、云锋基金、新华保险、中国太保、上海经颐、国开金融
2015 年 5 月 1 日	Pre-A 轮	2.19 亿元	海尔资本
2014 年 4 月 15 日	天使轮	未知	建信信托,人保资本

2016 年 4 月 26 日,蚂蚁金服宣布完成 45 亿美元的 B 轮融资,外界对蚂蚁金服的估值达到 600 亿美元。12 月 28 日,浙江蚂蚁小微金融服务集团有限公司更名为浙江蚂蚁小微金融服务集团股份有限公司,注册资本 157.6 亿元。

2018 年 2 月 1 日,阿里公布同意收购蚂蚁金服 33% 的股权。6 月 8 日,蚂蚁金融服务集团对外宣布新一轮融资,融资总金额 140 亿美元。

截至 2018 年,网传蚂蚁金服的估值达到 1 600 亿美元。

(三)蚂蚁集团时期

蚂蚁集团起步于支付宝,历经小微金融、蚂蚁金服,多轮融资发展后,2020 年 7 月,蚂蚁金服正式更名为蚂蚁集团。

2020 年 7 月 20 日,蚂蚁集团(蚂蚁金服)宣布,启动在上海证券交易所(以下简称"上

---

① 资料来源:解密万亿独角兽:始于支付宝,蚂蚁金服是如何崛起的?［EB/OL］.(2019-04-25). https://baijiahao.baidu.com/s? id=1631763308990442499&wfr=spider&for=pc.

交所")科创板和香港联合交易所有限公司主板寻求同步发行上市的计划。有媒体报道称,蚂蚁集团据悉寻求 IPO(首次公开幕股)估值至少 2 000 亿美元。9 月 18 日,上交所科创板上市委公告,蚂蚁集团首发获通过。10 月 20 日消息,蚂蚁初步计划于 27 至 30 日招股,拟在 11 月 6 日 A 股、H 股同步挂牌。10 月 26 日晚间,上交所官网显示,蚂蚁集团的 IPO 初步询价已完成,经过近 1 万个机构账户询价,最终,A 股发行价确定为每股 68.8 元,总市值约 2.1 万亿元。香港上市发行价格定为每股 80.00 港元。

2020 年 11 月 2 日,中国人民银行、中国银保监会、中国证监会、国家外汇管理局对蚂蚁集团实际控制人马云、董事长井贤栋、总裁胡晓明进行了监管约谈。11 月 3 日,上交所发布决定,暂缓蚂蚁集团在上交所科创板上市。同日,蚂蚁集团宣布暂缓在香港交易及结算所有限公司上市。11 月 6 日,蚂蚁集团启动退款程序。12 月 26 日,蚂蚁集团成立整改工作组,全面落实约谈要求。

2021 年 3 月 1 日,据路透社报道,蚂蚁集团正与其他股东洽商融资事宜,为其消费者金融业务寻求额外 300 亿元人民币资金,以满足监管需求。3 月 12 日,蚂蚁集团对外公布了其制定的数字金融平台自律准则。该准则从机构准入、消费者权益保护、数据隐私保护、金融消费安全教育、平台治理等各环节对平台责任义务进行明确,确保平台合规、有序、更健康地发展。4 月 12 日,中国人民银行、中国银保监会、中国证监会、国家外汇管理局等金融管理部门再次联合约谈蚂蚁集团,中国人民银行副行长潘功胜代表四部门就约谈情况回答了记者提问。8 月 3 日,阿里发布了截至 2021 年 6 月 30 日的 2022 财年第一季度财报。财报显示,第一季度,蚂蚁集团为阿里贡献了 6.96 亿美元的利润。蚂蚁集团(金服)发展时间线如图 1-7 所示。

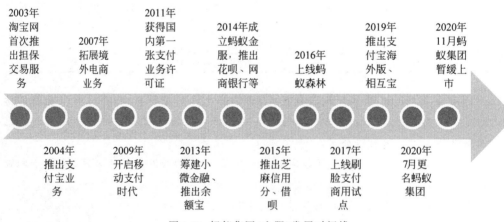

图 1-7　蚂蚁集团(金服)发展时间线

三、蚂蚁集团(金服)发展的四个重大转折

在蚂蚁集团(金服)的发展过程中,有四大转折事件,分别是:成立支付宝、扩展金融领域业务——余额宝、大力布局金融科技、暂缓上市。这四次事件从根本上影响了蚂蚁集团(金服)的业务布局和长远发展,对企业和整个互联网金融行业来讲,都产生了深远影响。

（一）支付业务起家

支付业务是蚂蚁金服的命脉，目前支付宝是国内最大的第三方支付机构之一。支付宝发展之初作为淘宝的担保支付工具，初衷是解决用户交易间产生的信任问题。在线上交易中，支付宝作为一个平台，加强了资金安全，简化了交易流程，提高了交易效率。以解决信任痛点切入，流量为王。这一阶段，支付宝的商业模式处于扩流量、冲规模的快速发展阶段，支付宝的出现成为中国电子商务的转折点，支付业务也成为支付宝乃至蚂蚁金服最基础和最核心的业务。

据易观国际统计，2019 年第一季度，中国第三方支付移动支付市场交易规模达 47.70 万亿元。其中，支付宝以 53.21% 份额排名市场第一，相当于一季度交易规模在 25 万亿元。

（二）扩展金融领域

2013 年，《证券投资基金销售机构通过第三方电子商务平台开展业务管理暂行规定》正式发布，取得合规资格的余额宝进入业务快速发展阶段，净资产规模开始高速增长。作为蚂蚁金融生态的第一步，2017 年，蚂蚁金服余额宝已经成为全球最大的货币基金平台。蚂蚁金服逐渐加大在"互联网＋金融板块"的投资布局力度，并确立了普惠金融的发展方向，现已在多个金融业务板块进行布局。

以普惠金融切入，牌照为王，流量变现，蚂蚁金服逐步渗透到传统金融领域，获取银行、保险、保险经纪、公募、基金销售、私募、保理、小贷共 8 类牌照，旗下有超过 20 家金融机构；蚂蚁金服的消费贷款余额达到了 1.7 万亿元人民币，占中国消费贷款的 15%。

（三）金融科技发展战略

2015 年 9 月，蚂蚁金服启动"互联网推进器"计划，设定了在未来 5 年内蚂蚁金服助力 1 000 家金融机构向新金融转型升级，推动自身平台、数据和技术能力全面对外开放的目标。2017 年 10 月，蚂蚁金服在第一次 ATEC（蚂蚁科技探索大会）上对外公开了 BASIC 五大技术开放战略，同时蚂蚁金服以此为基础延伸出风控、信用和连接三大能力，金融科技的布局开始实现全方位覆盖。

2020 年 7 月，蚂蚁金服更名为"蚂蚁集团"，标志其战略转向科技领域。这一阶段，蚂蚁找准定位，发挥数据和技术优势，业绩和估值飞速提升，连续两年登顶全球金融科技百强榜。同时，为了迎合金融监管以及业务合规，蚂蚁金服在金融业务牌照申请上一直非常积极。蚂蚁金服通过成立子公司申请或控股的方式获取牌照，目前已拥有 14 张金融牌照，业务范围涉及支付、民营银行、基金、保险、征信、小额贷款、证券、保理八大业务模块。[①] 蚂蚁金服的可扩张金融生态如图 1-8 所示。

（四）暂缓上市

根据上交所公告，蚂蚁集团暂缓 IPO 主要有两个原因：一是公司实际控制人及董事长、总经理被有关部门联合进行监管约谈；二是公司报告所处的金融科技监管环境发生变化等重大事项，该重大事项可能导致公司不符合发行上市条件或者信息披露要求。根

[①] 资料来源：任泽平. 蚂蚁成为大象的秘密是什么？如何监管巨兽？[EB/OL]. (2020-10-27). https://finance.sina.com.cn/money/fund/jjcl/2020-10-27/doc-iiznctkc7838176.shtml.

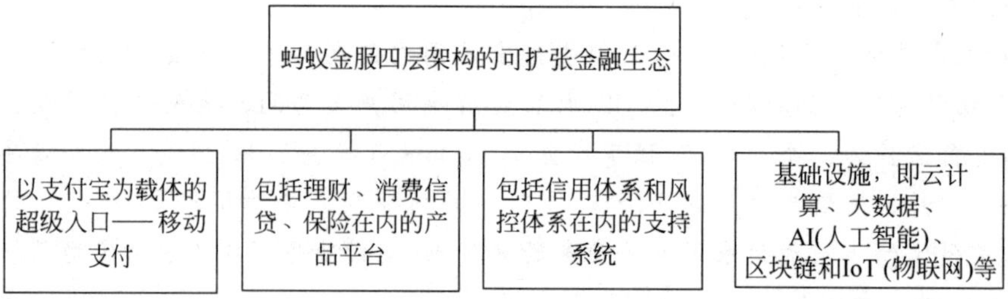

图 1-8 蚂蚁金服的可扩张金融生态

本原因是蚂蚁金服的经营方式存在着巨大的安全隐患。国家为了降低网络小额贷款公司的风险,公布了《网络小额贷款业务管理暂行办法(征求意见稿)》,严控小额贷款,因此,互联网金融行业的估值都将会受到影响。官方认定,蚂蚁集团(金服)是一家金融控股公司,因此蚂蚁金服受到监管影响,未来的网络贷款业务存在许多不确定性,需要对现有业务重新构架,估计要求技术和金融的部分进行分拆,单独估值,上市之路遥遥无期。

四、金融科技

从互联网金融到金融科技的转变,也说明行业需要新的技术来重构行业生态,让科技成为底层的驱动力。就现阶段而言,金融科技的底层技术是大数据和区块链。尤其是区块链技术,其成为金融科技的底层技术已经是业内的基本共识。区块链以去中心化为核心能够重构金融行业底层架构,实现金融共享,力促普惠金融。区块链实行的点对点的交易能够极大地简化中心化清算交割的烦琐过程,区块链对交易信息的可追溯性能够更大限度地降低信用风险,实现价值的有序转移。

金融科技的本质是一个以科技为起点、以金融为终点的进化过程,重点还是在金融本身。[①] 它与互联网金融不同,不是利用科技作为获取流量的工具,而是发挥科技的作用,让金融更好地服务实体经济,两者相互促进、共同发展。

对于以蚂蚁金服、京东数科为代表的头部玩家来讲,它们真正应当做的是发挥自身在科技端口的优势,不断为金融行业的数字化转型赋能,让金融行业可以更加符合后互联网时代的发展需求,更好地服务实体产业,而不是去做以消费金融为代表的金融业务。

在独立的 4 年时间里,蚂蚁金服三大战略发生了很大变化。2016 年 4 月,蚂蚁金服完成 B 轮融资后,对外公布将国际业务、农村金融、绿色金融作为三大战略方向;同年 10 月,蚂蚁金服宣布架构调整,同时确定未来十年蚂蚁金服三大战略——全球化、服务小微企业和信用体系。时隔仅半年的战略大调整,其实揭示了蚂蚁金服未来更加明朗的发展方向。

蚂蚁金服作为一家新兴的互联网金融平台,成立短短 4 年便能取得如此瞩目的成就,除了背靠阿里以外,从 Fintech 到 Techfin 的企业定位,还使用技术驱动业务增长。2018 年 6 月,蚂蚁金服宣称,企业未来消费重心将由支付及消费金融转向技术服务,确立了以 BASIC 技术为核心的战略发展方向,持续不断地从 Fintech 向 Techfin 转型。

---

① 资料来源:孟永辉. 蚂蚁金服之后,金融科技将走向清晰[EB/OL]. (2021-04-26). https://www.weiyangx. com/384809.html.

蚂蚁金服融资文件显示,当前企业收入主要由技术服务、支付连接和金融服务三大部分构成。其中,支付连接为当前企业的主要收入来源,2017 年收入占比 55％。而技术服务收入占比一直在显著提高。2015 年,其技术服务收入只占 14％,到了 2017 年,技术服务收入的占比增长至 34％,增长了 20 个百分点。根据企业的目标战略,未来技术服务收入占比还会进一步提高,到 2021 年时,蚂蚁金服来自技术服务的收入占比将上升至 65％,代替支付连接成为企业的第一大收入来源,如图 1-9 所示。

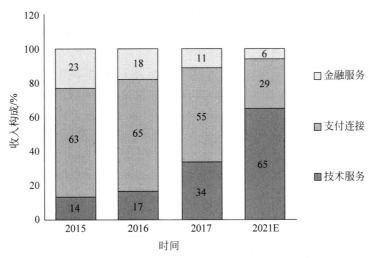

图 1-9　2015—2021 年(预测)蚂蚁集团(金服)主要收入构成

资料来源:1500 亿美元估值成就中国第一独角兽 蚂蚁金服"能"在哪里?［EB/OL］.
(2018-11-23)https://t.qianzhan.com/caijing/detail/181123-fb6cdf1f.html.

五、金融监管

现在网络上有很多面对小微企业和个人消费者的小额贷款公司,初期这些公司的规模还不是很大,但是随着消费观念的变化,这些公司的规模已经越来越大。由于这些公司受到的管控比较少,暴露的风险也是越来越大。在这样的情况下,监管部门要加强管控,规范小额贷款公司网络小额贷款业务,防范网络小额贷款业务风险,保障小额贷款公司及客户的合法权益,促进网络小额贷款业务规范健康发展。

在 2020 年 10 月 24 日的外滩金融峰会上,国家金融监管高层预警,时任国家副主席王岐山发表讲话,并警告说:"近年来金融新技术广泛应用,新业态层出不穷,在提高效率带来便利的同时也使得金融风险不断放大。有理想但不能理想化。要在鼓励金融创新、激发市场活力、扩大金融开放与金融监管能力之间寻求平衡。金融业遵从的安全性、流动性、效益性三原则中,安全性永远排在第一位。""要坚持金融创新与加强监管并重。"财政部副部长邹加怡提醒,要建立、遵循相应的市场规则,防止金融科技诱导过度金融消费,防止金融科技成为规避监管、非法套利的手段,防止金融科技助长"赢者通吃"的垄断。

2020 年 11 月,中国银保监会同中国人民银行等部门起草了《网络小额贷款业务管理暂行办法(征求意见稿)》,监管办法强势出台,对标蚂蚁金服的微贷业务,网络小额贷款业务全面收紧。限制条款主要有以下几个。

第一章　战略逻辑构建　　15

(1) 贷款业务不得跨省。

(2) 自然人小额贷款不得超过 30 万元。

(3) 5 年内不得转让所持股权。

(4) 一次性实缴 10 亿元或 50 亿元注册资金。

(5) 在单笔联合贷款中,经营网络小额贷款业务的小额贷款公司,出资比例不得低于 30%。

(6) 小额贷款公司通过银行借款、股东借款等非标准化融资形式,融入资金的余额不得超过其净资产的 1 倍。通过发行债券、资产证券化产品等标准化债权类资产形式融入资金的余额不得超过其净资产的 4 倍等。

央行和银保监会并不是针对一次发言而突然做的决定,其管理办法和出发点,招招都落到了对网贷平台的监管、金融风险的防范、对贷款人的保护以及恶意贷款的防控上。金控集团监管首批试点名单流出,蚂蚁金服位列其中。蚂蚁金服本质是一家放贷的金融机构,借助互联网和科技的力量,可以计算客户的金融风险和偿债能力,从而动态计算客户的贷款上限。这样的金融科技公司的身份和边界一直是业内讨论最多的问题之一。因为它不仅关乎这些公司估值的高低、行业的走向,更关乎金融监管的标准。蚂蚁金服应当在各个方面积极配合监管部门的新规要求,毕竟,这一路走来,都依赖国家政策和监管,蚂蚁金服和京东数科等一众网贷平台的科技创新,离不开国家政策的一步步开放,相辅相成,互为创新。

蚂蚁金服受到严格监管是由于其商业模式中的高杠杆率,只用了 30 亿元本金贷到 3 600 亿元的资金,杠杆率足足 120 倍。这样的杠杆倍数风险非常大,3 600 亿元资产规模中,只有 30 亿元是蚂蚁的本金,一旦出问题,贷款收不回,剩下的贷款经由银行以储户存款为担保,对于中国银行系统的稳定性是一个巨大的潜在风险,而蚂蚁金服却可以转移风险。如果它成功上市,A 股直接被它带崩盘的可能性非常大,会直接从金融体系波及实体经济。中国政府面对这样一个体量巨大的不受控制的金融而非实体的企业,仅仅是出于对市场稳定性的考量,都会持谨慎态度。

六、金融风险问题

蚂蚁金服将自己定位成 Fintech 公司,而不是金融公司,但是根据《经济学人》,蚂蚁金服的核心就是金融。蚂蚁的技术以金融服务为根基,没有金融服务场景,技术将失去用武之地,如果没有技术和数据核心竞争力,蚂蚁便会沦为 P2P 一样的伪金融公司,资金安全得不到保障。以招财宝为例,招财宝产品主要包括借款、保险、基金和应收账款投资四大类,形式类似定期理财产品的售卖平台。但是,由于平台设置的多重担保措施仍不足以确保投资产品安全,2016 年 12 月 15 日,侨兴违约债事件爆发,约 3.12 亿元资金到期未兑付。舆论风险、事件暴露出的产品风控问题和平台带来的风险扩散问题,促使蚂蚁金服逐步停止招财宝业务,私募相关性质产品全线下架,至今仍未恢复。

《经济学人》指出了蚂蚁金服所面临的三种风险:①监管风险。关于资本充足率补充的问题。②竞争风险。来自腾讯、京东、美团等支付业务的挑战,腾讯已经占到了 40% 的市场份额,而且使用起来比支付宝方便得多。③自身模型。《经济学人》认定,既然蚂蚁金服业务具有普遍的金融属性,那么也就具有金融风险的普遍性,向小额借款人提供无抵押贷款都是有风险的。

七、尾声

蚂蚁集团未来的发展空间依然广阔,但面临的新问题、新挑战层出不穷。机遇方面,一是"新基建"上升为国家战略,高科技、数据要素发展赛道广阔;二是疫情加速金融科技发展;三是零售竞争加剧,抢滩2B面向企业客户先机。风险方面,一是金融业务监管趋严,最高贷款利率限制,告别金融高光时刻;二是数据安全和隐私保护成为难点。

思考题:

蚂蚁金服战略发展中的突变是怎么发生的?

资料来源:

[1] 1 500亿美元估值成就中国第一独角兽[EB/OL]. (2018-12-20). https://www. qianzhan. com/wenda/detail/181220-1b5b88ca. html.

[2] 中国第一独角兽:蚂蚁金服深度解析[EB/OL] (2019-03-13). https://www. vzkoo. com/read/8143f85151bd07f1666843b98bea8adb. html.

[3] 解密万亿独角兽:始于支付宝,蚂蚁金服是如何崛起的?[EB/OL]. (2019-03-13). https://baijiahao. baidu. com/s? id=1631763308990442499&wfr=spider&for=pc.

[4] 任泽平. 蚂蚁成为大象的秘密是什么?如何监管巨兽?[EB/OL]. (2020-10-27). https://finance. sina. com. cn/money/fund/jjcl/2020-10-27/doc-iiznctkc7838176. shtml.

[5] 华盛研选 蚂蚁、京东数科、陆金所!三家金融巨头有何异同?[EB/OL]. (2020-10-28). https://www. 163. com/dy/article/FQ1CTSVD0519QIKK. html.

[6] 《经济学人》:蚂蚁金服业务实质是金融,有三道命门[EB/OL]. (2020-12-03). https://mp. ofweek. com/iot/a556714017007.

[7] 孟永辉. 蚂蚁金服之后,金融科技将走向清晰[EB/OL]. (2021-04-26). https://www. weiyangx. com/384809. html.

即 测 即 练

第二章

穿越周期的宏观洞察

【本章学习目标】

1. 认识到宏观战略洞察的重要性,以及如何进行洞察;
2. 学会分析企业跨越周期的环境长期趋势性因素;
3. 学会分析企业战略环境变化的结构性因素;
4. 掌握什么是工业化、新常态、双循环,理解什么是全球化、信息化、生态化。

【开篇案例】

滴滴上市后的监管风暴

2021 年 6 月 10 日(美国时间),滴滴出行正式向美国证券委员会(SEC)递交招股书,计划以 DIDI 为股票代码,申请纳斯达克或纽约证券交易所上市。北京时间 6 月 30 日 00:45 分,滴滴出行在美国进行了首次公开发行(IPO)筹资 40 亿美元,当时大部分国人都在睡梦中。北京时间 6 月 30 日晚,滴滴出行的股票在纽交所开始交易。

2021 年 7 月 2 日,国家网信办依据《中华人民共和国国家安全法》(以下简称《国家安全法》)《中华人民共和国网络安全法》(以下简称《网络安全法》)对滴滴出行实施网络安全审查。国家网信办的公告说,为配合网络安全审查,防范风险扩大,审查期间停止了滴滴出行的新用户注册功能。2021 年 7 月 4 日,审查结果表示滴滴出行 App 存在严重违法违规收集使用个人信息的问题,并通知应用商店下架滴滴出行 App。

2021 年 7 月 16 日,国家七部门进驻滴滴出行科技有限公司开展网络安全审查。《网络安全审查办法》是一个偏向于技术审查的办法,重点是审查"关键信息基础设施运营者采购网络产品和服务,影响或可能影响国家安全"的情况。根据《网络安全审查办法》,滴滴出行科技有限公司向市场提供的网络产品和服务在使用后"带来了关键信息基础设施被非法控制、遭受干扰或破坏,以及重要数据被窃取、泄露、毁损的风险"。

2022 年 7 月 21 日,国家互联网信息办公室公布了对滴滴全球股份有限公司涉嫌违法行为的调查结果。经查实,滴滴全球股份有限公司违反《网络安全法》、《中华人民共和国数据安全法》(以下简称《数据安全法》)、《中华人民共和国个人信息保护法》(以下简称《个人信息保护法》)的违法违规行为事实清楚、证据确凿、情节严重、性质恶劣。国家互联网信息办公室依据《网络安全法》《数据安全法》《个人信息保护法》《中华人民共和国行政处罚法》等法律法规,对滴滴全球股份有限公司处人民币 80.26 亿元罚款,对滴滴全球股份有限公司董事长兼CEO（首席执行官）程维、总裁柳青各处人民币100万元罚款。

互联网时代，数据成为各大企业相互竞争的核心资源，掌握用户资源，就相当于拥有了财富的钥匙。各种网络技术在给人们带来便利的同时，也使得个人信息充分暴露在网络平台上。App使用前的用户隐私条例，不允许就不能使用，这种强制性的手段迫使网民用户不得不将自己的私人信息主动上交给平台背后的资本。

滴滴出行所涉及的危险数据信息是将地图信息和用户信息做了关联分析，在某些层面上可能会影响国家安全。通过数据分析，一个人的身份信息、生活动态、习惯需求等信息被完全整合并总结，可以延伸到个人的交际圈、朋友圈等私人信息，从而形成一张巨大的信息网、一个庞大的数据库。信息隐私得不到保障，数据泄露、数据安全问题就会变得十分严峻。对滴滴出行来说，这些难题风暴可能只是开始。这也意味着对于未来国内的互联网商业监管和控制会有更严格的审核，如何开展更有效的转型，这将是许多公司面临的问题，提升数字化能力和水平变得尤为重要。

此次网信办进行安全审查的依据是《国家安全法》和《网络安全法》，对应的风险不仅仅是用户信息泄漏的风险，更威胁到了国家安全。滴滴出行掌握的交通大数据，可以用来判断中国现在的交通便利节点以及人口产业集聚区，甚至可以研判中国的大政方针、重大措施。

思考题：
滴滴出行的战略成功和威胁如何受到战略环境变化的影响？

资料来源：
[1] 雷建平.滴滴财务数据报告：去年营收1 417亿，亏损106亿[EB/OL].（2021-06-11）.https://baijiahao.baidu.com/s? id=17022263062711050966&wfr=spider&for=pc.
[2] 关于滴滴上市，我们梳理了六个关键问题[EB/OL].（2021-06-11）.https://xueqiu.com/3139600813/182597918.
[3] 滴滴出行被下架？网约车市场现状大数据分析[EB/OL].（2021-07-06）.https://baijiahao.baidu.com/s? id=1704507831927275293&wfr=spider&for=pc.
[4] 铁腕整治！滴滴存"八宗罪"16项违法行为，被处罚80.26亿元[EB/OL].（2022-07-22）.https://m.163.com/dy/article/HCSST0490553ABD8.html.
[5] 滴滴公司被罚80.26亿，对互联网企业敲响数据安全警钟[EB/OL].（2022-07-28）.https://baijiahao.baidu.com/s? id=1739592291651760089&wfr=spider&for=pc.
[6] 滴滴数据若泄漏，造成的危害有多大？它被审查又隐藏了什么信号？[EB/OL].（2021-07-07）.https://zhuanlan.zhihu.com/p/387346429.

第一节　战略洞察

企业在适应环境变化的战略发展中，其面临的首要任务就是如何有效认知战略环境，而该认知不只是要获取环境变化的有效信息，更为关键的是要构建对环境变化逻辑和因果关系的本质性认知，可以称之为战略洞察。

第一，战略洞察是企业战略制定的逻辑起点，战略上持续成功的企业其发展脉搏与社会发展脉搏应具有一致性。

企业战略发展脉络和社会发展脉络的一致性决定了企业能够实现持续与卓越发展,如果企业战略发展不能够有效地匹配社会发展脉搏,与主导社会的意识形态、市场环境和人群意识形成共振,也就无法跨越企业在长期发展中所面对的周期性问题。在实践中,大部分在战略上成功的企业都能在一个社会发展脉搏周期中获得成功,少数极为卓越的企业能够应对社会发展脉搏的多个周期性变化,跨越社会变化的重要节点形成两三个周期的战略成功。如在互联网发展早期,百度、阿里和腾讯作为在该周期抓住重大战略机会的企业在战略上获得了成功,但当发展场景从传统互联网转向移动互联网的时候,腾讯和阿里跨越了以技术变换驱动社会与竞争场景的转换周期,在战略上成功地延续了其竞争优势,进而成为互联网领域继续存在的巨头企业,而百度则在周期转换中明显滞后,其战略无法匹配形成移动互联网之后的竞争环境,与社会发展脉搏产生了不匹配和不一致,使得百度在新周期的互联网企业竞争当中掉队,市场地位迅速滑落。

第二,动态快速的环境变化是战略洞察面对的最大挑战。

在战略洞察当中面对的最大挑战是环境的动态性和快速性变化。由于当前信息技术等各种基本因素对社会形态塑造的影响不断变化,企业面对政策、市场、技术等各方面环境因素变化的动态性和快速性是在传统竞争当中所没有的,即所称的 VUCA(易变性、不确定性、复杂性、模糊性)战略环境。因此在快速变化的多种环境因素当中,如何迅速地识别出决定企业战略是否成功的关键性因素,屏蔽掉众多嘈杂的环境噪声,是企业战略洞察能否准确的最大挑战。

第三,战略洞察形成的商业机会识别是战略决策的关键能力。

战略洞察对于环境的观察包括对产业和竞争对手的分析,其目的是对企业所面对的商业机会和威胁要有准确的认知与洞察。企业需要清楚地理解业务发展的市场是否有足够大的战略空间和足够的可延续性,从而驱动企业持续地增长和生存。同时需要清晰地认知到企业在其发展过程当中,即使占有在局部和阶段性的战略竞争优势,这种优势也会随时因为竞争对手和外部环境的变化而消亡,如何识别和应对这种变化所带来的威胁与挑战也是战略洞察当中非常关键的能力。

在宏观洞察中需要强调对战略环境的理解。今天企业在战略洞察上的一个挑战是如何描述和刻画高度不确定性的复杂竞争环境。复杂竞争环境可以分为以下四类(图 2-1)。

第一类称为稳定性环境,就是指企业处在一个高度稳定的竞争市场当中,竞争环境在可预期的时间范围之内,不会产生重大的变化和拐点。

第二类称为迷惑性环境,也就是说当企业在竞争环境中的发展方向具有不确定性的时候,企业在发展上存在某种路径的连续性,但是由于方向的不确定,企业在做战略决策的时候会产生选择上的困难。典型的迷惑性环境就如在开发新产品的时候,企业可能面对不同技术路线的产品方向决策。在新能源汽车产业的发展当中,当面对着是选择纯电

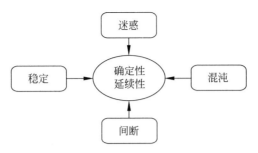

图 2-1　战略洞察中的复杂竞争环境

还是选择增程式汽车的产品发展路线的时候,选择哪一个方向去发展自己的产品战略,会使企业在不同的方向上投入不同的资源,进而决定企业的成败。

第三类称为间断性环境。企业清楚地认知到可以从某个既定的方向发展其战略,但是如何实现该战略,选择的实现方法和发展路径是高度不清晰的,需要企业在战略发展的过程中通过边实践边学习的方式摸索性地构建战略。比如华为技术有限公司清楚地知道在通信技术和设备的发展方向上,人类的通信技术发展一定是走向更快捷、更有效率和成本更低的通信要求,但是如何从传统的通信技术不断发展到未来的通信技术,实现企业战略方向上的技术愿景是在华为技术有限公司的发展当中不断摸索、不断前进的结果。

第四类称为混沌环境,来源于物理学当中的混沌理论,即太平洋上的一只蝴蝶翅膀的扇动能引起加利福尼亚的风暴。在这种情况下,企业所要发展的战略和业务是在一个完全未知的环境,但未知环境对于企业未来的发展和探索是非常重要的,企业战略发展进入了无人区。为了面向未来的发展,企业需要分配一定的关注和资源到完全未知的领域当中,探索企业未来发展的战略可能性。实践中,像腾讯这样的企业就设置了类似的职位或部门去面对混沌环境的挑战。

宏观战略洞察需要分析两个层次的环境变化因素:一是穿越发展周期的长期趋势性因素,对于中国环境下的企业战略而言,主要围绕工业化、新常态和双循环三个主题展开;二是影响企业战略环境变化的结构性因素,主要聚焦全球化、信息化和生态化三个主题。

第二节　工业化、新常态和双循环

在分析企业战略环境的宏观洞察中,中国企业跨越周期的战略环境发展趋势的洞察因素由工业化、新常态和双循环三者组成。三者之间的相互关系如图 2-2 所示,由长周期的工业化带动和规范新常态,由中周期的新常态带动和规范当前短周期的双循环。

一、工业化

在决定中国企业面对的长周期战略环境当中,最重要的基本要素是工业化。1978 年

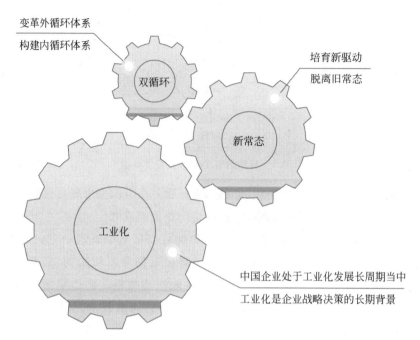

变革外循环体系
构建内循环体系

双循环

培育新驱动
脱离旧常态

新常态

工业化

中国企业处于工业化发展长周期当中
工业化是企业战略决策的长期背景

图 2-2　工业化、新常态和双循环的关系

当中国决定改革开放时,开放策略面向的主要是以美国为首的西方先进工业化国家,这一基本策略的转变实际上是在中国长期历史发展脉络当中形成的战略选择,进而规范和决定了中国企业在该历史时期战略决策和行为的基本框架。由于工业化本质上是由社会基本生产力单位的决策和行为所共同塑造的,企业战略行为和决策模式会受到工业化不同发展阶段的制约,因此在该历史阶段,中国企业的战略决策和行为自然受到中国不同工业化发展阶段的规范与制约。

从长期的历史发展而言,近代以来中国社会面对的最根本挑战就是如何从以农业文明为主体的社会形态转变为以工业文明为主体的社会形态。这一挑战推动中国社会各种系统的变革,包括政治制度、生产形态、意识形态等系统的变革。

在 1949 年新中国成立确定了社会的政治体系和发展道路之后,中国就进入工业化的启动发展期。在此之前,直到 1949 年,中国仍然是一个相对纯粹的农业化社会,90％以上的产值和 90％以上的人口来自农业。新中国成立之后的第一个工业化阶段,接受苏联的156 项工业援助并学习苏联的计划经济体制,是中国社会在近代第一次全面开启工业化发展。在此期间,在计划经济体制下主要孵化出了重工业企业,企业的决策和行为受到中央计划经济体制的管制,在此背景下,企业的战略匹配于国家工业化发展道路,企业的战略决策并不是由企业自主决定,而是服从于整个国家工业化发展的要求。

1978 年的关键节点变化开启了中国工业化的第二个发展阶段,并快速推进了中国工业化进程。当时中国的工业化水平与以美国为代表的先进工业化国家之间存在着不小的差距,如何弥补和追赶这一差距,达到工业化发展的先进水平,是当时中国社会所面对的最重要问题。因此 1978 年之后,在长达 30 年的时间之内,中国工业化发展的主要逻辑是如何引进、模仿、学习和消化代表国外先进工业化水平的产业和企业系统。改革开放后的40多年间,中国孵化和创造了不少在计划经济体制中并不存在的企业组织形态。一方面是企业所有制发生变化,包括民营企业、外资企业和合资企业的出现;另一方面是在不同的产业之中不断地涌现新型企业,产业发展与市场发展交织在一起,推动着千千万万个微观企业的经营活动,共同塑造了在改革开放后40多年的中国加速工业化进程。

进入2015年,中国的工业化面对新的发展关口,当信息化推动的新型工业化革命来临,中国出现两个并行不悖的工业化发展要求:一个是如何进一步形成产业升级以实现对既有工业化发展水平的赶超,如何突破改革开放之后形成的以微笑曲线为代表的全球产业分工定位,实现产业价值链上的高度化,孵化和创造出更多具有要素定价能力的高端产业和企业,形成对以半导体产业为代表的关键产业和高附加值产业的替代与颠覆。另一个是中国工业化发展如何开创以信息化和数字化为基础的新兴产业和企业系统,并在这一次信息化和数字化的工业革命阶段中取得领先优势和主导地位。中国工业化发展的这两个平行战略目标将会在未来30年发展中决定中国企业战略决策和行为的基本逻辑。

二、新常态

2014年,习近平总书记提出经济发展进入新常态的战略判断。新常态的提出是因为中国的经济发展和工业化进程又面临新的战略节点,新常态与中国工业化发展的新阶段是紧密关联的,该战略判断对中国经济环境和社会系统的变化存在关键性与基础性的影响,进而影响中国企业的战略决策和行为。对于经济新常态的理解,首先要明白新常态和旧常态二者之间的区别是什么。经济发展的旧常态指的是1978年改革开放之后到2014年30多年间中国经济发展和增长的根本驱动力主要来源于劳动力要素和资源要素红利。在此背景下,中国产生和孵化了一系列以劳动力要素与自然资源要素成本为主要竞争点的产业及企业。改革开放的过程就是以中国本土的劳动力要素和资源要素为基础,结合由港澳台地区和国外先进工业化国家投入的资本要素、管理要素、知识要素和技术要素不断孵化与创造产业及企业的过程。企业是各种要素的整合体系,而在经济旧常态阶段,中国产业和企业在此要素体系当中投入的是劳动力和资源要素,无法占据要素体系的定价权和控制权。因此,新常态就是强调如何去改变中国经济单纯依靠劳动力要素和资源要素的比较优势,通过发挥资本要素、管理要素、知识要素和技术要素的本土化优势,进而在中国内部孵化出足够数量的占据要素主导权和定价权的企业,并对外输出要素影响力。

新常态在经济增长量化目标上表现为如何在中国人均GDP达到1万美元之后,向人均GDP 2万美元的发达工业化国家标准发展。而要实现这一人均GDP的产出目标,单纯依靠劳动力要素和资源要素比较优势的相关产业与企业是无法实现的,因此要通过培育和投入包括技术、知识、资本和数据要素在内的其他要素,孵化出具有更高的经济价值创造的产业和企业,以此来夯实和形成中国人均2万美元GDP的产业体系和经济体系,这是经济新常态所期望实现的一个重要的数量化目标。

三、双循环

2020 年 5 月，习近平总书记提出了经济双循环的概念，提出加快形成以国内大循环为主体、国内国际双循环相互促进的新发展格局。这是在疫情背景下，对于国家经济社会系统转型的新的战略节点判断，该战略节点的判断进一步明确了当前我国企业和产业发展的战略重点和目标重心。

首先，如何理解以国内大循环为主体。从经济新常态的阶段性概念提出以来，双循环是对当前经济发展阶段和企业战略选择在经济新常态背景下的进一步明确。以国内大循环为主体并非只着眼于简单地解决疫情导致的外部市场消费和投资能力趋弱问题，而是需要寻找中国经济产业进一步内部化发展的驱动力，因此企业的战略决策和行为必须主动匹配这一趋势。

在经济旧常态的背景下，绝大部分国内产业和企业与以美国为主导的全球产业链分工形成了深度捆绑，此类捆绑在很长一段时间之内有效地引进了国内经济发展的缺乏要素，推动了中国经济的增长，但在国际政治经济发展的新形势下，中国经济发展的内驱性目标需要中国产业和企业在要素的控制与定价体系上实现能力升级，切实地改变传统以来中国产业和企业在全球产业链的非主导地位与价值分配当中的低利润现状。以国内大循环为主体，在供给侧上就是要继续培育和投入资本、技术、知识以及数据要素塑造在产业和企业生产体系当中的主导权和定价权，培育全球产业链链主企业和隐形冠军。在需求侧上，则推动以构建中国企业自主品牌为主体的消费市场启动。在国民可支配收入进一步提升的背景下，推动以中国品牌和中国产品消费为主的国内消费市场消费升级，并由消费市场的全面启动和升级进一步孵化多系统、多生态的产业和企业，实现与以外资为主导的中高端消费品市场的争夺和竞争。国内大循环还需要实现部分关键产业链在国内生产和消费的安全配置，以捍卫全球产业链断链和国际政治因素干扰下的中国经济安全。

其次，如何理解国内国际双循环相互促进。在以国内大循环为主体的经济和产业体系构建过程中，并非隔绝中国经济和海外市场经济与产业的联系，而是要启动修正以美国为主导的全球产业链体系。改变中国经济和产业在传统中形成的两头在外、大进大出的框架，使得中国产业和企业通过资本、知识、技术和数据要素的输出实现在全球产业链变革当中的要素定价权和主导地位。

双循环相互促进包含两层具体含义：第一，中国双循环体系的建立如何与传统发达工业化国家的强势产业或企业实现有序竞争。中国产业或企业在全球产业价值链中的地位升级势必与当前由美国主导的半导体产业和由日本、德国主导的汽车产业形成竞争挑战，因此在全球产业链的变革当中，需要进一步地打造和夯实中国相关产业与企业的竞争能力，采用与发达国家既竞争又融合的方式，进一步扩大和增加中国产业与企业在全球市场及供应链当中的话语权、主导权和定价权，推动当前全球产业分工体系的存量变革。第二，中国企业要在"一带一路"倡议的思想指导下，积极地拓展与新兴市场国家之间的产业联系和消费市场一体化进程，寻找在全球经济和市场体系当中的蓝海市场，构建中国企业在全球性市场体系的增量空间和产业主导地位。

在国内国际双循环相互促进的体系当中，如何将中国企业在内部产业链和市场发展中累积的资源与形成的能力输出到全球的产业和市场体系当中。反过来在全球产业链和市场体系的演变过程中,中国产业和企业形成的主导地位如何进一步放大中国产业和企业在全球战略竞争中的能力和资源,这是形成两个循环相互促进的关键所在。在双循环当中,产业层面的关键是推动要素变革、供给优化的产业演进。工业革命本质上是由技术发展驱动的生产力体系变化,而在当前生产力体系变化当中,知识、技术、数据和资本居于主导地位。要素变革、供给优化的产业演进是指如何切实地形成中国企业在各类经济要素上的主导权。中国企业通过对知识、技术、资本、数据要素的主导,构建形成更具有竞争力的高价值产业体系和要素体系。因此需要推进整体要素体系的改革和变化,进而推动国内企业和产业的战略性升级。

第三节　全　球　化

一、全球化的定义和内涵

全球化是国际经济和分工体系的形成过程与现行结构。

全球化是在资本主义和工业革命兴起之后,由西方主导的世界经济体系和分工系统的形成过程与现行结构。在全球化被提出的语境当中,哥伦布发现新大陆的1492年被视为全球化元年。由西方主导的全球化体系将全球划分为三个阶段,托马斯·弗里德曼(Thomas Friedman)在其著作《世界是平的》中将全球化分为国家的全球化阶段、公司的全球化阶段和个人的全球化阶段。本质上来说,全球化阶段的变化是由全球产业和分工体系的发展来推动和形成的。

在国家的全球化阶段,以帝国主义和殖民主义为主导的全球化扩张是全球化发展的主要驱动力。在此阶段,产业分工体系可以概括为产业间分工体系。产业间分工体系是在不同的国家和地区当中形成以大类产业为联系的分工体系,进而实现要素在产业分工当中的整合。比如几乎所有的国家工业化起飞阶段,首先崛起的都是纺织工业,纺织工业分为羊毛纺织业和棉花纺织业。英国是通过圈地运动来解决其羊毛纺织业的劳动力和原料问题的。但英国在发展其棉花纺织业的过程当中,面临着缺乏棉花生产的资源禀赋问题,因此其棉花纺织业的主要原料来自其所殖民的印度次大陆和美洲大陆。美洲大陆上种植园经济的出现就是基于英国工业资本产业发展和分工的需求驱动,种植园经济为棉花种植业提供了土地和资源,奴隶贸易为其提供了足够的劳动力,因此英国棉纺织业的全球化分工需求是奴隶贸易的经济性原因。北美大陆的种植园、非洲大陆的人口贸易和英国的纺织工业就形成了全球化的产业间分工体系。

第二次世界大战之后,以国家为主导的全球化分工体系因为殖民帝国体系的瓦解和民族国家独立的浪潮面临崩溃。在此背景下,以美国为主导的西方世界形成了第二个阶段的国际经济和产业分工体系,该体系可以被称为产业内分工体系。首先,产业内分工体系的主导性力量是跨国公司而非国家,是由跨国公司通过要素主导的中心地位来驱动全球性的供应链和一体化市场的体系发展的。由于生产技术和协作的要求,产业和企业内的分工进一步被细化,因此可以更分散地配置到全球具有不同比较优势和资源禀赋的地区。同样以纺织业为例,当前在全球纺织业当中由像耐克和阿迪达斯此类的跨国成衣企业进行产业主导,此类公司在产业链上游的设计、下游的市场及品牌上具有主导地位,而将主要的制造环节配置到全球具有比较优势的其他国家和地区。全球的纺织制造业主要配置在中国和东南亚国家。改革开放之后,由于劳动力的比较优势,中国纺织制造业迅速发展,当前由于劳动力比较优势的发展和变化,该产业开始向以越南为代表的东南亚国家迁移。但在此迁移过程当中,由于纺织制造业工序进一步细分为包括纺线、纺纱、织布、剪裁、印染等更多加工环节,不同的加工环节导致该产业在中国和东南亚国家形成地区配置差异。对劳动力成本敏感的纺纱、纺线等环节迁移到越南,而较有技术含量的剪裁仍然留在中国。

二、当前全球化的特征和演变

理解当前的全球化特征,需要理解以下几点:第一,产业边界跨越国境;第二,由贸易壁垒、时间、文化和距离隔离开的各国市场正融合为全球性市场;第三,要素的自由流动带来新的机会和威胁;第四,全球化并非单纯的技术性、经济性全球化,而是一种深刻的"经济—文化—政治"立体图景的演变过程。

第二次世界大战之后,全球化体系发生了根本性变化,美国通过跨国公司推动和构建了第二次世界大战之后的全球化体系。在 2020 年之后,全球化体系的演进发生了某些关键性改变:一是贸易的区块化日益明显,贸易区块化形成的板块竞合为主轴,新旧体系的转化有可能加速。二是全球产业分工体系产生了局部脱钩,可能会产生局部重构。三是以美元美债为主导的全球金融市场面临着不可控的风险,尤其是美国自新冠病毒感染疫情以来执行的无上限货币宽松政策有可能导致全球金融体系的系统性风险。一旦金融体系的系统性风险从金融层面延伸到实体经济层面,就会导致美国主导的全球化体系产生塌陷的可能。四是全球化体系当中的全球治理问题不仅仅局限于经济和金融领域,诸如新冠病毒感染疫情这样的公共卫生危机,乃至于未来可能产生的军事冲突,都有可能对当前的全球化体系形成关键性和重要性的改变。

中国企业应该如何从中国视角看待当前的全球化体系演变。首先,深度嵌入全球产业分工体系和依赖全球市场的企业必须充分意识到全球化体系转变,势必会高度地影响企业自身发展战略稳定性,企业应积极应对战略稳定性变化导致的风险。其次,要意识到中国企业在全球化体系变化中的天然使命(mission),企业势必会成为中国重塑全球化体系的重要力量之一。

第四节　信　息　化

一、信息化的定义和内涵

信息化被定义为:新的信息与通信技术普及应用导致的信息传递时空阻碍性的消失,在信息基础设施到达的地方信息可获得性趋同,也被理解为与此相伴随的社会组织之形式及其属性。

信息化对经济、产业和企业的影响伴随其技术发展阶段的不同在不断演变。由信息经济概念的提出发端，早期信息经济在产业上主要体现为互联网经济，互联网经济发展到移动互联网阶段后，相关企业提出了"互联网＋"的概念。阿里研究院在《互联网＋：从IT到DT》一书中认为"互联网＋"是指以互联网为主的一整套信息技术（包括移动互联网、云计算、大数据、物联网等配套技术）在经济、社会生活各部门的扩散、应用并不断释放出数据流动性的过程。在"互联网＋"概念进一步拓展后，数字经济概念被提出，企业数字化、产业数字化和数据要素化等概念开始被广泛接受。

从信息化初始的技术定义可知，人类社会的信息化主要受两类技术发展的推进和影响：第一类是以互联网技术为代表的信息技术，第二类是今天所使用的以5G（第五代移动通信技术）网络为代表的通信技术。信息技术和通信技术的持续发展交替推动了社会、经济、产业体系和企业系统的变化。信息化对经济产生的本质影响是基于信息交易成本的降低，包括信息传递、信息搜寻以及信息分享的交易成本下降。如果分析互联网经济兴起之后的产业历史和脉络，可以清晰地识别出交易成本下降孵化出的新型企业模式演变。最初互联网经济的代表性企业是综合性门户网站，以搜狐和网易为代表的门户网站产生的是对传统平面媒体的替代，本质上是源于信息传递交易成本下降，后面崛起的搜索引擎包括谷歌和百度是对于信息搜寻效率的提升，亚马逊和阿里等电商平台本质上的基本逻辑依然是如何降低市场上的信息搜寻交易成本，QQ和微信等产品的发展则依赖信息分享成本的下降。通信技术发展推动信息技术进入移动互联时代，"互联网＋"的概念被强化，信息技术对社会、经济和产业系统的全面性渗透成为当前最重要的特征。

二、当前数字化趋势

"互联网＋"概念所强调的是推动整个社会、经济和产业系统的在线化，其与早期互联网经济的区别在于在线化不再局限于经济系统的局部区域。该概念进一步发展为数字化概念，其中的产业数字化和企业数字化概念所探讨的是数字化的信息与通信技术如何驱动产业及企业进行组织和业务流程变革。

企业的数字化是指企业基于数字化技术演变，由核心数据库和核心算法高效协作驱动的组织演进与业务系统变革。企业数字化强调对数据的占有和利用，数据的指向不只是传统上企业内部生成的经营数据，而是企业运用大数据技术通过跟用户的广泛连接形成的海量数据。企业数字化形成的竞争力首先来自企业成为海量数据的收集、存储和分享中心，形成数据中心节点的平台企业是数字化时代具有垄断竞争优势的企业，如阿里对电商数据的垄断和腾讯对社交数据的垄断形成了各自垄断竞争优势的基础。在企业获得数据中心平台的位置之后，面对的具体问题就是如何利用所获取的数据推动其业务运行，因此通过核心算法产生对数据的调用、分析和应用支撑企业业务，该过程还伴随着通过人工智能技术驱动的算法和流程优化。

产业数字化可以分为服务业数字化和制造业数字化。服务业数字化以形成数据闭环的服务流程变革为基础，更多的是通过数据的收集和利用实现人与人之间的连接，通过数据和算法的驱动形成企业内部员工与外部客户之间的服务连接是服务业数字化的关键所在，如网约车服务的数字化，其关键逻辑就是通过定位信息形成提供服务的司机与使用服务的乘客需求的精准连接,并通过大数据的收集和优化驱动网约车用户和服务场景的深度关联。而互联网对传统金融业的数字化变革重点也是把内部提供金融业务的流程和外部使用金融服务的客户进行基于场景的有效深入关联。服务业数字化本质上是通过人和数据的连接产生行为驱动与场景驱动,进而提升服务业效率和降低交易成本。制造业数字化则是除了通过数据和信息实现人与人之间的连接之外,还涉及人与物、物与物的连接。制造业企业数字化构建的核心数据库需要具备核心算法驱动的自动化制造流程以及相关联的产品使用场景的数据关联。制造业核心数据库的数据不仅来源于传统的外部市场客户,还来自万物互联的背景下对于大量的供应链和实际使用场景物联数据的获取。通过将此类外部数据导入企业的内部制造环节,内部制造环节通过数字化的流程驱动产生有效的内外部连接,并不断地驱动制造流程的敏捷性优化。

数字化的另一个重要发展趋势体现为公共服务系统数字化。公共服务系统数字化的首要问题是解决在产业和企业数字化进程中,与企业相关的社会治理机制和公共系统应该如何与企业有效实现数字化协作的问题。公共服务系统数字化与企业协作系统的典型代表之一是现有税务系统如何推进数字化的发票系统和数字化税收方式以降低企业的相应成本,通过推动公共服务系统数字化提升包含企业治理在内的社会治理效率。其次要关注对产业和企业的规制如何适应数字化经济的发展需要,如公共服务系统的数字化监管如何应对企业的数据垄断问题,解决其导致的社会福利减少和不公平竞争问题。

第五节　生　态　化

生态化强调可持续发展的概念,赫尔曼·戴利(Herman Daly)将可持续发展定义为:在地球生态系统生成和吸收能力许可的范围内,实现由物质和能量产生所支持的持续稳定的物质经济基础与质量改善。世界环境与发展委员会将其定义为:在不牺牲未来几代人需要的情况下,满足我们这代人的需要。生态化问题本质上是人类发展工业化所必须面对的能源来源和能源结构问题。在当前的认知当中,除了传统的空气污染、水质污染和土壤污染之外,讨论生态化问题最受关注的是碳排放问题,因此当前全世界主要的经济体正在推动形成对于碳达峰和碳中和的治理共识。碳达峰和碳中和目标的实现要求全球主要经济体在未来的工业化发展中,通过一系列技术和经济的综合发展和治理手段,变革能源结构,在保障能源安全的前提下有效减少碳排放。

按照中国承诺的碳达峰和碳中和时间表,中国的相关产业和企业面对着非常大的生态化转型压力。产业的生态化转型意味着首先在整体上要调整国家内部的产业结构,将高耗能和高污染的产业规模进行缩减或剥离。其次要不断地推进国家产业能源结构的变革,通过大力发展清洁能源技术、提高清洁能源的占比解决碳排放问题。但产业的生态化转型势必会面对巨大的变革成本和负面的社会影响,包括产业转型导致的社会经济动荡和失业问题以及能源结构转换所带来的能源安全供给问题。作为全球最大的工业国,中国工业能源需求数量庞大,要推动改变传统上中国对煤炭能源的依赖结构,在短期内降低能源结构调整的转换成本以及提高能源的安全性和可持续性都会面对很大的挑战。

与一国内部的产业生态化转型相关联的碳排放问题同样涉及对于全球产业和贸易体系的规则调整。当前在全球当中主导碳排放议题的主要是西方工业化国家和接近完成工业化的中国。如果碳排放成为全球产业和贸易体系的基础规则,对于后续想要进入工业化发展阶段的发展中国家将会产生关键影响。如何在能源技术没有关键突破的前提下,满足发展中国家工业起飞所需要的庞大能源将是具有关键性影响的问题。如果碳排放问题导致全球经济和贸易体系的治理权力一直把握在当前的工业化国家手中,事实上会带来极大的经济和贸易不公平。

因此,在此背景下,中国作为最大的发展中国家,如何在双循环构建当中既保障自身在碳排放问题上对全球经济和贸易规则的话语权,又要捍卫和保护发展中国家发展工业的合理权利,将是非常重要的战略性问题。

【案例讨论】

潮起潮落:字节跳动 TikTok 的出海征程

一、引言

2012 年始,我国移动互联网领域迎来了大爆发。时任多家互联网公司 CEO 的张一鸣认识到在未来一段时间随着数据流量的快速增长,移动搜索端可能会出现信息过载的问题,若能开发出一个智能分发算法,使得用户只接收到自己感兴趣的信息,将有效地解决这一问题。于是,张一鸣又一次开始了创建公司的大胆尝试。

二、字节跳动的诞生

2012 年 3 月,一家名为"字节跳动"的公司诞生了。公司一经成立,就将建设"全球创作与交流平台"作为愿景。

2012 年,经过张一鸣团队的通力合作,字节跳动开发出了智能推荐系统并将其运用到产品研发。同年 8 月,新闻资讯类 App"今日头条"正式上线,这也是字节跳动的第一个核心产品。张一鸣的这一次大胆尝试取得了较好成绩。在短短两年内,今日头条总用户数超过 1.2 亿,月活跃用户数超过 4 000 万。之后,字节跳动公司对智能推荐系统进行打磨和完善使其愈加强大,可以说,这一系统逐渐成为今日头条的核心竞争力。

三、一种新型社交形式——短视频

与此同时,远在大洋彼岸的美国,一种新型社交应用形式——移动短视频开始生根发芽。2011 年 4 月,美国的 Viddy 发布了一款移动短视频产品。其产品定位为提供一种新潮的社交方式,用户拍摄 30 秒之内的短视频,简单编辑即可实现快速分享。这款应用并非一个独立的应用,它可以和脸书、推特等社交媒体进行实时对接,这就使得借助用户朋友圈吸纳更多新用户成为可能,越来越多的用户开始使用和分享这一应用。截至 2012 年 4 月,其注册用户超过 1 000 万。在数字经济时代,用户规模是发展的基石,Viddy 的成功试验使得越来越多的企业开始拓展短视频行业。Twitter 于 2013 年发布了 Vine,Instagram 也在现有功能基础上添加了短视频分享功能。

反观国内,短视频社交应用的推出要稍晚于国外,2013 年底,腾讯、新浪等互联网公司开始探索这一领域,但始终未在国内市场激起较大的水花。2016 年是短视频爆发的元年,用户需求开始大规模爆发。当时国内市场快手的市场份额最大,其月活跃用户人数达到 6 507 万次。张一鸣看到了短视频行业巨大的发展潜力,于 2016 年 9 月推出了一款拍摄并发布短视频的音乐创意社交软件——抖音。抖音凭借差异化的竞争战略、领先的技术水平和强营销战略,发展迅速,2018 年 6 月,平台月活跃用户人数达 2.07 亿次。抖音的商业模式得到了国内市场的肯定,这给了张一鸣很大的信心——要走出国门,将抖音推向全球。

四、差异化的海外市场

张一鸣将全球范围内的市场分为两大类:其一是印度、东南亚国家等发展中国家,印度是短视频产业的蓝海领域,其尚未挖掘的人口红利和互联网红利足以吸引字节跳动的目光。东南亚许多国家与中国在文化背景、社会环境、价值观念等方面非常类似,且由于技术限制,本土并没有成熟的短视频应用平台,也属于移动流量蓝海。其二是美国、日本等发达国家,美国作为移动短视频平台的发源地,近几年先后出现了许多短视频应用,经过激烈竞争,Instagram 和 Snapchat 成为这场市场争夺战的赢家,其借助本身庞大的用户群,将丰富的 PGC(专业生产内容)＋UGC(用户生成内容)加入传统社交功能中,转化成"社交＋娱乐"二者兼备的应用。日本的短视频发展也较为成熟,从 2014 年上线的 Vine 到后来占据榜首的 Instagram[①],日本的短视频行业也是一片红海。

面对差异化的市场情况,张一鸣在开拓海外市场时采取了不同的发展战略。面对印度、东南亚国家等移动流量蓝海领域,字节采取"技术出海＋本土化运营"的经营战略,即直接复制国内的抖音,在各地推出具有本土化特色的抖音海外版;而面对美国、日本等短视频红海领域,字节充分发挥自身的资金优势,通过参股收购和巨头联盟的方式最大限度地减少进入壁垒,发挥自身优势,争取市场份额。

Tik Tok 的这种打法取得了巨大的成功,短短两年就风靡全球。Tik Tok 从首次上线开始,仅仅 3 个月就登上了日本 App Store 免费榜第一的位置;2018 年第一季度,首次安装 Tik Tok 的印度用户达 8 860 万人;2018 年 1 月,Tik Tok 在泰国登顶 App Store 总榜。短短两年,Tik Tok 已覆盖全球 150 多个国家和地区。截至 2020 年 1 月,全球日活跃用户突破 4 亿次。同年 10 月,根据 Piper Sandler 的一份研究报告,Tik Tok 已超越 Instagram,成为美国青少年中间第二受欢迎的社交媒体应用。Tik Tok 全球下载量根据 Sensor Tower 的最新应用排名数据,2022 年第一季度 Tik Tok 再次成为下载次数最多的应用,击败了 Meta 旗下包括 Facebook 和 Instagram 在内的多个应用。在 App Store 和 Google Play 中,Tik Tok 在全球的安装量则超过 1.86 亿次。

五、抖音的全球化战略

Tik Tok 能在短时间内风靡全球,这是其他任何一家尝试出海的中国互联网企业甚至是全球其他任何一家互联网企业难以做到的。Tik Tok 能取得如此成绩,与它的全球

---

① 数据来源:七麦数据网应用统计数据。

化战略密不可分。

经过与董事会成员的密切讨论,张一鸣提出"抖音出海"要在预设业务发展模式的基础上,根据情势变化灵活调整,为此字节跳动投入过亿美元来支持抖音的国际业务扩张。抖音的全球化战略主要包括三个方面,如图2-3所示。

图 2-3 抖音的主要资本构成

（一）发挥经济资本优势,大力拓展海外市场

在数字经济时代,对企业来说,尤其是新兴的互联网企业,占据尽可能大的市场份额、扩大品牌影响力非常重要。而市场地位的开拓和提升与企业的资本投入密切相关。抖音"出海"初期利用丰厚的经济资本,在不同的市场分别采取参股收购成熟产品、建立战略联盟的方式参与海外市场,这就为抖音的海外业务运营提供更多的资源储备。

资料显示,印度、美国和印度尼西亚是 Tik Tok 三个较大的海外市场。截至 2020 年第一季度,印度累计下载量达 6.11 亿次;美国用户每天要打开 Tik Tok 8 次,平均每次 4.9 分钟,远远超过 Facebook、Snapchat;在印度尼西亚,Tik Tok 多次登上 App Store 和 Google Play 的榜首。2016 年字节跳动向印度 Dailyhunt 的 2 500 万美元投资引领 Dailyhunt 从文字向短视频和音频转变。印度拥有世界上最巨大的潜在用户市场,字节跳动此举将为抖音在印度进一步发展提供助力。2017 年 2 月,为了进驻美国市场,字节跳动全资收购了北美知名短视频应用 Flipgram,之后又向 News Republic 和 Musical.ly 进行巨额投资,这些举动提升了其在北美短视频市场的份额,这也为 Tik Tok 正式进驻北美音乐短视频市场打下基础。2020 年 12 月 18 日,全世界最大的零售商沃尔玛与国际版抖音 Tik Tok 进行合作,通过直播带货的形式在 Tik Tok 平台上向用户销售自己家的时尚商品。同年,与 Shopify 合作,让美国商家开放购买链接引流独立站点,然后扩展到英国。

2021 年 2 月以来,Tik Tok 在越南、马来西亚、菲律宾、泰国、新加坡等东南亚国家陆续开通了电商功能,并开通了美国本土小店。2023 年,Tik Tok Shop 将继续加快在全球的拓展步伐。

（二）紧跟技术发展前沿,提供用户最优体验

技术保持领先是互联网企业推出产品、开展业务的基础。作为一家互联网企业,字节跳动公司创立之初就重点研发人工智能技术。早在 2012 年,字节跳动就研发出强大的算法推荐系统,这一技术大大推动了今日头条的快速发展。之后,张一鸣计划将这一系统应用到其他产品中,他表示技术"出海"的核心是致力于为全球用户提供统一的产品体验。Tik Tok 就是技术"出海"的典型代表,借助算法推荐技术,Tik Tok 通过分析用户的个性

化标签、生活环境等因素，了解用户的状态，为用户推荐其最喜欢的短视频内容。其收集的信息越多，数据库越庞大，推荐系统就越准确。

除了算法推荐系统，Tik Tok还拥有行业领先的人机交互技术。"人脸关键点检测技术"可以同时识别多个用户人脸、捕捉用户脸部多个关键点，这就使得用户在拍摄带有AR（增强现实）动态贴纸的视频时能获得良好的体验；"手势识别和粒子系统技术及应用"使得用户仅仅需要简单地做出手势即可展现对雪、雨、泡沫等粒子的虚拟操控，制作出令人称赞的个性化短视频。

总的来说，Tik Tok投入大量精力研发新技术、不断优化拍摄体验，降低视频制作门槛，实现了"硬件＋软件＋服务"的生态闭环。

（三）以文化资本为依托，满足用户差异化需求

相比于报纸杂志、电影、电视剧等文化传播媒介，音乐往往能超越文字的交流障碍，更易引起情感共鸣，一段段音符甚至可以联系起地处天涯海角的人。抖音的最初定位即为创意音乐，它通过前期经济资本的投入进而拥有全球多个国家的乐库，这些音乐就是抖音发展海外业务的重要文化资本。Tik Tok通过对知名音乐平台的收购获取了全球性的流行音乐文化资本。字节跳动收购Musical.ly所获得的音乐版权资源大大丰富了Tik Tok的视频内容，同时也增强了Tik Tok在全球的品牌影响力。

另外，Tik Tok也非常注重不同国家及地区的风俗习惯及文化特色，为各东道国用户进行个性化定制。例如对于日本独特的动漫文化，Tik Tok为其单独设置漫画视频类别，并设计与之匹配的挑战话题；对于泰国的重要节日——泼水节，Tik Tok为当地用户设计三款"泼水节"贴纸；印度尼西亚年轻群体非常喜欢手势舞，Tik Tok就发出了各类手势舞的挑战活动。

六、调整组织架构，引入海外高管

公司要想实现可持续发展，其日常业务必须与合适的组织架构相匹配。张一鸣清楚地明白这个道理。因此，在海外业务逐步走向成熟后，字节跳动开始调整Tik Tok组织架构，开启了组织层面的全球化进程。

2020年3月12日，张一鸣发出内部信，宣布将对公司组织结构进行全面升级。信中表示，张利东为字节跳动（中国）董事长，张楠将担任字节跳动（中国）CEO，两人共同向张一鸣报告工作。同时，张一鸣本人将出任字节跳动全球CEO，领导公司全球战略和发展，进行企业社会责任、全球化企业管理等长期重大课题的研究。这是字节跳动一次重大的组织结构调整，它表明了字节跳动未来将更加重视对其海外业务的拓展，将努力走出国门建设成为一家国际化企业。

除了对高层进行组织调整，字节跳动认识到要实行本土化战略，吸纳海外顶尖管理人员是非常有必要的。自2019年6月起，字节跳动在全球各个市场积极猎取当地高级管理人才，建设本土化的专业海外团队，这些海外人才包括来自Facebook、华纳集团、微软、迪士尼等诸多顶级公司的前高层。不得不肯定的是，这次人才引入计划是非常明智的，一方面，海外人才给字节跳动和Tik Tok带来了国际化管理的经验、资源及人脉；另一方面，字节跳动开展全球化业务过程中遇到的审查压力也得到缓解。部分海外高管任职信息如表2-1所示。

表 2-1　部分海外高管任职信息

高　　管	原任职公司	职　　务
布雷克·钱德勒(Blake Chandlee)	Facebook	全球商业解决方案副总裁
奥勒·奥伯曼(Ole Obermann)	华纳音乐集团	音乐总监
埃里奇·安德森(Erich Andersen)	微软	法务副总裁
凯文·梅尔(Kevin Myer)	迪士尼	Tik Tok 首席执行官

七、全球化的风险

和大多数试图"出海"的互联网企业一样,字节跳动在开展国际业务时也并不是一帆风顺的,在不同国家实施本土化战略时遇到了较大的阻力。

(一)文化风险

抖音作为一项内容型产品,其具有传播信息和文化输出的功能,伴随着字节跳动的海外扩张,各地的政治和意识形态的力量也在文化舞台上与抖音进行较量。虽然 Tik Tok 的海外定位始终在努力规避与政治的联系,仅以用户规模扩张与利润增长为目标,但仍曾受到外国政府的抵制。

2018 年 7 月,Tik Tok 曾被印度尼西亚通信部封锁,在抖音承诺对负面内容进行审查后解禁;2020 年 6 月,印度宣布封杀抖音等 59 款中国 App。甚至海外社交媒体 Twitter 上有一个 Antitiktok 的话题,参与者多是印度尼西亚、马来西亚用户,认为 Tik Tok 与宗教价值观相悖。2020 年 8 月,特朗普签署行政令,宣布将在 45 天后(即 9 月 20 日起)禁止任何美国个人或公司与字节跳动、微信及其子公司进行交易。Tik Tok 在美国的危机一直持续到 2021 年 2 月,拜登政府主动向第九巡回法庭和北加州联邦地区法院递交申请,请求暂停审理关于微信海外版禁令的上诉案件。此前,拜登政府要求联邦法院暂停抖音海外版 Tik Tok 禁令,以便重新审查这款移动应用程序对美国国家安全的威胁。2021 年 6 月 9 日,美国总统拜登撤销了特朗普政府对 Tik Tok 的禁令,这样 Tik Tok 在美国的噩梦才算结束。

(二)低质内容与未成年人保护的风险

互联网时代的一个突出特点是各类信息传播速度快且质量参差不齐,不良信息的传播对人们的生理、心理等各方面将产生影响,尤其是对未成年人。因此国际社会非常重视未成年人的互联网安全问题。Tik Tok 是一款受年轻人喜欢的软件,其中不乏未成年人。Tik Tok 中的内容涉及生活、工作、人际交往的方方面面,很容易影响用户尤其是未成年人的世界观和价值观。因此,近年来各国政府不断加大对 Tik Tok 的审查力度。

Tik Tok 曾因内容质量问题在多国遭遇下架危机。2019 年 2 月,Tik Tok 被孟加拉国政府勒令下架,该国信息部部长称 Tik Tok 帮助用户制作与流行电影歌曲或对话相关的淫秽色情视频,对用户产生不良影响。同年 4 月,印度 Madras 高等法院以"鼓励色情,对儿童有害"为由,要求各大应用商店下架 Tik Tok。尽管经过整改,Tik Tok 在大部分国家都已经解禁,但其根源尚未解决,内容净化不彻底,Tik Tok 仍面临着较大的审查压力。

（三）用户信息安全与隐私保护的风险

在数字化时代，用户的信息安全和隐私保护已经成为世界各国共同面对的问题，很多大型互联网科技企业都发生过类似的用户个人信息泄露问题。Tik Tok 也面临严格的审查。

Tik Tok 刚刚入驻美国应用市场时，其在收集用户数据和消息平台建设方面直接套用国内的模式。这一模式在国内现有的法律体系下是没有问题的，但是在国外复杂且细致的法律体系下就变成了一颗定时炸弹。2018 年，美国联邦贸易委员会（FTC）开始调查 Tik Tok 对未成年人个人数据收集问题，结果裁定应用对 13 岁以下儿童的用户信息收集违反了儿童在线隐私保护法。次年 2 月，FTC 对 Tik Tok 开出了 570 万美元的巨额罚单。在此裁决之后，Tik Tok 为应用增加了年龄限制，13 岁以下的用户无法拍摄和发布视频。

2019 年 7 月，英国信息专员伊丽莎白·德纳姆提出要对 Tik Tok 开展调查，理由为 Tik Tok 这种完全开放的短消息系统允许成年人用户与儿童用户进行无障碍的交流。而现有的欧盟通用数据保护条例（GDPR）要求科技公司必须对儿童用户提供另外的保护，并且提供与成人用户不同的服务。这一调查尚在进行中。

八、二次封杀

Tik Tok 在 2023 年迎来了它的第二轮斗争。欧盟在 1 月向 Tik Tok CEO 周受资发出通牒称，如果该应用不加快努力在今年 9 月前遵守欧盟立法，它可能会在欧盟被封禁。随后，欧盟委员会要求其工作人员卸载 Tik Tok，原因是保护委员会数据并提升网络安全。美国、加拿大、挪威等国家也先后提出相似要求，限制在政府官方设备上使用 Tik Tok。3 月 15 日，知情人士透露，负责监管跨境投资安全风险的美国外国投资委员会（CFIUS）近日发出威胁，要求母公司字节跳动出售 Tik Tok 股份，否则该应用程序将在美国遭到封禁。美国国防部和司法部代表对此表示了支持。Tik Tok 对美国国家安全构成威胁的担忧，是美国目前为数不多的得到两党支持的话题之一。

Tik Tok 这一轮被针对的背景之一是，在 2022 年底，《纽约时报》的一篇报道称，字节跳动在做内部安全审查时，获取了美国 Tik Tok 用户的数据，其中包括两名记者的数据。该报道触及了本就脆弱的信任。即便字节跳动以解雇 4 名违规内审人员回应，周受资也在内部邮件中表达对此次事件的失望，并强调公司对数据安全的重视。但这些做法依旧抵挡不住新一轮危机的袭来。

继 2020 年特朗普政府持续数月的封杀手段后，Tik Tok 再次站在命运的十字路口，面对第二次"渡劫"。针对美国政府的封禁威胁，Tik Tok 回应称，强制出售并不会解决所谓的安全风险。公司发言人表示："解决国家安全问题担忧的最佳方式是对美国用户数据和系统进行透明的、基于美国的保护，以及我们已经在实施的强大的第三方监测、审查和验证措施。"

行业研究公司 Forrester 研究主管迈克·普罗克斯（Mike Proulx）表示："现在周受资所面临的最大挑战之一就是，他必须采取措施以增加各种利益相关者之间的信任，首先就是那些政客。"或许，除了数据安全隐患这种围绕"可能性"打转的问题之外，美国还会在意一个已经凸显的问题——美国的流行元素和话题，乃至生活方式，开始由一个来自中国的社交媒体软件塑造和决定。

政府前情报官员戴维·肯尼迪(David Kennedy)认同政府设备禁用 Tik Tok 的决定，但是他说，如果发布全国性的禁令可能过于极端，美国在中国市场还有特斯拉、微软和苹果这些公司，中国难道也要封禁它们吗？局势可能会迅速升级。

九、结语

Tik Tok 厉害的地方在于，在海外的社交平台格局稳定，龙头优势明显，在被不断阻挠的情况下，甚至遭遇美欧监管制裁以及印度封禁，却依旧能向上杀穿一条路，类似抖音在国内的发展路径。这说明 Tik Tok 在信息分发的方式上确实属于破坏式创新，产品端的优势让人难以抵抗。

Tik Tok 在不到 4 年的时间里，其下载量已经超过 40 亿次，位列全球第一，并且占据了所有社交媒体用户的 1/3，超过了 Facebook、WhatApps、YouTube，这几乎是 Facebook、YouTube 等平台的一半，这充分说明 Tik Tok 巨大的社交市场潜力，而且目前 Tik Tok 属于迅猛发展期，其用户数还没有到达稳定期，中国的抖音目前的用户已经处于稳定的饱和期，但是 Tik Tok 用户还在持续增长中。据最新数据统计，预测到 2023 年，Tik Tok 的活跃用户可能会突破 15 亿，这意味着 Tik Tok 将成为一个世界级的巨大流量入口。

传播学者马歇尔·麦克卢汉(Marshall Mcluhan)强调"媒介即讯息"，认为人类只有在拥有了某种媒介之后才可能从事与之相应的传播和其他社会活动。从古时以语言为媒介的群体性传播时代到如今以互联网为媒介的大众传播时代，媒介开创的可能性及带来的社会变革影响巨大。Tik Tok 就作为正在影响如今人们的社会生活和行为习惯的媒体形式的一种，它的开拓性和包容性注定它只会越走越远，直到新的媒介或媒体形式诞生。

思考题：

抖音和其海外版 TikTok 未来的战略空间有多大？该企业有可能成为延续 51 年的企业吗？

资料来源：

[1] 张志安,潘曼琪.抖音"出海"与中国互联网平台的逆向扩散[J].现代出版,2020,127(3)：19-25.

[2] 蒋燚卓,张宝明.Tik Tok 海外运营风险应对研究——兼论中国 App 本土化向全球化思维模式的转变[J].对外经贸实务,2022,399(4)：67-70.

[3] 席志武,孙晨子.TikTok 出海状况及利用其提升我国对外传播力的策略[J].青年记者,2022,740(24)：69-71.

[4] 因违反美国儿童隐私法,美版抖音 TikTok 将被处以 570 万美元罚款[EB/OL].(2019-02-28)[2021-01-05].https://www.sohu.com/a/298250185_115563.

[5] 石飞月.字节跳动中国区董事长和 CEO 换人[EB/OL].(2020-03-13).http://it.people.com.cn/n1/2020/0313/c1009-31629929.html.

[6] 万穗.步入"读秒时代"——移动短视频的发展、存在问题及趋势探析[EB/OL].(2016-03-09).http://media.people.com.cn/n1/2016/0309/c402793-28185604.html.

[7] 王爽.印度为何要封杀抖音？Tik Tok 在海外遭遇文化退化拷问[EB/OL].(2019-04-27).https://www.jiemian.com/article/3080143.html.

［8］　围剿之下 TikTok 在美经历生死时刻或在劫难逃？［EB/OL］.（2023-03-28）. https：//www. sohu. com/a/659997415_100139910.

即 测 即 练

第三章

中国情境的战略洞察

【本章学习目标】

1. 了解中国情境下环境洞察的思路与方法；
2. 把握经济维度下中国经济的特点和发展潜力；
3. 学会运用 PEST(政治、经济、社会、技术)分析法对中国情境下的经济、政治、社会、技术进行分析；
4. 了解不同维度下哪些因素会对中国的发展产生影响。

【开篇案例】

K12 教育产业发展的中国情境

自 2010 年以来,在线教育行业不断得到重视,大量资本的涌入也使 K12 在线教育成为风口型赛道。面对在线教育广阔前景,好未来等传统企业加速线上化布局。利用原有教学资源优势,学而思网校迅速抢占 K12 在线教育市场份额。与此同时,大量初创企业如猿辅导、作业帮以及 VIPKID 等也在行业红利中顺势而生。此时 K12 在线教育赛道玩家可分为三类:第一类为线下拓线上,如新东方与好未来。第二类为纯线上起家如猿辅导与作业帮。第三类为互联网巨头如腾讯与网易通过战略投资进入 K12 教育领域。整体市场份额虽分散,但是头部竞争不断加剧,产品与服务日益同质化。面对多种选择,消费者更加理性,品牌、规模以及服务质量日益得到重视。同时快速扩张带来的弊端也不断浮现,培训机构乱收费以及中小学负担过重日益成为社会焦点。

为促进 K12 教育行业规范、良性发展,近年来教育部等相关部门出台一系列监管政策。2017 年国务院印发《关于鼓励社会力量兴办教育促进民办教育健康发展的若干意见》,其中针对"民办教育"提出实行"非营利性"和"营利性"分类管理。随后各省积极响应,各自出台相关政策,此时我国民办教育在监管中逐渐规范前行。2018 年 2 月教育部办公厅等四部门联合发布《关于切实减轻中小学生课外负担开展校外培训机构专项治理行动的通知》,由此打响 2018 年"校外培训"整治工作的第一枪。随后《关于规范校外培训机构发展的意见》以及《关于健全校外培训机构专项治理整改若干工作机制的通知》相继颁布,主要对教培机构资质等问题作出规定,大量不合规的中小机构因此被淘汰。为促进在线教育健康有序发展,政府相继出台《关于健全校外培训机构专项治理整改若干工作机制的通知》等一系列监管政策,针对在线教育机构资质和教师资质等方面做出规定。

然而学生负担问题一直未根除。一方面是中小学生背负过重的作业负担,一方面是校外培训、超前培训仍然过热。因此 2021 年以来政府对 K12 教培高度重视,密集发声。2021 年 1 月中纪委就在线教育广告乱象以及资本乱象所带来的企业竞争加剧、行业内耗严重等问题点名批评在线教育。7 月《关于进一步减轻义务教育阶段学生作业负担和校外培训负担的意见》("双减"政策)进一步从资质审核、培训内容、融资方式、收费管理、培训时间、教师资质以及广告内容等方面对学科类培训机构进行严格要求。随后《教育部办公厅关于进一步明确义务教育阶段校外培训学科类和非学科类范围的通知》进一步指出在开展校外培训时,道德与法治、语文、历史、地理、数学、外语(英语、日语、俄语)、物理、化学、生物按照学科类进行管理。在开展校外培训时,体育(或体育与健康)、艺术(或音乐、美术)学科,以及综合实践活动等按照非学科类进行管理。两份文件直指 K12 教育,其中"现有学科类培训机构统一登记为非营利性机构。学科类培训机构一律不得上市融资,严禁资本化运作"和"校外培训机构不得占用国家法定节假日、休息日及寒暑假组织学科类培训"等规定更是对 K12 教育培训行业带来沉重打击。

"双减"政策来袭,资本市场反应强烈。当天港股率先作出反应,新东方在线股价下跌 40.6%,随后美股中概教育股接连暴跌,好未来跌超 70%,新东方跌超 50%。面对沉重打击,大量中小机构倒闭,头部企业开始不断向素质教育、职业教育、高等教育以及教育智能硬件等赛道转移。昔日在行业红利下迅速发展的 K12 教育行业,如今在"双减"政策的强监管下进入冷静期与整合期,并在困境中努力寻找着下一个发展方向。"双减"政策对学科培训机构性质、培训时间、培训内容、培训形式、营销方式、融资方式等方面进行了严格的限制和规范,使得大批教培机构不得不"断臂求生",积极转型寻求新增量市场。

随着各家教培机构先后进入细分赛道,这也让素质教育、成人职业教育、课后托管等赛道变得拥挤,但是各家产品并没有形成差异化优势,所以显然在未来很长一段时间,都会处于同质化竞争阶段,企业想要从中脱颖而出很难。值得关注的是,无论是建立核心业务,还是打造差异化优势,都需要大量的资金支持,而这对于本身造血能力不足,又经过外界因素打击得千疮百孔,还要面临运营成本增加的教培企业们来说已经是如牛负重,这也意味着教培机构转型的阵痛或将持续较长时间。

尽管转型是教育机构必须走的一个方向,但是在选择上也需谨慎应对,要结合当下形势和自身能力去挖掘,开发出符合市场需求的产品。

思考题:

K12 教育产业如何感知和应对战略环境的剧烈变动?

资料来源:

[1] 下沉市场的百年树人:"下沉"专题系列报告-K12 教育研究报告 2021 年[R].艾瑞咨询系列研究报告(2021 年第 5 期),上海:上海艾瑞市场咨询有限公司,2021:26.

[2] 深度解析:新东方、学而思教学体系[EB/OL].(2021-02-17).http://www.360doc.com/content/21/0217/19/62168283_962455545.shtml.

[3] 夏子航."双减"政策下学科教育类公司齐谋转型[N].上海证券报,2021-08-05(6).

[4] 8 年长成 500 亿独角兽,"网课新贵"猿辅导滚雪球式融资的焦虑[EB/OL].(2020-04-07) http://www.time-weekly.com/post/268822.

[5] 丁道师.推出南瓜科学,猿辅导率先打响素质教育战略转型第一枪[EB/OL].(2021-07-29) http://column.iresearch.cn/b/202107/916985.shtml.

第一节　环境洞察的整体思路

企业发展战略洞察需要对宏观环境提供准确的分析思路,当前在理论上对宏观环境分析普遍采用的是 PEST 分析法,PEST 分析法是将政治、经济、社会和技术四个维度的因素作为对企业战略环境进行分析和刻画的关键因素。采用 PEST 分析法首先是界定影响企业未来战略发展的四项关键因素,随后是对这四项环境因素对企业战略的影响进行细化推演,从而为企业决策提供依据。PEST 战略环境分析法如图 3-1 所示。

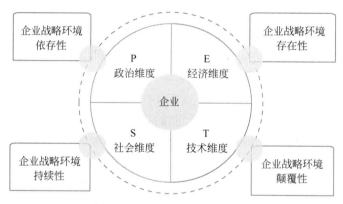

图 3-1　PEST 战略环境分析法

首先,当前企业面对的战略环境呈现出复杂性和多线性的特性。在制定其战略的过程当中,必须充分地意识到企业的战略成功受到多个维度因素的多重影响,既有全球化体系变化发展导致的供应链和市场一体化演变的影响,也有技术发展导致的产业和市场竞争力量的变化产生的影响。此外,其也受到企业的诸多相关利益者的利益、力量以及意识形态变化的影响,因此企业所面对的战略环境呈现出充分的复杂性和多线性。

其次,企业面对的战略变化呈现突变性和加速性的特性。由于中国经济的高速发展,过去 40 多年企业面对的社会环境、政策环境和市场环境实际上呈现出高度压缩化发展的特性。企业面对的战略环境变化由数字经济、生态压力以及全球化的中美博弈等具有大变局性质的战略因素变化驱动,使得企业在战略分析、战略决策和战略实施过程中所面对的战略环境有可能在短期之内发生急剧变化,呈现出突变性和加速性的特点。

无论是战略环境的复杂性和多线性,还是战略变化的突变性和加速性,都使得企业在实现战略成功和构建竞争优势时必须认知到企业竞争优势持续性会因为环境的复杂多变而被颠覆,这使得企业想要长期保持其竞争优势,寻求一个稳定的战略环境以巩固其竞争优势几乎不可能。当前中国企业面对某种意义上的反马太效应,即便是互联网巨头企业如阿里和腾讯早期由于平台和数据的先发优势能够在技术和经营上形成垄断优势,但当前外部规制条件的变化正在打破其竞争优势的可保持性,近期对于一系列互联网巨头反垄断的调查和监管就充分反映了这种力量的变化。

　　在社会的不同阶段和企业发展的不同周期,PEST 四个因素对企业战略的影响会出现结构性变化,在影响企业战略的发生周期、介入方式、影响强度上存在差异。

一、PEST 战略四因素的比例和权重关系

　　在使用 PEST 模型对企业的战略环境进行分析和描述时,其原始思想是对企业所面对的整个社会系统进行全景性的描述。但在此模型的应用当中,只提供了对于企业所在战略环境的各个因素的描绘和分析,没有对四个战略因素之间的结构性关系进行分析。因此在运用 PEST 模型对企业战略环境进行刻画和分析时,首先应对企业的四个战略因素在结构上呈现的特点和比例关系进行分析,即从静止截面分析企业的战略宏观环境会更多地受到何种因素的关键影响,究竟是政治因素更为重要还是经济因素更为重要。在不同的战略环境因素结构中,对企业战略的影响会呈现出不同的效果。在四个战略因素当中,企业普遍关注的是经济因素,因为企业所面对的更为直接的影响来自所处经济和市场的发展空间,经济因素塑造企业战略环境的存在性基础。其次,企业认为技术因素的变化会对产业和企业的竞争环境产生关键性影响,往往通过技术的发展颠覆既有的市场竞争格局,形成新的市场机会和空间。技术因素往往会对企业战略环境产生颠覆性影响,对具有优势的企业形成战略挑战。政治因素在纯商业思维当中往往是被忽视的,但现实当中政治因素所引发的政策变化以及政府对企业或产业施加的影响力,是企业必须认真面对并处理的真实不确定性的重要来源。中国企业尤其对企业所面对的政治因素的变化具有敏感性,政策变化会极大地改变企业所面对的产业和市场竞争环境的生态,企业和政府、政策的良性互动能帮助企业构建在战略环境中的良性生存状态。社会因素当中包含的人口以及文化因素是企业识别其所在市场竞争环境和产业竞争需要构建的长期意识,因为社会因素的变化会对环境施加长期潜移默化的影响,企业本身的可持续性也会受到社会因素变化的影响。

二、PEST 战略四因素的动态性变化

　　使用 PEST 战略因素刻画和分析战略环境需要认知到四种因素之间的关系具有动态性。企业在某一个阶段所面对的外部环境塑造可能以某一个特定的战略因素如经济因素或技术因素为主,但伴随着企业发展周期不同以及外部环境变化的不同阶段,不同因素影响企业战略的方式和强度会产生变化,因素相互之间的关系也会产生变化。企业要充分地意识到在发展的不同阶段,当企业从小体量成长为大规模组织后关联的相关利益者越来越多,利益关系和网络关系越来越复杂,而当企业有足够大的体量和规模之后,环境变化本身对企业施加影响的方式和因素会随着时间序列的变化而变化,导致企业在以往获得成功的战略环境因素的结构关系难以保持稳定和存续。客观上随着时间的推移以及社会的发展,企业所面对的战略环境结构和基础一定会产生变化。早年阿里介入网上支付业务时,在战略环境的塑造上,技术因素和经济因素的力量对环境的影响居于主要和突出的地位。当支付宝演变为蚂蚁金服且准备上市时被临时叫停,此时阿里金融业务所面对的战略环境,其各个战略因素的影响机制和权重关系就发生了变化。蚂蚁金服所面对的战略环境当中,政治因素和社会因素变成了当前阶段塑造企业战略环境的主要影响因素,

因此企业的战略环境分析及刻画要因时制宜、因地制宜。

第二节　政治维度

政治因素和法律因素是法律、法规和政策变化对产业与企业发展的影响。由于政府对经济和产业具有直接干预传统与强大影响力，该因素对中国企业在战略上的影响更为重要。中国政府所设定的社会发展目标和多重政策目标会对中国企业的战略发展与选择产生深刻影响，因此不能简单地将企业战略影响因素更多地聚焦经济领域，要充分地意识到中国社会的整体发展目标是通过政府政策体现并对企业战略产生影响。如对社会教育公平目标的关注和实现对教培产业的战略影响。对教育公平目标的关注导致对教育产业化进行政策性修正和调整，此种修正和调整影响到在教育产业化背景下发展出来的各类教培产业和企业。原有通过经济政策规范的教育产业化问题，由于整个社会对教育公平和人口政策问题的关注，在政策制定上出现了转向，进而就产生了社会整体发展目标和多重政策目标对教培产业所关联的经济和产业发展目标的替代与修正。因此，政治因素对于企业战略的影响往往来源于产业和市场外部，企业对此要有充分的战略意识。

在宏观层面，中国政府在塑造企业面对的政治环境时具有更为直接和强大的影响力量。由于中国政府拥有强大的资源配置力量，政府会通过各个层次的政治、法律和政策实现在经济发展上的导向性，改变企业的生存和发展环境。企业必须面对政治因素对其战略环境具有较强的修正作用和影响，将其聚焦到企业具体战略。中国政府主要通过主导资源配置的方向性政策影响企业战略环境，如通过各级政府发布的五年计（规）划。2020年中国进入第十四个五年规划阶段，企业在分析其战略环境时必须充分认知中国政府所作出的五年规划对社会经济和产业发展具有的主导性和方向性，因此必须使企业的战略发展决策与中国的五年规划实现匹配性和一致性。中国政府在"十四五"规划及2035年远景规划中明确提出了建设数字中国、美丽中国等社会发展战略性目标。规划中提出的社会发展战略目标在长期会规定和制约在中国社会系统中企业的战略选择空间，企业的战略目标必须与之相匹配而不是与之相反。如何使企业的战略发展融入政府规划的社会发展系统，成为社会发展战略目标实现的有机构成部分，是企业在中国发展重要的战略课题。

在产业层面，中国政府的产业政策和对具体产业的掌控性会改变企业在产业内的竞争态势。中国政府会通过其明确的产业政策直接影响中国企业的产业竞争环境，其干预方式与以美国为代表的自由市场经济体制存在明显差异。企业所面对的产业竞争环境，既受到中国政府具体产业政策对行业发展的直接影响，也受到政府通过国有经济和金融系统对产业竞争环境的间接影响。当中国政府决定发展新能源汽车产业，在此产业发展目标的指引下，政府会调动各种资源，包括金融资源和政策资源去推动与新能源汽车相关的产业发展，并通过产业补贴、产业投资及税收让利等方式，对新能源汽车产业的发展进行直接和间接的干预。政府对产业发展的干预往往通过政府相关职能部门和政策制定过程予以体现，此外中国政府还会调动国有金融系统，通过其货币政策和金融政策对产业发展进行足够与有效的引导。因此企业在考虑其战略选择和发展时，需要密切地关注中国政府的相关产业政策是否足以改变产业的竞争态势，是否会改变产业内部的资源配置，进而影响到企业的战略选择和战略发展。

企业在分析政治因素对战略环境的影响时，会首先围绕其本土内部政治及政策变化的影响。当涉及跨国经营时，由于不同国家和地区内部的政治因素具有较大的差异性，因此企业分析战略环境政治因素时需要充分考虑不同国家和地区的本土性问题。企业从国内市场向全球化市场发展时，其对战略政治因素的思考就需要平衡进入不同国家和地区政治因素差异对其的影响。由于此种差异性的存在，企业在构建其全球战略体系时，如何兼顾不同国家和地区发展的差异化政治性要求是一个重大的战略性挑战。比如抖音在其全球化战略发展中所遇到的在中美两国市场上政治环境导致的发展限制和需求差异就是一个明显案例。中国企业在发展其全球化战略时，必须充分意识到进入不同国家和地区所面对的政治环境与政策法律体系的差异性，需要构建既能维持其全球体系的战略协调发展，又能充分处理不同国家和地区政治差异性的战略系统。

第三节　经济维度

从战略层面对企业发展环境当中的经济因素进行思考时，从宏观经济的指标来分析企业所面对的一系列的影响因素是常规思路，包括对所在国家和地区经济体的经济增长情况、利率环境、汇率变化及通胀或通缩的情况进行认知与分析。以上宏观经济指标反映的宏观经济变化会直接影响到对以下趋势的判断，包括企业增长空间、资金成本的变化、全球市场竞争力趋势以及消费市场的变化等。但在常规的宏观经济指标之外，中国企业在思考其战略环境变化特征时，必须充分意识到中国经济的一些特有的环境特征会对企业长期的战略发展产生显著的影响。可以从以下三个方面对中国企业战略环境和决策当中的经济因素进行分析，包括转型经济、新兴市场和多重制度。

一、中国经济的转型经济特征

企业在进行战略决策和分析时必须充分地认知到中国经济具有的转型经济特征。1978年改革开放国策制定之后，转型经济意味着中国经济通过内部改革形成了由计划经济向市场经济转变的基本经济制度发展方向。早期转型经济讨论的主要焦点是如何在社会主义经济制度的框架下容纳商品经济和市场存在，1994年正式提出并确定建立社会主义市场经济体制后，此时中国转型经济的内涵不仅包括如何在既有的社会主义制度下纳入私有经济成分的思考和行动，而且考虑和发展如何形成在制度层面不同经济成分充分融合，在运作系统层面能够形成中国特色和中国模式的经济发展制度。自1994年以来，中国在内部通过不断地深化改革，在外部通过扩大开放的方式驱动经济的深刻转型。首先，中国企业的出现和发展就是中国社会和经济制度转型转变的产物。过去40多年中国经济转型的发展重点之一就是在内部如何孵化出在市场经济基础上能够将资本和其他要素有效整合的微观经济机制和组织，对企业的孵化和培育是重要成果。作为在传统中国社会结构当中不存在的基础生产力组织，工业化过程中企业对生产力发展的基础性作用在经济转型中被建立并快速获得发展，在此过程中可以看到中国通过其不断转型和发展的经济体系日益孵化出多种多样的新兴产业、企业组织形式和产权制度。其次,除了在经济制度上的生产力组织转型之外,继续探索社会主义市场经济体系构建的微观和宏观协调机制,是中国经济体系面临的另一个非常重要的转型课题。再次,由于信息技术的发展,由产业和企业数字化驱动的生产力组织变革及与之相匹配的经济体系变化,开启了在数字经济技术条件下中国特色社会主义市场经济制度变革的经济转型探索。最后由于信息技术和经济数字化对于企业组织改造的内生性,由企业数字化带来的影响和转变会进一步驱动产业及监管体制发生转变,中国经济发展的驱动力也会由此发生转变。中国企业在思考其未来的战略发展过程当中,必须认真思考企业战略如何匹配由数字化驱动的中国经济制度转型。

二、中国经济的新兴市场特征

企业在进行战略决策和分析时必须认知到中国经济具有的新兴市场特征。新兴市场被认为是在发展中国家当中具有足够经济发展空间的国家和地区经济体,主要代表为高盛所提出的金砖国家。新兴市场特征决定了中国在很长时间之内都处于工业化发展长周期当中,在工业化没有结束之前,工业化或者城镇化进程保证了中国经济具有足够的发展空间和韧性。企业在规划战略发展时需要认知到基于中国的新兴市场特征,企业并不受短经济周期影响的支配。第一,新兴市场特征保证由于中国存在足够大的市场规模和空间,较容易在细分市场当中孵化出有足够规模和体量的世界级企业。第二,新兴市场特征导致中国相关产业和企业处于相对初级的发展阶段,在相关产业未达到当前工业化国家的最先进水平之前,相关产业和市场上的企业具有充分的成长性。第三,当分析中国的新兴市场特征的时候,不能将其简单地等同于国际贸易雁行梯队理论当中的后发国家,中国本身的规模、体量及其文明的独立性导致了本身的经济和产业势必形成全体系的成长。中国新兴市场当中既有产业处于相对初级的发展阶段,也在不同的产业当中分布着不同的发展阶段的要素组合可能。一是中国在主导产业发展处于构建内循环的过程当中,如中国的半导体产业如何破除美国的限制形成自主体系的产业链条。二是部分中国产业如何在产业价值链上攀爬,进一步形成在全球产业分工体系中日韩相关产业的替代和竞争。三是中国的部分产业如劳动密集型制造业也形成了向东南亚和南亚次大陆外移的过程。除了传统产业升级的发展之外,中国的新兴市场当中同时还孕育了最新技术发展如数字化、碳排放技术的发展导致的新兴战略性产业发展,中国的新兴市场中蕴含着大量的跨越性的产业增长机会。因此,企业在战略上认知和分析中国新兴市场特征时不能简单拘泥于传统的世界分工体系当中的梯队特征,而是要从多重产业交叉跨越的迭代型发展当中寻找中国新兴市场发展当中的战略空间和机会,并充分地意识到该特征带来的在竞争上的各种挑战。只有充分认知到中国作为新兴市场经济体在经济持续发展问题上的复杂性,才能相对准确地界定中国经济的发展阶段对企业战略的影响和机制。

三、中国经济的多重制度特征

企业在进行战略决策和分析时必须认知到中国经济体系具有的多重制度特征。多重制度特征是指中国企业面对的经济环境当中的制度和规则不仅仅由单一市场体系或计划经济体系的规则所决定。首先,中国经济仍然处于计划经济向市场经济持续转型当中,经济管制和经济发展的基础条件仍然带有计划经济制度色彩。改革开放之后,中国经济体系的市场化转型思想成为主流,但中国经济市场化转型的理论前提是指用供需和价格变化的方式充分完全进行资源的市场配置,该理论在应用当中显然无法完全适应和匹配中国的经济现实。以定价权为例,在早期的国有企业改革当中放开定价权被认为是最重要的改革措施,当前中国经济体系的竞争性行业当中,定价权已经放开由企业自主掌握,但在中国经济体系当中关键产业的定价权仍然是通过计划方式处理。对于利率和能源产品长期以来都是通过国有垄断事业或政府部门定价的方式进行价格管制,因此,关键上游产品及资金计划性价格的传导性导致了中国经济在其资源配置当中无法形成完全的市场经济配置。在当前讨论碳排放的背景之下,中国能源产品的价格可能会受到更加严格的计划管制。对能源产品的价格计划管制服务于中国整体经济系统战略发展目标的实现。其次,在计划经济管制之外中国通过深化改革,一直在不断推进竞争性行业和市场的监管松绑和市场空间的拓展,在最为极端的阶段甚至提出了教育产业化和医疗产业化。正是因为在经济转型初期,整个社会对于经济的监管制度处于模糊与探索阶段,非常多的行业和市场获得了充分自由竞争的空间,包括互联网行业的发展,由于对互联网监管的前瞻性认知不足,早期的互联网企业获得了在市场上野蛮生长的自由空间,形成了互联网平台企业对信息、数据等要素的垄断权。再次,当社会主义市场经济制度进一步深化发展的时候,其制度层面的变革充满了各种进化和微调。企业战略思考在制度层面上必须充分认知到中国经济体系的变革是一个多重制度不断演变和动态发展的过程。在战略环境不断演变的前提下,企业所面对的经济制度在各个层面都会产生演化,未来在中国经济制度中会构建更为清晰的计划与市场边界,且边界会不断地调整和发展。如 2019 年开始提出给中央国有企业的放权让利清单,给予国有企业更充分的市场自由竞争权利,在制度上对其市场竞争予以放权和背书,但此类放权让利空间会根据政策的发展和经济形势的需要进行调整,已经下放的权力也可以予以收回。2020 年以来对于各种互联网平台企业的反垄断调查及相关的监管调整,乃至未来对于数据性资产产权属性的法律规范和权属界定,意味着对于早期自由发展的互联网相关产业和企业的竞争空间进行规范和压缩。上述变化和发展都提醒着中国企业在思考其战略发展的过程当中,一定要充分意识到企业所面对的中国经济环境是由一个多重制度动态发展演变和规范的环境,如何充分意识到此类经济环境的复杂性、演变性和动态性,并且在企业发展过程当中有意识地主动与之协调,是企业在战略上获得成功必须作出的关键性和前瞻性判断。

第四节　社会维度

企业在进行战略环境分析时所讨论的社会因素体系庞杂,常规上认为包含文化、人口、民族、价值观、宗教、教育水平、风俗习惯等,但实际上从传统社会因素角度考察企业所面对的战略环境,本质上存在一定的逻辑谬误。因为企业实际上是社会系统当中的一部分,整个战略环境可以认为是对社会系统的分析及刻画,因此在分析企业战略环境的社会因素时必须将其重点关联到与企业战略的长期发展具有显著影响的关键因素上来。考虑战略的长期发展,中国企业在未来的 30 年当中需要重点考察的是社会文化和人口变化对企业战略选择与发展的影响。

社会文化会塑造企业所面对的消费市场变化的趋势。未来的 30 年,中国企业面对的社会文化变化主导的消费市场趋势会明显转变。城市中产阶级的大规模出现,当代中国民族自豪感和文化认同感的成熟以及信息和数字技术发展会导致消费市场、用户及企业之间新连接过程的形成。社会文化既受到工业化发展带来的城市化人群塑造过程的影响,也受到信息化和数字化技术发展带来的社会群体组织变化的影响,包括中国年轻消费者对于主体文化认同和归属感产生的影响。因此,未来 30 年,企业具有极大的机会和市场空间培育出具有中国文化主体性认知和归属的企业产品品牌。而由于信息化技术发展,社会文化内部出现的亚文化趋势会在渠道和产品设计方面更容易被感知和满足,亚文化社会群体的扩大化会导致消费市场进入个性化、定制化的时代。工业化所导致的社会现代化进程、信息化所带来的虚拟化进程以及中国现代性的形成进程,共同塑造了未来 30 年中国消费市场的文化基础。上述进程与中国经济和社会转型同步发展,也会推动中国社会现代文化转型重塑,进而影响到中国消费市场的整体文化基础。

未来 30 年,企业在其战略发展当中的人口因素来自中国社会人口总量和结构的长期变化:第一,中国人口总量的变化使得企业的战略发展空间可能基于人口规模的变化而产生压缩。如果中国社会人口总量产生明显的数量变化,将迫使企业在中国的市场规模和发展空间遭到压缩,进而导致企业战略发展前景出现问题。人口是社会发展的主体,也是影响经济可持续发展的关键变量。近年来,人口数据发布都会引发关注,出生人口下降趋势明显,生育水平如果变动太大,出生人口规模大幅减少,会对经济社会带来重大冲击,不利于我国调整相关的经济社会政策以积极应对人口变动。因此,企业在未来的长期战略发展当中,如何去思考及应对出生率下降而带来的中国社会人口总量减少,将对战略产生重要影响。第二,人口结构的变化还体现为人口结构内部的年龄变化。未来 30 年,中国步入老龄化社会已成确定性事件,步入老龄化社会带来两个方面的战略问题:一方面,如何捕捉和寻找到大量的老年人群体市场需求和消费产生的战略机会,带动相关产业如大健康、养老、长照等服务业以及针对不同年龄阶层和年代特性的老年人市场需求的产品生产及销售,将是企业在未来市场机会上能够实现增长的重要来源。另一方面,整个人口结构的老龄化导致最具有消费活力的年轻群体规模缩小,与年轻人口消费相关的产业和市场可能会面临长期性的市场萎缩危机。因此,如何面对年轻人口不足导致的消费市场变化将是当前与年轻人口相关产业需要重点思考的战略问题。年轻人口的下降还会导致相关产业劳动力缺乏和劳动力成本上升,高质量劳动力的培育是否能够满足新兴产业发展的需求,同样是人口结构变化对中国企业战略发展的挑战。

第五节　技　术　维　度

技术变革对于企业而言既是威胁又是机会,技术因素变化最重要的作用是改变竞争壁垒,对产业和市场结构重新洗牌。企业思考战略环境当中技术因素的变化,必须充分认知到不同的技术层次和不同的技术领域的变化,会导致企业与之相关的不同战略选择。从长周期战略发展而言,具有基础性的关键技术突破往往会带来划时代的经济系统和产业系统变革。在此背景下,企业战略所思考的视角必须聚焦于如何有效地跟随由基础技术突破带来的整体经济和产业系统变化,此种变化会导致企业在各个维度和层面的战略重构,包括产业选择、竞争方式、业务流程和组织系统。基础技术突破可能来源于能源使用方式的变化,如三次工业革命都是能源使用方式变化带动整体工业化体系中供给和消费方式的变化。其也有可能来自管理技术和信息技术的突破,当前信息化和数字化技术的发展使得企业在制定战略时必须系统地思考数字和信息技术如何导致企业本身竞争力基础的变化,包括企业的商业模式、组织体系、资源使用和配置应该如何变革以应对相应的战略挑战。技术发展有可能形成对具体产业和市场竞争结构的洗牌,企业如果掌握产业当中具有突破性和先进性的技术,就可以使用该技术获取竞争优势或者限制竞争对手。当前发生的中美科技战和产业战实质就是美国利用其在半导体产业当中的关键技术控制力,对相关产业的中国企业予以战略上的限制和打击。而一旦突破美国的技术限制,中国企业就有机会在全球的半导体产业当中实现对既有产业系统和竞争范式的颠覆。企业在具体产品技术上的突破和发展是在其对于相应同质化竞争对手的比较当中,通过技术微观发展和改进的方式保持对同业竞争企业的竞争压力或满足市场竞争需要。具体产品技术推动的竞争在企业的经营行为当中持续发生,被纳入企业的日常管理体系中予以实现。

技术创新是企业商业机会识别和内部能力构建的重要方面。企业在战略层面思考技术维度因素对其战略的影响,必须对技术创新带来的战略发展具有充分的敏感性。由工业革命启动的现代企业发展本质上是由技术创新和发展带动的经济和产业系统变化,因此技术在构成企业的要素当中是最为关键的要素。当企业在技术创新上没有足够的敏感性,就无法意识到技术创新产生的消费市场及产业竞争变化新要素,因此会丧失技术创新引发的市场机会。技术创新上的惰性是企业战略惰性中的主要体现,在内部如何保障内部系统对于技术创新的足够投入,对于技术创新在组织当中主导性地位的确立以及构建足以支撑源源不断资源投入的研发机制和组织,是企业持续保持其在市场上的技术领先能力,进而把握技术发展而带来的商业机会的关键。

技术创新可以分为累积性技术创新和突破性技术创新,技术创新对战略的影响需要先分析累积性技术创新和突破性技术创新。首先,企业要清晰界定当前产业的竞争主轴是由哪一类技术创新主导,是处于累积性技术创新主导的阶段还是处于突破性技术创新即将到来的阶段。在累积性技术创新主导的竞争环境下,企业会将资源和能力聚焦于产品的逐步改善和优化上,希望通过不断的周期性迭代改善和优化技术上的差异性进而捕获消费市场上的偏好。但当所有的企业都局限于累积性技术创新的既定逻辑当中,实现突破性技术创新的企业往往能够迅速地颠覆市场上的竞争格局。此类突破性技术创新会启动具有延续性的产业和市场竞争空间,如乔布斯在定义苹果的战略机会时,在推出苹果智能手机之时使用的战略描述叫苹果重新定义了手机,使得其在与传统的手机制造商如诺基亚和摩托罗拉的竞争当中,通过突破性技术创新和颠覆性产品概念引入的方式,塑造了新的产业和市场竞争空间,推动整个手机行业进入智能手机竞争的赛道当中。其次,企业要认知到突破性技术创新会如何发生。当前企业技术创新的困境主要在于具有市场优势的企业的主要资源和注意力都集中于如何服务当前的优势客户和巩固当前的优势市场。而突破性技术创新往往来自被当前优势企业所忽视的非主要市场或非主要竞争者当中。创新者的窘境使得企业在战略层面思考实现技术突破性创新时,需要主动打破当前的优势技术产品和优势市场地位形成的固有框架。在战略上的突破性技术创新需要企业思考如何在内部构建市场化的技术竞争模式,以保持企业内部技术创新的可能性和可持续性。中国企业在面对技术创新导致的战略选择时,当前面对的现实是在全球性的技术竞争当中由于其他国家竞争企业的先发优势、专利壁垒和政治性干扰在累积性技术竞争中处于不利地位。因此如何寻找突破性技术所在的技术领域和市场空白,通过突破性技术的发展,实现对既有竞争对手技术封锁的突破,超越累积性技术创新所形成的技术壁垒,是当前中国企业技术创新战略选择面对的关键问题。

【案例讨论】

黄鹤楼——景区转型该何去何从?

2017年以来,武汉市开始推进"全域旅游"景区发展战略,黄鹤楼作为武汉市最为典型的景区代表之一,入选了"中国旅游景点四十强",作为武汉市的城市名片,它的发展是全省的重点与标杆。"全域旅游"的发展能更好地推进黄鹤楼景区与周边各个产业进行融合,为了适应旅游业的发展趋势,更好地满足游客的衣、食、住、行等方面综合性、多样化的需求,提升景区的管理和经营能力,黄鹤楼景区在业务战略规划和营运管理上必须有所转型。但黄鹤楼作为公益性的事业单位与公司制企业和其他组织不同,在旅游产业发展的大背景下,黄鹤楼该如何迎合大趋势又不违背其基本的事业单位性质呢?

一、武汉旅游业发展状况

随着全面小康社会的建设,人们的生活水平日益提升,假日制度的不断完善使休闲旅游成为炙手可热的娱乐活动;在国家供给侧改革的大背景下,旅游产业结构不断优化,旅游业的发展迅猛,相关企业及从业人员数量不断增长;收入不断增加、高铁网络的建设、旅游升级以及密集的利好政策出台等都使旅游产业具有广阔的市场前景。国务院发布若干项关于促进旅游业改革发展的意见为旅游业的发展提供指导方向,宏观政策环境的营造为旅游业提供了更广阔的空间;经济新常态刺激游客的消费观念改变、需求升级、旅游意愿增强,国内旅游消费人次和支出都明显增长,相关产业经济明显带动,整个旅游产业面临着发展机遇,正值转型的黄金期。

2016年,武汉市旅游局公布了《武汉市旅游业发展"十三五"规划》,计划到2020年实现3 230亿元旅游总收入。2019年武汉市旅游总收入就达3 570.79亿元,比上年增长10.8%,来汉旅游的游客有31 898.31万人次,比上年增长12.9%。全市旅游产业格局和规模不断壮大,服务体系日渐完善。2015—2019年武汉市有关旅游产业各指标值如表3-1所示。

表 3-1　2015—2019 年武汉市有关旅游产业各项指标值

年份	国内旅游收入 /亿元	国内游客人数 /万人次	旅行社数量 /家	旅游企业数量 /个	旅游景区数量 /个
2015	2 115.23	20 532.98	334	399	36
2016	2 405.13	23 096.10	343	413	37
2017	2 698.53	25 713.70	357	425	39
2018	3 037.55	28 512.47	382	404	46
2019	3 421.52	31 586.27	415	451	44

数据来源：湖北省统计局武汉市历年统计年鉴——旅游基本情况部分和武汉市文化和旅游局年度旅游统计信息。

虽然武汉旅游产业数量规模增长，但企业经营利润不增反而减小。从企业利润来看，2015 年到 2017 年，武汉市旅游景区的利润率维持在一个不错的水平，但是整体旅游行业的利润率逐年下降，2017 年出现较小负盈利，如表 3-2、表 3-3 所示。

表 3-2　武汉市 2015—2017 年旅游利润率　　　　　　　　　　　　%

年　份	2015	2016	2017
景区利润率	17.06	17.04	18.51
旅游产业利润率	4.60	1.56	−0.09

数据来源：2015—2017 年中国旅游统计年鉴——主要城市旅游景区主要经济指标（按城市分）和武汉市旅游企业主要经济指标等。

表 3-3　2015—2017 年武汉市与其他主要旅游城市整体利润率对比　　　%

年　份	武汉市	杭州市	南京市	成都市
2015	4.60	1.65	3.39	0.52
2016	1.56	0.36	0.53	1.90
2017	−0.09	0.77	0.71	4.78

数据来源：2015—2017 年中国旅游统计年鉴——武汉市、杭州市、南京市和成都市旅游企业主要经济指标等。

在休闲游、度假游等旅游方式的迅速发展背景下，旅游涉及吃、住、行、游、购、娱等多个行业的"综合性"活动。"十三五"期间，武汉市旅游总人数增长到 30 000 多万人次，旅游总收入增长到 3 570 亿元，已经超过"十三五"规划目标，进步巨大。2015—2017 年，武汉市旅游景区的利润率维持在 18% 左右，但是旅游产业整体利润率较低，这从一个方面说明武汉市旅游产业的发展过程中出现了不均衡。旅游景区之间、旅游企业之间等产业链上的相关企业缺乏有效的合作，整个产业缺少一个有效的整合型平台促进整合产业的共同发展。从 2017 年起，我国陆续出台了有关"全域旅游"的政策报告，全国各地开始大力发展景区"全域旅游"，中国旅游业加快由景点旅游发展模式向全域旅游发展模式转变。

全域旅游战略视角下，以文化旅游为导向的产业正在向周边产业融合，促进产业链的发展，因此黄鹤楼原来单一门票经济的粗增长方式已经不再适应旅游发展的大趋势，景区必须加快转型,在全域旅游的背景下,景区要与周边产业紧密结合综合发展,带动景区、旅游产业链经济效应的共同实现。

二、黄鹤楼

黄鹤楼是湖北省武汉市的一个5A级景区,位于长江南岸蛇山之巅,背靠武昌城,已经拥有超过1700年的历史,坐山拥水的独特地理优势让黄鹤楼"享有天下江山第一楼"的美誉,成为武汉亮丽的风景特色,被国家旅游局评为"中国旅游胜地四十佳"。作为武汉市最具代表性的景区之一、国家首批5A级旅游景区,黄鹤楼景区在武汉乃至国内具有最高等级的旅游品牌地位,黄鹤楼景区的发展与武汉市旅游业息息相关。

(一)景区资源

黄鹤楼公园蛇山西半段为黄鹤楼公园的收费区域,东半段为免费开放区域。整个蛇山面积为40.3公顷,绿化面积35.6公顷,全园绿化率为88.34%。黄鹤楼风景区规划除了蛇山一线,还包括:黄鹤楼旁边的首义广场、武昌古城等周边区域;汉阳地区的龟山一线、梅子山、月湖以及两山一桥所辖的长江范围,总面积约为20平方千米,其核心景区以现有黄鹤楼公园为主,形成由中心扩展至整个周边的一心两线带面的旅游综合区。

目前黄鹤楼景区所拥有的观赏建筑、房屋及设施有:黄鹤楼主楼以及在它附近的遗址、石刻,建筑(跨鹤亭、岳飞铜雕等),观赏景观(植物园、鹅池)等共70多处景观。除了风景自然资源,浓厚的历史文化底蕴更是黄鹤楼景区的精髓,黄鹤楼为军事而建,后成为著名的景点,仙鹤传说等神话故事为它增加神秘色彩;历代名人墨客游览于此,均不胜赞叹,留下许多脍炙人口的诗篇和家喻户晓的历史故事,这些都是黄鹤楼的文化魅力所在。黄鹤楼作为武汉市甚至是湖北省的一张名片,极力重视其品牌宣传。近年来,黄鹤楼陆续开展了各种各样的文化活动:诗词比赛、书画展览等,甚至跨国与国外城市进行文化交流,作为武汉的城市形象登上了纽约时代广场。另外,黄鹤楼公园拥有除烟、酒外的多种黄鹤楼注册商标,景区的服务、文化、资源使用权、特许经营权、版权、品牌、商誉等要素都是其宝贵的资源。

(二)景区管理体制

旅游景区的管理体制大体上可以分为两类(图3-2):一类是传统的经营管理模式,由政府拥有景区的所有权与经营权,景区的管理建设发展由政府统一规划,这是目前大多数旅游风景区的管理模式;另一类是景区的所有权与经营权分离,政府拥有景区的所有权,经营权部分或全部通过租赁、合资经营,甚至是公司化等方式对外分离。

黄鹤楼是典型的政府管理的景区,由武汉市园林和林业局下直属机构黄鹤楼公园管理处统一管理负责提供景区的旅游服务,园林植物养护,设施建设维护,开展各项社会活动,传承和弘扬历史文化等各项工作。在武汉大多数景区,如东湖、中山公园等景区都是传统的政府部门管理体制。黄鹤楼景区的发展需要在宣传、经营管理、建设开发、经济发展等多方面展开,而在公园管理处全面统一管理下显得笼统、单一,多部门的合作才能更好地协调各方面工作,促进景区的全面发展,这样来看黄鹤楼目前的管理体制并不利于黄鹤楼周边的产业融合和全域发展。东湖风景区和黄鹤楼一样都是政府管理经营的景区,但相比之下东湖的管理体制更完善,由管理处管理负责黄鹤楼几乎全部事宜;东湖风景区成立了专门的风景区管理委员会,下设宣传部、组织部、财政局、建设部等,对东湖景区

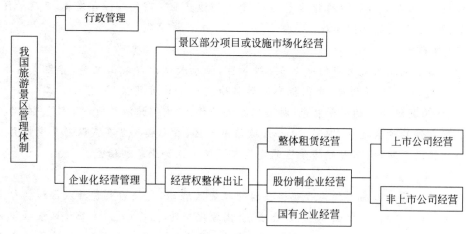

图 3-2　景区管理体制

资料来源：黄鹤楼投资经营体制初步建议［EB/OL］.（2012-10-28）.https://www.doc88.com/p-953211558289.html.

统筹规划、协调管理。

（三）黄鹤楼问题在哪

黄鹤楼有着"天下第一楼"的美誉，吸引着四面八方的游客，特别是五一、国庆小长假期间游客慕名而来、络绎不绝，黄鹤楼每年拥有 300 多万的游客量，2019 年五一单日游客接待量甚至超过了 4.8 万，黄鹤楼在推动武汉城市形象宣传上具有巨大魅力和价值，黄鹤楼的品牌价值和美誉度也在不断提升，2019 年黄鹤楼公园入选了"2019 年中国旅游景区品牌影响力金榜"。面对生态旅游区神农架、森林公园、东湖、木兰等室内外周边的旅游景区竞争对手，黄鹤楼可以说是取得了不错的成绩，但是我们也可以看到黄鹤楼近几年的游客接待量不断上升，品牌声誉广泛传播，但收入却上升得很慢，2015—2018 年黄鹤楼的收入呈现稳定增长，但增长率仅有 10% 左右。黄鹤楼的收入大部分来源于门票，而作为黄鹤楼最有特色历史文化的景区文化项目经济效益的开发却是少之又少，利用黄鹤楼文化建立的酒品牌、烟品牌发展却效果显著。景区的门票收入要支付工作人员的工资，景区建筑建设，园林植物的保护和一些社会活动的开展等，2015—2018 年政府一直在规划黄鹤楼景区以及周边交通和娱乐的建设与开发，加上全域旅游的发展，黄鹤楼单一的门票收入不仅不符合旅游业的发展，也不能很好地满足景区自身的建设与发展。2015—2018 年黄鹤楼年收入如图 3-3 所示。

在景区门票经济松动背景下，黄鹤楼该如何摆脱对单一门票收入的依赖呢？目前的旅游业发展趋势呈市场化、多元化，景区进行自我创新与转型升级，寻求新的利润点，通过综合化开发与创新设计，通过住宿、餐饮、娱乐等产业结合获得综合性收入。景区可以转型为一种市场化旅游产品，通过投资开发、规划、设计、建造、营销、服务等系列环节运营，目前已经有景区进行了成功的市场化经营，当然多元化的业务发展不仅仅是改变运营模式，加快景区与市场对接，增加业务范围这么简单，更需要政府高度重视与监督，从景区资源、景区建设和周边发展整体规划，并结合市场化运营的结果。

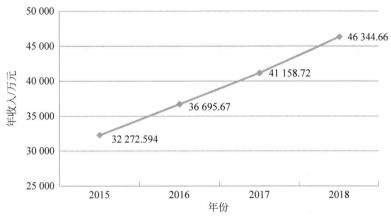

图 3-3　2015—2018 年黄鹤楼年收入

三、"何去何从"

全球旅游正在成为国家旅游发展战略,传统的单一特色旅游模式已不能适应现代旅游发展的需要,需要从门票经济向全域旅游经济转变,有必要重新定位旅游发展战略,要解决如何吸引游客、游客如何过来、过来是否会感到遗憾、如何刺激游客再来等问题。景区内部要进行创新开发,传统的景区与旅游产品都以"观光性"为主,且以一种走马观花的形式进行观光游玩,缺少深度的体验感,可以增加一些 VR(虚拟现实)技术、动画音像、投影、戏剧等项目,通过适当的收费,既能丰富游客体验,也能增加景区的收入;除了景区内部运营升级,还要加强景区周边的配套基础设施建设,整合优化产业链资源,加强周边附近的住宿、餐饮、娱乐、购物等基础设施建设,将周围的各类资源结合到一起,促进景区的多元化发展,找到新的利润点,同时满足游客衣、食、住、行、游的综合需求。看来黄鹤楼目前单一的门票经济收入已经不能满足发展的需求,要从单一的门票经济向产业经济转变,由单一项目封闭的景点向综合景区转型,引导和推动区域旅游整体发展。

但是要进行这样的战略开发,需要多方面的协调发展,现有单一整合的经营管理体制很难。黄鹤楼风景区作为一种特殊的公益性公共资源,具有观光、文化、教育、科研等多种功能,它在历史和环境中扮演着重要的角色,关系到子孙后代的利益。黄鹤楼风景名胜区作为事业单位,其经营管理有其特殊性,与一般企业的经营管理有较大区别。作为事业单位,景区经营利润并不是主要目标,合理地开发利用和保护自然资源,传承和弘扬景区文化,为社会公民提供更优质的服务才是景区管理最主要的任务,黄鹤楼景区作为武汉传统的公共事业单位,扮演的是对黄鹤楼景区的建设和维护,传承和弘扬历史文化的角色,景区的管理职能和资源配置都服务于这一公益性定位,这使得在黄鹤楼的战略发展上存在一定的限制和约束。在发展上由于战略外部环境变化的影响,黄鹤楼要想持续发展需要调整业务模式和战略目标,在事业单位与自身利益发展中找到一个平衡点。

黄鹤楼在战略布局与运营管理上还没有详细的发展计划,但是机会不等人,在武汉市内甚至是黄鹤楼周边存在许多旅游景点,这些旅游资源都是黄鹤楼的有力竞争对手,一旦错过时机,可能会被其他景区抢占先机。

四、战略会议

面临这样的竞争环境,2019年12月,黄鹤楼景区管理处召开了景区战略布局会议,商讨了关于景区战略定位和运营模式改革的重要事宜,希望能够征集建议观点,为业务战略和营运模式改革提供思路。

公园管理处李主任首先提道:"随着旅游业的不断发展,景区集团化、市场化成为一个大趋势,如果能将景区经营市场化,以公司制管理的方式能更好地将周边的产业链整合,也更有利于黄鹤楼的业务多元化,摆脱现在单一的门票收入。但现在旅游景区的市场化还是一个模糊的状态,到底能不能做还没有确定的规定,市场化发展中存在诸多争议,《国务院办公厅关于加强风景名胜区保护管理工作的通知》规定:'风景名胜资源属国家所有,必须依法加以保护。各地区、各部门不得以任何名义和方式出让或变相出让风景名胜资源和其景区土地。'这是目前我们面临的一个大问题。"王副主任回应道:"的确,目前存在不确定性和阻力,但是我们也可以看到有很多成功的公司制经营的旅游景区,桂林旅游、中青旅、华侨城等。由公司管理景区的经营,自负盈亏,一方面可以解决景区收入的资金约束,有利于资源的流动和更加有效地配置;一方面有利于引进先进的管理理念和优秀的管理人才、创新人才,提高景区的竞争力和吸引力。峨眉山景区就是由景区管委会和景区旅游发展股份公司共同经营管理的经典案例(图3-4)。看看那些比较出名的旅游景点企业业态模式,我们可以从中吸取一些经验,为以后的战略打下基础。这样中规中矩地走下去,肯定是不行的。黄鹤楼景区未来或许可以学习这些管理模式,一边由政府掌握景区的最终管理权,保障景区的合理开发;一边由公司制的形式将经营权交由有能力的企业运营。"

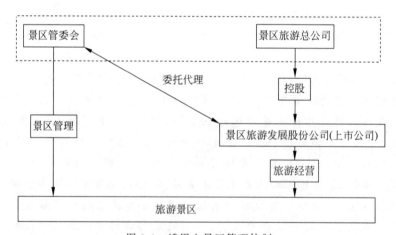

图3-4 峨眉山景区管理体制

资料来源:黄鹤楼投资经营体制初步建议[EB/OL].(2012-10-28).https://www.doc88.com/p-953211558289.html.

市场部经理也同意市场化,打造多元化的景区业务,但同时也提出了自己的担忧:"黄鹤楼是国家5A级风景区,是国家重要的自然资源,市场化经营难免会有恶性竞争,企业在获得景区的经营权后,为了追求利润过度开发资源,导致资源和环境遭受破坏的例子不在少数。作为国家5A级景区,黄鹤楼景区一直与社会公众活动紧密联系,是武汉市文化传承发扬的典型,一直受到社会广泛关注,黄鹤楼景区的长远目标与规划要在充分保护景区文化资源的基础上再考虑经济效益,同时也要在社会发展和自身利润之间找到平衡点,能不能市场化,应不应该市场化要慎重考虑。"

五、尾声

目前武汉市的国家5A、4A级景区都还是由政府管理,面对全域旅游这样一个市场化发展的大趋势,黄鹤楼能不能借此机会成功转型,成为武汉市第一个"吃螃蟹"的景区呢?如果你是黄鹤楼公园管理处的主任你将怎样决策?黄鹤楼应该在战略上作出怎样的改变?

思考题:

黄鹤楼景区类似体制的单位,其发展战略与一般的企业战略有何差异,制订战略时应该如何有效思考?

资料来源:

[1] 黄鹤楼投资经营体制初步建议[EB/OL].（2012-10-28）. https://www.doc88.com/p-953211558289.html.

[2] 黄鹤楼资源-中国黄鹤楼公园官方网站-天下江山第一楼[EB/OL]. http://www.cnhhl.com/index.php?m=Page&a=index&id=33.

[3] 包丽娅,冯钰玮,曹浠浠,等.基于网络文本的旅游目的地形象研究——以黄鹤楼为例[J].绿色科技,2020(15):194-198.

[4] 田志梅."文化＋旅游"视域下武汉黄鹤楼文创产品设计研究[J].创意设计源,2020,70(4):19-22.

即 测 即 练

第四章

供给侧和需求侧洞察

【本章学习目标】

1. 掌握供给侧分析中的产业价值链理论、产业生命周期理论和五力模型;
2. 学会在企业战略中运用产业生命周期理论分析该产业未来发展和走向;
3. 在需求侧分析中掌握用户和市场之间的关系以及各自的变化;
4. 了解动态竞争理论的内涵和分析重点;
5. 掌握环境洞察工具的做法和不同场景下的实际应用。

【开篇案例】

X 传媒公司的战略转型

随着互联网的快速发展,新媒体迅速崛起,正在改变着人们的传统价值观念以及生活方式。报纸、杂志、广播、电视等传统媒体自身传播的信息量不够大,生产周期较长,发行量有限,传播区域带有明显的地域性等特点,而推特、微信等移动新媒体具有随时随地可以阅读、信息量大、生产周期短、互动性强且传播形式多样化等优势。因此,传统媒体受众群越来越少,广告份额也逐年减少,而移动新媒体迅速崛起,赢得了更多受众和广告市场份额。

在此背景下,诸如"新媒体取代传统媒体""纸媒已死"等炒作不断传出。未来,新闻传播、信息获取和人们阅读方式将发生哪些变化,目前的新媒体是否可以取代传统媒体,至少从幼儿园教育还是以纸质书本为主来看,目前的所谓新媒体不会从根本上改变人们的阅读方式,特别是主导各行各业话语权的研究领域的大批受众和学者。即便如此,作为新闻及普通信息传播的经营实体,需要审时度势,以满足主要受众群体对信息需求及阅读体验不断变化的需要。

X 传媒公司创建于 2004 年,是致力于为中外农业生产及食品企业提供卓越服务并为全产业链利益相关方提供专业资讯的媒体机构。X 传媒公司属于行业媒体,受众为农业食品产业链从业者,而广告客户主要来自产业链上游企业。2004 年,X 传媒公司创刊家禽杂志,主要服务于家禽产业领域。2009 年创刊猪业杂志,主要服务于生猪产业领域。2013 年创建畜牧网站,服务领域涵盖家禽、生猪、饲料及农牧食品等。2015 年开通畜牧微信公众号,作为家禽杂志、猪业杂志以及畜牧网站互动的移动端平台。除了这些媒体平台,X 传媒公司于 2012 年推出家禽论坛,并于 2016 年推出猪业论坛。X 传媒公司的细分行业主要传播平台如图 4-1 所示。

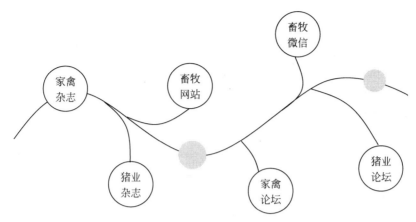

图 4-1　X 传媒公司的细分行业主要传播平台

对于 X 传媒公司而言,多年来致力于家禽及农业食品领域新闻和技术信息传播,且在媒体采编、品牌建设以及产业链延伸以及国际交流等方面取得业界认可的成绩,并拥有产业链忠实的读者群体和重点客户,但其属于小型企业且盈利模式比较单一。新媒体时代,生产周期长的杂志已不能完全满足读者对信息的需求以及客户对品牌的传播需求。因此,必须将移动新媒体、数字战略转型提到公司层战略管理,利用自身的行业资源优势和在媒体生产质量等方面的优势,从自身业务调整和经营创新的角度提高媒体的竞争力,转变观念,制定企业战略并提升战略管理能力。如何顺利推进 X 传媒公司的战略转型,如何分析行业和市场趋势的变化,如何对竞争对手进行分析和认知,是公司管理层面临的巨大挑战。

思考题:

X 传媒公司的战略转型的挑战主要是什么?

资料来源:

[1]　杨桂峰.新媒体时代下杂志生存面临的问题及对策探析[J].新媒体研究,2016,2(8):90,105.

[2]　郭秀霞."融"时代下专业报刊转型之路初探——以河北阅读传媒公司报刊数字化转型为例[J].中国传媒科技,2020,328(7):112-114.

[3]　毛文思.数字化转型之路——探索与困惑中前行[J].出版参考,2012,681(22):20-21.

[4]　林悦.文化出版业数字化转型绩效研究[D].南京:南京信息工程大学,2022.

第一节　供给侧分析

一、产业价值链理论

价值链理论由波特在其著作《竞争优势》中提出,他认为价值链是每一个企业都使用来进行设计、生产、营销、交货等过程及对产品起辅助作用的各种相互分离的活动的集合。波特进一步提出,每个企业都处在产业链的某一个环节,一个企业赢得和维持竞争优势不仅取决于其内部价值链,而且取决于在一个更大的价值系统(即产业价值链)中,产业价值链是一个企业的价值链同其供应商、销售商以及顾客价值链之间的连接。企业间的这种价值链关系,即为产业价值链。

产业价值链有两个效应:一是链式效应,一个完整的产业价值链包括原材料加工、中间品生产、制成品组装、销售、服务等多个环节;二是集群效应,在以一个主导产业为核心的领域中,关联度较高的众多企业及其相关支撑机构在地理空间上就产生了企业在某一产业价值链上集聚的现象。

以 X 传媒公司为例,其所涉及的数字媒体产业价值链由基本价值链、辅助价值链和拓展价值链三个部分构成。数字媒体产业价值链是创造、生产、销售、传播、消费媒体的价值生成过程,是主要的价值增值环节,如图 4-2 所示。

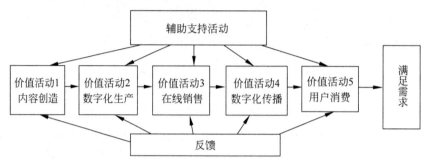

图 4-2　数字媒体产业价值链

在行业驱动的战略变化中,数字媒体产业在价值链方面出现了新的变化。

第一,信息资源流向方式变化。在产业链中,从作者到用户的信息资源的流动可以以多种方式进行。例如,数字媒体提供商可以直接与终端设备供应商合作,向用户提供内置的媒体分发,也可以通过移动通信运营商以移动电话报告的形式向用户展示。

第二,价值链拓展。例如,传媒集团价值链不断拓展,已经由媒体生产拓展到媒体增值。由于数字媒体产业是建立在原有传统媒体产业基础上的,因此传统媒体产业价值链不断向数字化方向扩展,这是数字媒体产业发展的重要原因。

第三,集群式发展。数字媒体产业在发展过程中由市场或政策影响形成了许多产业集群,涉及数字媒体产品生产、交易、传输、技术支持、服务支持等。

第四,上下游环节具有可逆性。在数字媒体产业中,处于产业链下层组织如数字图书馆可以为上游的数字媒体生产机构提供参考咨询,因此产业链能够呈现出双向网状连接结构。

第五,中间环节具有可跳跃性。数字媒体制作者可以直接与媒体消费者交流并得到数字媒体产品和需求反馈。这也要求中介服务机构更加注重自身价值的增值,从而吸引数字媒体产品的用户,最终可以提供更好的服务。

第六,产业链的网络化趋势。数字媒体产业结构处于不断发展变化的阶段,其涉及的产业分工在不断细化,产业链也在向各类传统产业延伸。在这期间,数字媒体产业结构逐渐复杂,价值链上的各个环节的连接关系发生了数字技术推动的复合连接,产业链由传统的单一连接关系向网状连接关系转变。

第七,其他利益相关者。除了上面提到的数字媒体产业链,产业链中还涉及其他组件。这些成分不是产业链的主体,而是产业链价值实现的关键,其中广告商最为典型。数字媒体提供商通常会使用用户流量及停留时间来吸引广告商进行广告投放,然后与媒体提供商分成,一般而言,广告收入与流量成正比。因此,广告商也可归类于产业链的其中一环。

二、产业生命周期理论

产业生命周期理论是指一个产业从出现至逐渐退出市场通常会经历四个阶段:导入期、成长期、成熟期和衰退期。产业生命周期曲线忽略了产品类型、型号、质量等差异,在产业生命周期内对产业整体发展水平予以考察和分析。产业生命周期曲线随着社会需求而产生,随着社会需求的增长而上升、衰退而下降,如图 4-3 所示。

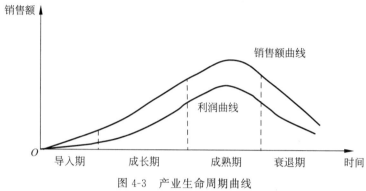

图 4-3　产业生命周期曲线

产业生命周期理论在战略分析当中的应用包括以下几个方面。

首先,如何准确地界定企业所处产业周期将决定对企业未来战略成长空间、盈利能力和战略机会选择的判断。如对钢铁产业和信息通信基础设施产业的企业进行对比分析,对相关企业未来战略发展空间予以判定和分析时,需要对其所处的产业生命周期阶段进行精确识别。在工业化发展进程中,钢铁产业在不同的国家和地区形成完整产业周期并实现产业转移,对其所处产业生命周期阶段存在判断的成熟逻辑。自 20 世纪 90 年代中期以来,钢铁产业的发展使中国成为全世界最大的粗钢产销国,其产业发展周期与中国的工业化发展同步,当前产业生命周期进入成熟期向衰退期过渡的阶段。而对于中国通信设备和基础设施产业,其产业生命周期的判断逻辑与钢铁产业相对成熟的逻辑存在差异。技术发展导致的快速迭代和颠覆,对通信设备和基础设施产业生命周期的判断无法按照完整生命周期的逻辑进行,其基本判断逻辑是基于技术的快速发展导致通信产业技术范式的颠覆,从而导致该产业在某一个技术范式主导下的产业生命周期可能是短周期迭代或周期提前终结,因此对中国通信设备和基础设施产业生命周期阶段的判断要结合通信技术主导范式的变化来进行,当前对该产业生命周期的判断是产业处于由 5G 通信技术范式主导的导入期向成长期过渡的阶段。

其次,运用产业生命周期理论在企业战略分析当中的重点是对该产业未来发展和走向的分析与判断。产业当中的具体企业所处产业的结构性变化和未来的趋势如何是影响对产业生命周期进一步发展如何分析最主要的战略逻辑。中国钢铁产业目前进入成熟期向衰退期过渡的产业生命周期阶段判断,会导致产业内企业出现战略选择分化。由于产业生命周期进入衰退期的市场需求衰退,部分企业会逐步剥离钢铁生产和销售的主营业务,企业会在钢铁主业之外寻找其他的多元化业务支撑,如包头钢铁通过集团的资产置换计划转型为稀土生产企业。而保留钢铁生产和销售主业的企业,如宝钢集团通过一系列的并购重组如对武钢的合并,进一步地夯实其头部企业的竞争地位。此外,对钢铁产业未来市场发展空间的判断从中国国内市场延伸到海外市场,钢铁产业主要产能从中国国内向"一带一路"沿线国家的战略转移或产能输出,将成为判断钢铁产业主要企业未来战略发展方向的重要逻辑。

最后,运用产业生命周期理论分析企业战略时,应清晰地理解塑造产业周期变化和未来产业结构的主导因素是什么,产业发展和变化由什么驱动。当在分析通信基础设施产业生命周期发展时,要充分地意识到通信技术的发展和变化是驱动该产业发展与变化的主导因素。对通信技术发展趋势的解读和分析是战略分析重点,厘清产业由技术发展驱动的战略演变机制。如5G技术发展会导致中国国内的主要通信基础设施公司如电信、联通和移动面对由通信技术范式转变带来的业务模式转变问题。对产业未来发展空间的关键判断是思考传统电信增值服务业务如何应对由5G技术发展驱动的竞争空间突破和模式突破问题。运用产业生命周期理论对企业战略发展进行分析的关键是如何形成对产业未来发展趋势的判断,并将其落实到企业具体的业务战略选择当中。

三、产业分析的五力模型

在1980年的《竞争战略》一书中,波特提出了普遍使用的"波特五力模型":在任何一个行业,都存在五种基本的竞争力量,即供应商的议价能力、购买者的议价能力、潜在进入者的威胁、替代品的威胁和行业内现有竞争者的竞争,如图4-4所示。这五种基本竞争力量的状况及强度,决定了行业竞争的激烈程度,同时也决定了所分析行业的最终盈利能力。

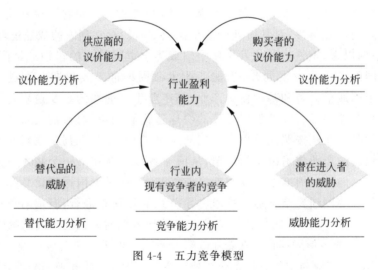

图4-4　五力竞争模型

（一）供应商的议价能力

供应商是指向企业提供生产经营所需资源的企业及个人，任何供应商都会在提供原材料、零部件、设备、服务的同时，尽力提高话语权，也就是供应者讨价还价的能力，能力强的可以获取更多的利益，话语权弱的则收益较低。

在下述情况下，供应商讨价还价能力增强：供应商提供销售的产品替代品很少，对于产业内企业至关重要；行业成员转向其他供应商采购需要承受高成本；产业内企业不是供应商重要顾客；供应商威胁要前向整合，进入客户所在产业；产业内企业无法进入供应商产业威胁供应商。

（二）购买者的议价能力

消费者都希望以更低的价格获得更好的产品和服务，也就是购买者讨价还价的能力。购买者可以通过压低价格、要求提供高质量的产品与服务、加剧供应者之间相互竞争等手段提高自己在交易中的话语权。

在下述情况下，购买者讨价还价能力增强：产业内有许多小企业提供特定产品，购买者是大企业而且数目较少；购买者的购买量很大，产业内绝大多数订单来自购买者；购买商威胁要后向整合，进入企业所在产业；转移成本很低，购买者利用供应商之间的竞争关系压价。

（三）潜在进入者的威胁

潜在进入者是指那些准备进入或正在进入的企业，由于潜在进入者的出现，行业本来的竞争格局被打破，会对市场造成竞争加剧、成本上升、价格下降，从而使行业平均利润率也有所下降，因此，对于行业原有企业来说，潜在进入者就是一种威胁。

潜在进入者威胁的严重性取决于所有潜在进入者的规模和可获得的资源；进入壁垒的情况；现有公司的反应速度和能力。

（四）替代品的威胁

替代品是指那些对企业产品形成替代的产品，在同等条件下，如果替代品优于被替代的产品，那么当替代品投入市场后，被替代品就会失去竞争优势，相应地，企业利润率下降甚至可能亏损。

（五）现有竞争者的竞争

现有竞争者的竞争是指行业内各企业之间存在竞争关系，行业竞争激烈程度取决于产业竞争结构、需求状况、成本状况、产业退出障碍等因素。

产业竞争结构：产业内企业的数目和大小的分布会影响竞争情况。

需求状况：产业的需求水平上升会缓和竞争、下降会加剧竞争。

成本状况：产业内企业的成本结构会影响竞争情况。在固定成本很高的产业中，盈利能力对销售额非常敏感，提高销售的愿望会导致激烈的竞争。

产业退出障碍：退出障碍是阻止企业离开产业的因素，包括资产的专用性、退出需要支付的高额固定成本等。当退出障碍过高时，企业会被困在不盈利产业内导致产能过剩。

运用五力模型对开篇案例中的 X 传媒公司进行分析，分析结论如图 4-5 所示。

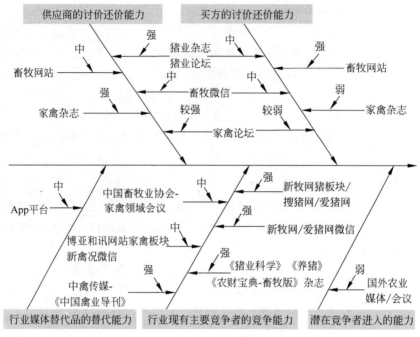

图 4-5　X 传媒公司的五力模型分析

第二节　需求侧分析

一、用户识别和市场趋势分析

对市场和用户进行认知时,固然营销理论当中已存在对细分市场和目标用户分析的一系列理论与工具,但要从战略角度深化对当前用户识别和市场趋势分析,需要强化以下理解。

（一）用户识别和市场趋势分析需要面对新对象的出现

当前中国企业所面对的用户和市场正处于用户变革与细分市场重构的进程当中。对于用户识别和市场趋势的对象变化有以下两点需要注意:一是体现为因社会变化和收入升级塑造的新对象,如新中产的出现和界定。二是中国经济和市场体系当中相对发展滞后的庞大用户群体,如下沉市场用户。新中产和下沉市场用户分别对应着消费升级和消费降级的两个重要趋势。当分析中国市场上的用户识别时,需要清晰地理解中国庞大人口基数上的目标消费群体会带来何种机会。城市化带来的新中产阶级群体会导致一系列消费升级现象,使得企业存在对应的市场空间和战略机会。但中国广大消费人群当中,贫富分化导致的基层消费群体仍然长期存在,企业也会存在下沉市场上消费降级导致的市场空间和战略机会。除了总体特征上的消费升级和消费降级描述之外,高度细分的个性化需求会导致企业必须认真去识别其产品所面对的特定用户群体,判断是否有相应的市场战略空间和机会,标准化产品的大众化消费对于用户需求的满足会面临因细分化需求在用户当中产生更大权重影响的挑战。

（二）用户识别和市场趋势分析需要面对新方法的挑战

由于信息技术和数字经济的发展,当前中国企业所面对的消费群体,其消费选择和连接存在着程度很高的数字化和信息化水平,因此从战略上整体把握和分析企业的用户与市场趋势时,需要理解数字化所带来的企业与市场的互动模式、对企业战略选择的影响。当我们把传统消费者视作用户时,某种意义上已经体现出目标消费群体和企业之间的连接,更多的是通过数字化、信息化的方式来产生。所有企业业务和市场的在线导致企业与目标用户的连接方式是以数字化的方式进行。此种企业业务和市场的在线化会导致对传统实体市场信息分享交易达成等基础模式的颠覆。信息化方式的连接使得企业所面对的消费者具有更多的可分析的数据,大数据和人工智能技术在商业领域的应用使得从数字上对客户进行个性化画像成为可能,而企业在此过程当中会进一步地采用数据定量的方式,而非定性的方式,形成对消费者的精确识别。自动识别与企业的业务和产品的有效连接将会极大地提升企业满足市场需求的效率。除了在大数据上可以提取关于目标用户识别的总体特征外,对数据的进一步分析和应用使得所应用的数据颗粒和目标用户分类越来越细,进而使企业更好地把握高度细分化的市场,并通过数据带动制造链的方式更好地精确满足细分化市场的不确定性需求。在整个体系上包括市场体系、生产体系和服务体系都呈现出因数字化而产生的高度弹性化特征。

（三）用户识别和市场趋势分析面对着新文化的要求

首先,当前中国企业面对的年轻消费者是在过去 40 多年当中其代际变化和消费偏好塑造更具有变革性和转折性的一代,因此,如何分析和识别更年轻的消费者对于企业产品消费偏好的新的文化需求和审美需求的形成,将是企业在战略上如何把握用户识别和市场趋势的关键。新的中国年轻消费者,其成长背景和生活方式的塑造是在高度信息化与城市化不断加深的过程中产生的。其对于中国文化审美意趣的主体性需求回归将是重要特征之一。其次,在西方文化偏好减弱影响的过程当中并不会弱化新一代中国年轻消费者在消费上的开放性和宽容性。中国年轻消费者将是在中国历史上在消费偏好上最开放、最宽容、最包容的一代。再次,中国年轻消费者群体会出现各个不同层次的亚文化需求,人群内部的细分会导致他们对不同的文化因素、文化符号和审美偏好产生极大差异化的分布。最后,中国新一代消费者是高度熟悉数字化环境和信息化环境的,在其审美和消费偏好的识别和塑造当中,数字化和信息化手段将是影响其审美与消费偏好的主要途径。

二、战略集团和蓝海战略布局图

（一）战略集团

1980 年,波特从战略管理理论角度将战略集团(strategic groups)概念引入分析产业结构的特征中,将战略集团定义为在某一产业中,在某一战略方面采用相同或相似战略的各个企业组成的集团。

在企业所组成的产业中,如果所有的企业采取的战略模式和行为相同,则该产业中只有一个战略集团。如果每个企业都奉行着与竞争者不同的战略模式,则该产业中每个企业就是独立的战略集团。一般情况下,产业会形成存在战略差异的数个战略集团,在战略集团内的企业基本采用同样的战略模式进行竞争。同一战略集团内的企业针对同样的目标市场,会采取高度趋同的竞争方法和行动,争夺在同一细分市场上的市场份额。战略集团的竞争情况可以用战略集团图说明,作为分析企业战略面对产业内部竞争的一种工具。中国白酒产业内部的不同战略集团如图 4-6 所示。

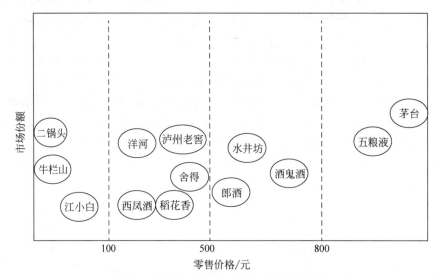

图 4-6　中国白酒产业内部的不同战略集团

首先,企业战略上要考虑产业战略集团内部企业之间的竞争情况,虽然战略集团内部各竞争企业之间采用高度趋同的竞争方式,但企业之间经营规模和能力上的差别会导致在战略集团内部的企业出现竞争优势的差异。战略集团内部企业都需要清晰认知企业相互竞争和对抗的方式与路径,企业在相同模式下的资源和能力差异决定了战略集团内部企业之间竞争优势的差异。

其次,企业战略上要考虑产业竞争中战略集团之间的竞争。企业在考虑战略集团内部企业竞争的同时,还需要考虑企业是否有机会进行向上或向下维度的产业集团间竞争。以白酒产业战略集团示意图为例,中国的中端白酒品牌如水井酒、酒鬼酒、郎酒等都想进入高端白酒市场,形成对茅台和五粮液的竞争挑战,其动因是高端白酒市场是利润更为丰厚的市场。同样,茅台和五粮液为了抵御竞争压力与拓展对产业的影响力,会通过收购品牌和扩张产品种类的方式进入白酒产业的中高端市场。因此考虑战略集团之间的竞争时,要充分考虑到产业内各个在不同战略集团模式当中的企业在竞争上的跨越性。决定产业中战略集团之间的竞争激烈程度有以下因素。

第一,战略集团间的市场相关度。

战略集团所面对的客户消费行为越趋同,为争取市场和客户的竞争程度越激烈。当战略集团间的市场高度相关时,产业间的战略集团间将产生激烈的竞争。白酒产业低端白酒和中端白酒面对的市场客户具有高度的趋同性,因此,低端白酒和中端白酒市场上的企业就会产生战略集团间更为激烈的竞争。

第二,战略集团的数量和相对规模。

首先,如果一个产业当中形成的差异化战略集团数量越多,则集团与集团之间产生竞争性对抗的可能性越大。其次,如果产业当中集团的数量不仅多,而且集团与集团之间规模的可比较性也大致相当,这就意味着产业当中不同的战略集团都有意愿和能力发动对其他集团市场的战略进攻,进而导致产业当中战略集团竞争加剧。白酒产业当中,中低端白酒市场上的企业不仅数量众多,而且不存在具有压倒性规模和能力的垄断性企业,两个战略集团之间会频繁发生相互交叉和相互渗透的竞争行为。

第三,战略集团企业战略和产品的差异化。

如果产业当中战略集团之间的企业战略和产品没有足够的差异化,在战略集团当中产品进入不同细分市场的转换成本相对较低,会导致战略集团企业之间的对抗加剧。不同战略集团的企业会分别针对不同细分市场上的客户展开竞争,如果战略集团企业之间的产品差异化十分巨大,某一细分市场上的客户无法选择其他细分市场差异化产品,则战略集团之间的企业竞争会减弱。茅台产品差异化来自历史传承和国人认同形成的品牌价值,其他白酒企业意图进入高端白酒市场,构建与茅台相同的差异化价值存在较大难度,因此茅台及高端白酒战略群组面对的竞争挑战相对较小。

(二)蓝海战略布局图

蓝海战略理论是由欧洲工商管理学院的 W. 钱·金(W. Chan Kim)和勒妮·莫博涅(Renee Mauborgne)提出的,他们将市场比喻为两种海洋:红海和蓝海。红海代表现今存在的产业,是已知的市场空间。蓝海代表当前还不存在的产业,是未知的市场空间。红海产业的界限已被划定,市场竞争规则也为人们熟知,企业想要采用同样的模式和思维击败对手争夺市场份额,但随着市场化的内卷,利润和增长的空间被压缩,产品高度同质化,红海意味着日益残酷的竞争。而蓝海代表着需要开发的市场空间,代表着企业能够通过创造新需求带来高利润增长的机会。蓝海市场有可能是在已有产业边界以外创建的,但大多数蓝海是通过在红海产业内部扩展已有产业边界而开拓的,企业在开拓过程中通过重新构建竞争规则的方式来获得战略机会。

蓝海战略将战略行动形成的战略元素作为企业构建蓝海战略的分析单位,战略行动包含企业业务所涉及的一系列管理行为和决策,在研究 1880 年到 2000 年 30 多个产业、150 次战略行动的基础上,金和莫博涅提出企业实现差异化的价值创新是蓝海战略的基石。差异化的价值创新意味着扬弃传统分析中价值和成本的权衡取舍关系,推动企业思考如何将创新与效用、价格与成本形成整体,不是在红海市场中模仿现有产业最佳实践去打败对手,而是在蓝海市场中改变市场空间和重新设定竞争规则。价值创新的重点在于通过提供创新性产品和服务,力图使顾客和企业的价值都出现爆发性增长,由此形成蓝海:一个新的、非竞争性的市场空间。

蓝海战略通过绘制战略布局图分析企业如何形成创新型的战略认知。战略布局图横轴表示的是产业竞争和投资所注重的各项元素,通过讨论和形成战略布局图横轴上的各项元素,企业不仅能够明白产业主要竞争对手的战略重点,还能通过加入公司的分析曲线,清晰地知道公司如何通过竞争战略元素的改变和重构形成蓝海战略思路。下面通过白酒产业中的成都谷小酒酒业有限公司(以下简称"谷小酒")的案例说明战略布局图的应用和分析。

谷小酒成立于 2018 年 3 月 1 日，由小米前高级品牌公关总监刘飞创立，创始团队来自京东、小米、阿里等互联网公司。公司基于年轻人对口感的需求，用白酒的品质研发了高质量白酒谷小酒，谷小酒的核心在于将酒作为一个互联网产品，重心是做好产品与服务。基于淘宝、天猫、抖音等新兴业态，通过在品类、场景、传播等方面的一系列创新，谷小酒仅成立 3 年就成为线上第一小酒。谷小酒是目前国内少数同时包含酱香型、浓香型、清香型三种香型的白酒品牌。其中，酱香型白酒包括"茅台镇""米粒匠心版""红米粒"；浓香型白酒包括"微醺版""分享版"等；清香型白酒目前仅推出一款"青年酒豪"。谷小酒成立两年后，销售额就达到了 1 亿元左右，其销售区域覆盖全国（不含港澳台地区）。谷小酒之所以成功，不仅在于成功利用了直播带货的热潮，还在于其自身产品的优质。

第一，在包装上谷小酒拥有独一无二的设计风格，设计上完美迎合青年消费群体的主流审美。2019 年，谷小酒"米粒"概念系列获得设计界"奥斯卡"2019iF 设计奖，并获得德国最高级别的设计大奖"2020 德国设计奖"，这些都是目前中国白酒在海外获得的最高设计荣誉。除此之外，谷小酒旗下的"万里宋境系列"也广受好评，其酒具甚至可以作为家里的装饰品。谷小酒在业内被评为近 20 年继茅台、五粮液、洋河等第五个具备视觉符号的白酒品牌。

第二，谷小酒产品质量高的同时还提供高性价比。谷小酒产自四川宜宾和贵州茅台镇，由于独特的亚热带季风气候，这两个地方成为远近闻名的酿酒产地。在生产品质上，谷小酒由泰斗级白酒大师亲自把关，利用先进的发酵技术，打造出符合年轻人饮酒习惯的白酒。如 45 度的米粒概念系列，就用到了五粮液高端白酒产品才会用到的"双轮底发酵"技术。通过延长发酵期，增加了粮食酒的浓香、粮香、陈香，提高酒体的丰满度，使白酒品质显著提高。一般来讲，一瓶这样高标准的白酒，至少 1 000 元起步，但谷小酒却始终坚持"白酒是一种消费品，价值更应该体现在产品的使用价值上"，因此谷小酒系列产品价格往往都在 300 元以内，性价比非常高。

第三，基于互联网定位充分利用各种平台进行产品传播和销售。数据显示，谷小酒产品在各大电商平台的好评率在 95％以上，综合复购率高达 50％。在天猫和小米有品平台上，"米粒"概念系列常年稳居白酒热销榜第一。2020 年 4 月 10 日，为打开市场、宣传品牌，谷小酒联合罗永浩在抖音平台直播销售，最终"米粒系列"销售额在 90 分钟超过 1 000 万元。①

正是因为谷小酒专注倾听用户的需求，从设计、性价比、传播方式等方面拓展了用户的价值，谷小酒才能成功搭上直播带货的顺风车，成为线上第一小酒。

通过对公司战略成功因素的分析，形成谷小酒的战略布局，如图 4-7 所示。

从谷小酒的战略布局图分析可知，企业在思考产品竞争战略时，首先需要分析的是产业竞争的战略集团布局，确定产品进入产业内不同战略集团之间的差异化和切入点。其次要考虑产品在产业竞争中面对市场客户接受的价值差异问题。产品能否创造出与市场上现有客户价值诉求点不同的差异化价值，一是企业产品能否构建战略集团内部竞争性

---

① 数据来源：白酒面临销售压力，谷小酒携手罗永浩进行直播带货！［EB/OL］.（2020-04-12）. https://www.sohu.com/a/387310707_270752.

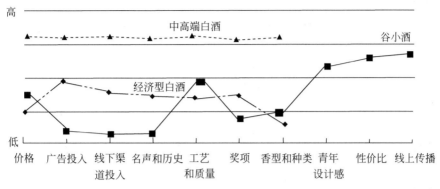

图 4-7 谷小酒的战略布局

产品不同的差异化价值,即在现有市场上寻求价值突破;二是企业产品能否形成跨越产业内部不同战略集团市场的差异化价值,是否突破了现有市场的创新性价值。企业的蓝海战略基于上述对于产品市场的差异化价值和战略布局思路开始构建。

三、动态竞争理论

动态竞争理论起源于 1985 年伊恩·麦克米兰(Ian MacMillan)的著作《竞争者对易于模仿的新产品的反应》,是指从竞争对手之间竞争行为连锁互动的角度来把握企业竞争优势的理论。动态竞争被定义为:市场内企业采取的竞争行动会引起竞争对手的反应,这些反应又会影响到原先行动的企业,形成竞争互动。1999 年,迈克尔·希特(Michael Hitt)等学者将动态竞争理论整理为战略模型,如图 4-8 所示。

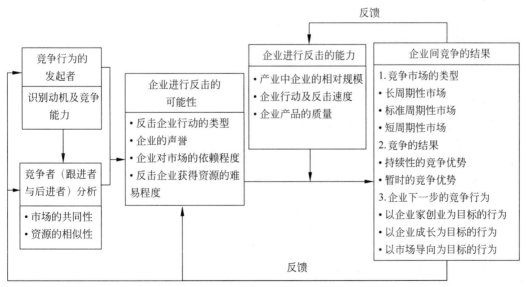

图 4-8　动态竞争战略模型

资料来源:HITT M A,IRECAND R D,HOSKISSON R E. Strategic management:competitiveness and globalization[M]. Nashville,TN:South-West College Publishing,1999.

动态竞争理论有三个重点：第一，竞争的本质是动态的，一个企业对竞争对手的攻击可能引发后者的反击。竞争形式是对偶的，有进攻就可能有反攻。竞争优势是暂时的，会被竞争对手的回应所抵消，只有不断采取行动和回应，才能持续保持竞争优势。第二，对竞争对手的分析应跳出传统的产业分析框架，从资源和市场的角度识别潜在的竞争对手。第三，竞争和竞争对手分析应从企业自身与竞争对手的洞察力、动力及能力等入手。

当前使用动态竞争理论分析企业战略需要关注以下变化。

第一，企业之间动态竞争的速度和强度呈现高度加速与高度强化的趋势。由于今天的企业在信息获取和数据收集方面能力越来越强，传统动态竞争理论当中企业在反应速度和反应方式上存在的能力与信息限制被极大地削弱及突破，因此企业无法通过特定的策略性进攻或防守行为保持长期的竞争优势，市场上的竞争对手会迅速地对企业的攻击或防守行为产生足够的反馈。竞争对手之间动态竞争的战略互动速度和强度发生变化，速度加快，强度加大。许多企业有能力迅速地对市场上竞争企业的进攻行为作出反应。以智能手机产业为例，苹果推出旗舰智能手机产品的周期是一年，而现有中国主要智能手机企业一年可以推出两类旗舰手机产品，并进一步发展到一年可以在不同细分市场上推出三四类新手机产品。智能手机产业对于竞争对手新产品推出的反馈速度在加大。同时，在对竞争对手手机性能的模仿和跟进上，手机企业的跟进能力在增强。

第二，企业在市场上进行一个进攻型的抢先战略，对其战略行为结果的合理预期是以该抢先战略面对竞争对手的有效反击。因此在企业推出市场上的进攻型或创新型战略行为时，需要充分地考虑在竞争对手针对性的反击状况下企业应该如何作出反应。仅仅分析企业与主要竞争对手之间的行动反应简单模式已经不足以保证企业战略行为的成功性，需要对企业动态型的战略行为形成长期性博弈的视角。不仅仅是走一步看两步，而是要求走一步看三四步才有可能保持企业战略行为的成功率。

第三，竞争战略的有效性不仅取决于速度领先，更主要的是形成新优势的基础独特性。在考虑企业竞争行为的动态性时，虽然企业实施进攻性战略行为和战略反击行为的速度非常重要，不仅在进行战略攻击时需要考虑快速地进入市场以形成时间领先优势，而且在反击时也要充分地考虑反击的敏捷性，但是仅仅考虑竞争行为的速度问题是不够的。对于企业而言，动态竞争战略行为的有效性不仅取决于在战略行为上的速度领先，还需要认真地思考企业以何种方式才能够真正地有效建立相对于竞争对手的竞争优势。企业通过选择竞争场域和价值要素的独特性进攻当前市场上竞争对手的市场空白或薄弱环节，才有可能在动态竞争当中形成较长时间竞争优势的基础。在智能手机产业当中，苹果之所以能够长期地占据高端市场并攫取产业利润的绝大部分，并不在于其对于竞争对手相关竞争行为的反应速度有多快。苹果实际上在通信模式、电池性能、手机屏幕、手机镜头等产品性能方面的创新节奏上相对于其主要竞争对手具有一定的滞后性，但由于苹果从一开始就以一个创新型的价值引领者形象出现，并通过其操作系统和品牌形成了相对于竞争对手足够的差异化，从而形成了其主要竞争对手无法撼动的竞争优势基础。

第四，动态竞争如果充分地考虑企业所面对的竞争的动态性，那么不仅仅在于当前的动态竞争理论把企业的竞争行为对其竞争优势的构建，通过与竞争对手之间连续性博弈的方式予以考虑，更重要的是在企业的动态竞争行为考虑中纳入企业的其他相关利益者行为的分析，形成一个三方或者多方的连锁效应分析。比如当阿里巴巴在电商市场上对竞争对手京东或者拼多多采用二选一的进攻性竞争策略时,首先企业要预期京东和拼多多对于二选一策略的战略反应,在竞争对手同样选择二选一的战略行为时,各自在市场上的攻防会产生什么样的变化。但动态竞争的战略推演还需要分析,阿里采取的二选一战略行为不仅会面对竞争对手的反应,而且会引起其他利益相关方尤其是政府监管方对企业行为的注意。企业应该动态性预判动态竞争行为如何联动引发主要相关利益方对企业行为的反应,主要的第三方如何确定,其存在什么样的能力和资源对企业的动态竞争行为进行干预与影响,以及什么时候第三方会介入企业的动态竞争当中。动态竞争理论关注的重点应从双方的连续多次博弈发展为包括第三方或者多方的连续多次博弈。企业在真实环境中的战略竞争,往往涉及更复杂的环境变量和更多的相关利益参与方,不是在一个既定的规则条件下一对一的博弈行为。因此,动态竞争理论在实际应用当中应该充分考虑到关键第三方介入企业现有竞争而产生的动态效应。

四、环境洞察工具

(一)EFE 矩阵分析法

EFE 矩阵的全称是外部因素评价矩阵(External Factor Evaluation Matrix),是一种对外部环境进行分析的工具,其做法是从机会和威胁两个方面找出影响企业未来发展的关键因素,根据各个因素影响程度的大小确定权数,再按企业对各关键因素的有效反应程度对各关键因素进行评分,最后算出企业的总加权分数。EFE 矩阵可以帮助战略制定者归纳和评价经济、社会、文化、人口、环境、政治、政府、法律、技术以及竞争等方面的信息。其基本思路如下。

(1)列出外部分析中 10~20 个关键因素,包括机会和威胁等,尽可能具体和全面。

(2)对每个因素进行赋权,确定权重,根据该因素对企业经营战略的影响程度从 0(不重要)到 1(非常重要)进行赋权,最后各要素的权重值之和等于 1。

(3)对各因素进行评分,根据反应程度对关键因素进行评级:根据企业对外部机会和威胁的反应程度从 1 到 4 打分,4 为最响应,1 为最不响应。

(4)获得加权分数以及企业总的加权分数。

运用外部因素评价矩阵对 X 传媒公司进行分析,分析结果如表 4-1 所示。就外部机会因素所占的权重和评分,媒体及广告向细分领域发展外部机会因素对 X 传媒公司发展的影响最为重要,其在此方面有效反应较好。其次为中国及国外诸多产业及企业国际化步伐加快,线上广告与线下会展经济均比较活跃和消费升级下民众对农产品及食品信息需求增加这三方面。X 传媒公司对前两方面机会因素反应很好,对后一方面机会因素反应较好。

表 4-1　X 传媒公司 EFE 矩阵分析

关键外部因素	权重	评分	加权分数
机会			
1. 新技术升级,新媒体向优质化方向发展	0.10	3	0.30
2. 农业现代化发展,一、二、三产业融合发展	0.05	3	0.15
3. 中国及国外诸多产业及企业国际化步伐加快	0.10	4	0.40
4. 媒体及广告产业向细分领域发展	0.15	3	0.45
5. 中国政治、经济环境稳定,融资机制逐步完善	0.05	1	0.05

续表

关键外部因素	权重	评分	加权分数
6. 中国的线上广告、线下会展经济均比较活跃	0.10	4	0.40
7. 消费升级，民众对农产品及食品信息需求增加	0.10	3	0.30
威胁			
1. 新媒体冲击，其市场被互联网公司垄断	0.10	3	0.30
2. 同行业主要竞争者的竞争能力加强	0.05	4	0.20
3. 行业周期和行业景气冲击广告投入预算	0.05	3	0.15
4. 印刷、人力、制作、会场租金等成本上升	0.10	3	0.30
5. 产业链延伸，客户资源转向食品行业媒体	0.05	1	0.05
总计	1.00		3.05

从外部威胁因素所占的权重和评分比较来看，新媒体冲击大且其市场被互联网公司垄断与印刷、人力、制作、住宿、会场租金等成本上升这两方面的威胁因素对 X 传媒公司的发展影响更为重要，X 传媒公司对二者的反应均较好。此外，同行业主要竞争者的竞争能力加强、行业周期和行业景气冲击广告投入预算这两方面的威胁因素对 X 传媒公司发展影响程度均较小，其对前者的反应很好，而对后者的反应较好。此外，一些大型企业向食品端延伸，其信息需求和品牌传播已转向食品行业媒体以及大众媒体，而 X 传媒公司对此威胁因素的反应非常弱。

综合来看，X 传媒公司关键外部因素总加权分数为 3.05（最高分为 4.00），比平均加权分数 2.50 高出 0.55。按照 EFE 矩阵分析法可以得出，X 传媒公司能对外部机会因素和威胁因素作出优秀的反应。

（二）IFE 矩阵分析法

IFE 矩阵称为内部因素评价矩阵（Internal Factor Evaluation Matrix），是一种对内部因素进行分析的工具。其做法是从优势和劣势两个方面找出影响企业未来发展的关键因素，根据各个因素影响程度的大小确定权数，再按企业对各关键因素的有效反应程度对各关键因素进行评分，最后算出企业的总加权分数。内部因素评价矩阵是内部分析的重要战略工具，可以帮助企业管理者和决策者对企业内部不同职能、领域的优势和劣势进行全面的扫描、分析和评价。能够解决内部因素过多，而缺少科学和可量化的评价工具的问题。通过 IFE 工具，企业能够了解自身内部的优势与劣势，刻画自身的竞争优势，有助于企业进行综合分析，并进一步制定适应自身情势与外部环境的企业战略。其基本思路是如下。

（1）列出内部分析过程中 10～20 个关键因素，包括优势和劣势等，尽可能具体、全面。

（2）对每个因素进行赋权，确定权重，根据该因素对企业经营战略的相对重要程度从 0（不重要）到 1（非常重要）进行赋权，最后各要素的权重值之和等于 1。

（3）对各因素进行评分，其中权重以整个产业为基准，而具体数值则取决于企业的具体情况。1 为重要弱点，2 为次要弱点，3 为次要优势，4 为重要优势。

（4）获得加权分数以及企业总的加权分数。

综合以上分析，从内部因素评价矩阵（IFE 矩阵）分析得出 X 传媒公司的内部因素权重、评分及加权分数。从内部优势因素的权重和评分比较而言，核心品牌信誉良好且影响力大，对 X 传媒公司发展的影响最为重要，其对二者的有效反应均表现很好。其次为新媒体品牌影响力处于上升阶段、核心品牌战略路线清晰、有一定的人脉和受众群、内部团队力量雄厚这四方面,X 传媒公司对前两方面的优势因素的有效反应均很好,对后两方面的优势因素反应较好。X 传媒公司的 IFE 矩阵分析如表 4-2 所示。

表 4-2   X 传媒公司的 IFE 矩阵分析

关键内部因素	权重	评分	加权分数
优势			
1. 核心品牌信誉良好且影响力大	0.15	4	0.60
2. 新媒体品牌影响力处于上升阶段	0.10	4	0.40
3. 发展经验丰富,营销能力强	0.05	3	0.15
4. 有一定的人脉和受众群	0.10	3	0.30
5. 发展模式比较成熟,营运能力比较稳定	0.05	2	0.10
6. 内部团队力量雄厚	0.10	3	0.30
7. 核心品牌战略路线清晰	0.10	4	0.40
劣势			
1. 资金缺乏,投入不足,中长期规划不明确	0.10	2	0.20
2. 业绩下滑,无相关多元化业务,盈利模式单一	0.10	3	0.30
3. 会议、外贸增长潜力大的业务规模扩张缓慢	0.05	3	0.15
4. 缺少机制创新,以致专家等有利资源整合不够	0.05	2	0.10
5. 企业内部制度、利益机制与信用体系建设不够完善	0.05	3	0.15
总计	1.00		3.15

从内部劣势因素的权重和评分比较来看,对 X 传媒公司发展影响较为重要的有两方面:资金缺乏,投入不足,中长期规划不明确;业绩下滑,无相关多元化业务,盈利模式单一。X 传媒公司对前者的有效反应一般,对后者的反应较好。其次分别为:缺少机制创新,以致专家等有利资源整合不够;企业内部制度、利益机制与信用体系建设不够完善;X 传媒公司对此两方面的有效反应分别为一般、较好。

综合来看,X 传媒公司关键内部因素总加权分数为 3.15(最高分为 4.00),比平均加权分数 2.50 高出 0.65。按照 IFE 矩阵分析法可以得出,X 传媒公司能对内部优势因素和劣势因素作出优秀的反应。

(三)SWOT 分析法

SWOT(优势、劣势、机会和威胁)分析法又称态势分析法,如今已经被运用到企业相关战略的制定以及对竞争对手的分析等多方面场合中,该著名的分析方法是由美国旧金山大学管理学教授韦里克提出的。

从某种角度看,SWOT 分析法是企业内部分析法的一种,也就是说以企业自身的现实情况为依据进行分析讨论。SWOT 分析法需要在一定的环境之下才可以发挥其作用,战略要依据企业发展战略的全部意义,将能够做的和可能做的这两点进行整合。其中,前者即为强弱项,后者即为环境给予的机会和挑战。SWOT 分析却将这两点整合起来,形成了一个较为全面、较为系统的认知,然后进行统一分析,让企业制定的战略计划更缜密合理。相比于别的分析法,SWOT 分析具备两个显著特点:一是结构化,二是系统性。站在结构化的方面看问题,可以发现,其实 SWOT 分析所表现出来的形式是区域间意义各不相同的 SWOT 结构矩阵,如图 4-9 所示。

O
WO战略-提升型
运用机会
克服劣势
SO战略-增长型
依靠优势
运用机会
W
S
WT战略-巩固型
补强劣势
规避威胁
ST战略-防御型
利用优势
规避威胁
T

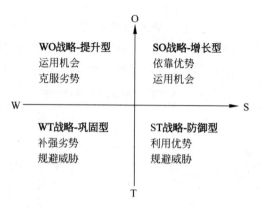

图 4-9 SWOT 结构矩阵

通过 SWOT 分析法，目前 X 传媒公司有四种战略选择，分别为：SO 战略，属增长型；ST 战略，属防御型；WO 战略，属提升型；WT 战略，属巩固型。按照企业战略分类，前两者均可划归于增长型战略。X 传媒公司的 SWOT 分析如图 4-10 所示。

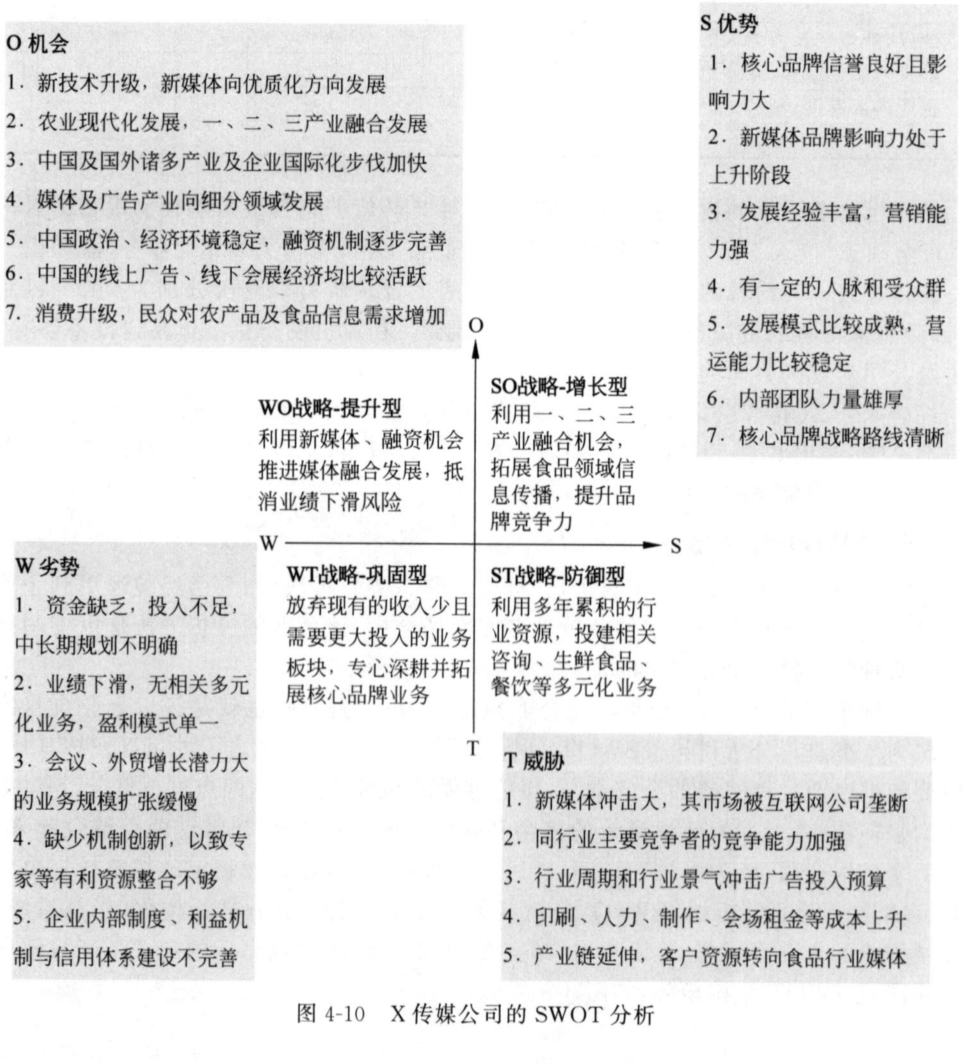

O 机会
1. 新技术升级，新媒体向优质化方向发展
2. 农业现代化发展，一、二、三产业融合发展
3. 中国及国外诸多产业及企业国际化步伐加快
4. 媒体及广告产业向细分领域发展
5. 中国政治、经济环境稳定，融资机制逐步完善
6. 中国的线上广告、线下会展经济均比较活跃
7. 消费升级，民众对农产品及食品信息需求增加
S 优势
1. 核心品牌信誉良好且影响力大
2. 新媒体品牌影响力处于上升阶段
3. 发展经验丰富，营销能力强
4. 有一定的人脉和受众群
5. 发展模式比较成熟，营运能力比较稳定
6. 内部团队力量雄厚
7. 核心品牌战略路线清晰
O
WO战略-提升型
利用新媒体、融资机会推进媒体融合发展，抵消业绩下滑风险
SO战略-增长型
利用一、二、三产业融合机会，拓展食品领域信息传播，提升品牌竞争力
W
S
WT战略-巩固型
放弃现有的收入少且需要更大投入的业务板块，专心深耕并拓展核心品牌业务
ST战略-防御型
利用多年累积的行业资源，投建相关咨询、生鲜食品、餐饮等多元化业务
T
W 劣势
1. 资金缺乏，投入不足，中长期规划不明确
2. 业绩下滑，无相关多元化业务，盈利模式单一
3. 会议、外贸增长潜力大的业务规模扩张缓慢
4. 缺少机制创新，以致专家等有利资源整合不够
5. 企业内部制度、利益机制与信用体系建设不完善
T 威胁
1. 新媒体冲击大，其市场被互联网公司垄断
2. 同行业主要竞争者的竞争能力加强
3. 行业周期和行业景气冲击广告投入预算
4. 印刷、人力、制作、会场租金等成本上升
5. 产业链延伸，客户资源转向食品行业媒体

图 4-10 X 传媒公司的 SWOT 分析

【案例讨论】

C2M之争——拼多多如何突围下沉市场

浏览拼多多的购物网站,我们会发现各种各样非常便宜的商品。当人们津津乐道于微信拼团和好友互砍时,社交圈流量裂变为拼多多引入大量低成本的用户。这些用户大部分来自消费能力较低的三、四线城市。当京东和淘宝试图专攻一、二线高消费人群,进行所谓消费升级时,拼多多的创始人黄峥用他敏锐的嗅觉发现了下沉市场的长尾效应,将目光转向三、四线及以下城市和农村地区。作为网购电商的黑马,拼多多迅速占领三、四线市场,从聚焦低成本战略到C2M(customer-to-manufacturer,从消费者到生产者)模式的先发布局。为了获取下沉市场的红利,拼多多异军突起并直逼传统电商巨头——淘宝和京东。为巩固自身地位,淘宝和京东也开始入侵下沉市场,推进C2M的战略布局……

成功占领下沉市场的关键就在于谁能率先成功完成C2M模式的落地实施。目前,拼多多的C2M模式建设仍处于初级阶段。面对两大电商巨头的进攻和挑战,拼多多该如何进行下一步的布局,突破重围,决胜C2M之争?

一、拼多多

(一)公司发展

拼多多成立于2015年,是一个大家再熟知不过的购物软件。拼多多一上线就实施低成本战略。通过大量优惠的投放以及社交拼团砍价的方式,拼多多迅速吸引了大量用户。成立两年,拼多多用户就突破2亿。随着人们消费观念的改变以及消费结构的升级,淘宝和京东更加强调产品的品质,战略重点放在中高端消费人群。在淘宝和京东等电商平台抓紧开拓中高端市场的时候,拼多多却将目标市场定位在三、四线及以下城市和农村地区。该地区竞争相对不那么激烈,但随着互联网的普及,这些地区的网购潜能逐渐增长,再加上低价对这些人群的吸引,低线城市消费市场巨大。

面对移动互联网的消费升级,拼多多创始人黄峥在早前采访中被质疑在做消费降级与大趋势不符之事。黄峥回应道:"消费升级是迎合那些3 000万的所谓中产阶级的。这些人把控着80%的话语权。但他们只不过是小众的消费人群。"诚然,拼多多近两年的发展足以证明,中低消费者才是主要战场,黄峥的选择没错。拼多多没有停下在下沉市场前进的脚步,从2018年起,拼多多开启了C2M的新电商模式,试图打开一个新的局面。

(二)公司现状

2019年6月,拼多多启动百亿元补贴大促,补贴对象达到20 000款。产品不仅有爆款的日用产品和食品等,更有苹果和小米等知名品牌。消费者能够用全网最低的价格买到心仪的商品。热销商品意味着强需求。拼多多此举正是通过热销商品补贴来加强引流,最大化获客,从而带动其他商品销售,提升客单价,做大总销量。这一活动的加码让本身通过社交网络获取流量的拼多多在更多消费者的朋友圈出现,一方面刺激老客户的活跃度,另一方面吸引了大批新用户。在用户数量方面,2019年第四季度,拼多多平台活跃买家数单季净增4 890万,超越阿里和京东最新单季的1 800万和2 760万。2019年,拼多多百亿元活动的率先加码使得GMV(总交易额)上升至10 066亿元,突破万亿元大关,全年增长113%。而阿里和京东 GMV 破万亿元用时分别近9年和15年。2012年至2019年，天猫和京东的市场份额基本分别稳定在50%和20%～30%。拼多多的市场份额从2016年到2019年由0.2%上升到12.8%，呈跳跃式增长。零售电商市场格局已定，电商三巨头形成。

拼多多增长迅速，活跃用户数量已超过京东并直逼阿里。但无论从营收、净利润还是市场份额指标来看，阿里与京东都仍远远领先于拼多多。拼多多未来发展，机遇与挑战并存。

二、网络零售下沉市场

中国网络零售市场规模这几年一直呈上升趋势。2019年，中国网络零售市场交易规模已经达10.32万亿元，占据中国社会消费品零售总额1/4。线上购物的宏观消费形式已经形成。网络用户对线上购物具有一定的依赖性，电商零售市场整个大环境前景向好。那么这些消费力量主要来自哪里？对网络用户消费市场的挖掘成为电商平台未来发展的关键。

早在2017年，三、四线及以下人口比例就高达68%，庞大的人口基数造就了巨大的市场空间。近年来，随着居民收入的不断增加，三、四线及以下城市的居民消费能力也得到了增强。随着年轻人重返生活压力不大的三、四线城市，新的消费理念在当地得到进一步传播。《2019年年度中国移动互联网报告》指出，移动互联网人口增长已达顶峰，人口红利已达上限，但三、四线用户数量仍保持高速增长，且下沉市场消费者的消费能力与意愿正在不断提升，消费潜力进一步释放，下沉的市场可以说是网络购物市场的蓝海，各大电商平台也纷纷向该市场渗透。

对下沉市场的消费者进行用户画像，我们可以发现这几大特征：越来越年轻化和个性化，熟人社交，价格敏感，品质需求增加。在三、四线城市中，女性和40～49岁的人群消费占比最高，女性的消费支出主要在服饰、化妆品和饮食上，男性主要是家具、饮食、服饰。下沉市场的移动购物人群趋向于女性化，他们在消费时更看重品质和价格，还未形成较强的品牌意识，更追求性价比，但随着市场越来越年轻化，下沉市场对品牌货的需求也越来越大。

下沉用户的网购需求逐渐多元化，但他们越来越不认同社交电商这种模式。尽管目前低价和社交圈流量裂变仍是互联网企业在下沉市场中获取用户的惯用策略，但不少用户表示这影响了正常的社交关系。相反，直播和短视频推荐逐渐火爆，近两年消费者电商平台上成单频次明显提升，特别是在直播推荐下刺激了大量消费。三、四线城市消费者时间较多，花费在偏娱乐性的营销平台上时间长。抖音、快手等 App 的出现可以说是给了传统电商平台重重一击，以电商平台直播、短视频等为主将成为电子商务的重点发展方向。

从消费品类来看，在下沉市场中，食品饮料和个护家清的消费空间最大，消费量最大。这些是消耗性产品，随着对消费品质的提升，对于苹果和小米等品牌尖货的需求也不断增加。

三、拼多多 C2M 战略

拼多多的市场定位一直都很清晰，那就是挖掘那80%的消费者能够带来的红利。上线之初,拼多多通过低成本聚焦战略,发放大量优惠补贴,吸引了大量价格敏感的消费者,用户规模短期内迅速增长,可以说是在下沉市场打开了一个突破口。但是仅仅靠低价吸引消费者并不是进一步渗透的长久之计,下层市场的消费能力不断增强,他们对产品品质的要求也会不断增加,如何既保证价格优惠、品质满足越来越普遍的个性化需求,又能保障平台和商家的利益呢?如何加快提升产业链的效能,控制成本?这是电商企业需要关注的重点问题,C2M概念的提出很好地迎合了未来的发展趋势。

2017年,黄峥在他的微信公众号上谈对C2M反向定制可能性的看法时用了一个很生动的比喻,穷人(也就是消费者)将自己的购买意愿和规划卖给富人(生产者),从而降低富人的生产风险;让一部分钱又从富人向穷人回流(也就是部分的让价和折扣),这就是拼多多的反向定制,拼多多从2018年起开始布局C2M,成为首个发展C2M模式的零售电商。

(一)C2M究竟是什么?

要分析清楚拼多多的商业模式,探究其未来的发展,首先要对C2M模式有较为清晰的认知。C2M,即"客户对生产商",通过互联网大数据分析、整合消费者的个性需求,然后直接向制造商发送生产订单,没有品牌、代理商等中间商赚差价,实现厂商—物流—客户的短路经济,消除渠道的层层溢价使消费者买到便宜实惠的产品。

C2M模式影响着从生产端到渠道端的整个产业链,特别是家电业、纺织服装业、轻工制造业。在家具市场,随着消费者生活水平、质量的提高,对家电的需求越来越个性化,对家电产品的质量和售后服务要求也越来越高。在C2M模式下,轻工制造业和家电业能够更好地满足消费者的需求,有效疏通销售渠道,减少库存,行业龙头企业受益匪浅。纺织服装行业产品更新换代快,消费需求变化快。在C2M模式下,库存减少,营销成本降低,效益更大,同时,可以根据市场偏好更好地进行产品更新设计。

最初,拼多多的低价战略是通过消费终端的直接折扣和补贴、压缩价格,但成本却并未下降,平台的营销费用逐年增加。与传统的B2C(指电子商务中企业对消费者的交易方式)模式相比,C2M模式是从源头上降低成本,可以让价格更加透明,消费者和厂家都从中获益。

(二)拼多多的C2M战略

对于企业来说,上市就像重生一样。2018年7月,拼多多成功上市,2018年12月,拼多多宣布推出"新品牌计划"。联合创始人达达说道,中小企业供给侧改革依靠需求侧改革的推动,拼多多要做的就是通过需求侧的改革让价值重新回到生产端和消费端,这就是前面我们重点强调的C2M的推进。"新品牌计划"定位就是帮助中国中小微制造企业的成长,实现低价高质的产品传到消费者手中。

拼多多计划扶持各行业内的1000家工厂品牌,并为这些中小企业提供数据支持、研发建议,让它们能以最低的价格对接消费者的需求,完成供给侧改革。这些企业长期为国内外品牌代工,有较好的制造能力。但其在营销和管理上落后,虽拥有价格优势,却很难形成规模效应。拼多多可以在一定范围内增加商品曝光度、倾斜流量,以支持其品牌化建设。截至2019年9月,包括知名品牌在内的800多家企业参与了C2M定制化生产,订单量超过了7000万单。2019年底,"新品牌计划"在施行一年后进一步升级为"新品牌联盟"，从单个企业扶持升级为整个产业集群的发展。

拼多多在 C2M 的逻辑上是从 C 端出发：C 端大量社交扩散大额订单量，厂商通过平台获取规模经济、帮助工厂降低成本，从而直接让 C 端在价格上占便宜。拼多多的 C2M 现在主要扶持的是日用品厂商，在拼多多上卖得最好的也是餐巾纸等日用产品。这些产品已经有了一定的市场，除此之外，拼多多还开展了百亿元补贴等优惠活动，进一步助力获取流量。拼多多会把补贴重点放在 iPhone 这些品牌货上，为的是通过吸引新用户完成购买，从购买体验中建设消费者对平台的信任度，它关系着用户增长，这样才能保证从 C 端出发的 C2M 可持续。

除了新品牌计划，不得不提的就是拼多多的农产品产地直销模式，黄峥在央视财经频道对他的采访中曾说拼多多最想做的事情是进一步打通农产品链条上的各环节，为整个行业探索出一条新路。在农产品领域，农产品产地直发可以大幅降低中间的流通成本和流动效率，农产品的性价比被城市消费人群接受。"拼"的模式可以在收集前端需求的基础上促进后端供应链的变革，既能让农户有稳定的农产品销售收入，又能为消费者获取更多的价格优惠。农产品销售是拼多多 C2M 的重点领域，这也是目前京东、淘宝都忽视的领域。

四、来自对手的挑战

拼多多几年来的空前发展的确让京东和淘宝眼红。作为已经在零售电商杀出一片血海的传统电商巨头，它们取得拼多多目前的成绩却用了快 10 年的时间。眼看着拼多多的不断逼近，2019 年以来，淘宝和京东等电商巨头开始陆续深入 C2M 的战略布局，电商巨头反击，拼多多面临巨大的挑战。

对拼多多来说，虽然面临着京东和淘宝等电商巨头布局 C2M 并开拓下沉市场的战略威胁，但是电商行业 C2M 模式的发展还处于初级阶段，对拼多多来说亦是机遇，如果能够在 C2M 的建设上有所成绩，拼多多会迎来新一次的崛起。

（一）京东、淘宝的反击

拼多多最初利用社交拼团模式，将流量发挥到了极致，从那时开始，拼多多就已经成功获取了大量三、四线城市用户。从一开始的京东和淘宝对拼多多低价产品的轻视到慢慢感受到来自下沉市场大量人口红利带来的消费市场，京东在与腾讯的新一轮合作中也开始利用微信入口获取流量。在 C2M 消费端的获取上，京东还联合了抖音、快手和趣头条。京东可以说通过另一个渠道间接进军下沉市场，而腾讯与阿里因为隔阂没能进行合作。如果阿里、腾讯联手，就没有其他社交电商的机会。

2019 年以来，京东旗下的京造上线 C2M 模式的个性化服务。2020 年 4 月 20 日，京东旗下的"京喜"宣布推出全新的"厂直优品"计划，包括工厂直供、产地溯源等。通过京东自有的物流体系，可以加速商品运转，提升供应链效率。2020 年 3 月，淘宝推出淘宝特价版并构造百亿数字化产区，带动 C2M 模式持续进化。对于淘宝来说，其更加注重 B 端发展。淘宝特价定位逐渐清晰，主打厂货，形成规模经济效应。淘宝特价是为了让更多人认知"厂货"这类产品并信任这类产品。

三个企业都在争夺 C2M。随着拼多多规模不断扩大，势必会与竞争对手出现重叠区域较量。有竞争必然会出现各种抵制手段。在 C2M 的建设中，优质的厂商是不可缺少的一环。但自 2019 年以来，淘宝和京东针对拼多多的二选一战争被频繁曝光。许多品牌商被迫下架自己在拼多多的店铺，否则就会面临停止资源曝光等削减流量的操作。然而在拼多多平台上，由于不用任何佣金，降低了 B 端的成本，进而降低 C 端的价格，这也吸引了很多商家的入驻。

从整体来看，不管是京东还是淘宝，它们采取的一系列措施更多的都是防御和争夺市场，在战略规划上还是缺少具有自己特色的布局和规划。相比而言，拼多多更多的是对淘宝和京东发起进攻。当年，面对阿里的竞争，京东凭借自建的物流体系在阿里面前开辟一条道路。而如今面对淘宝这样积累了多年经验并有很强实力的对手，拼多多又该如何抵抗呢？

（二）拼多多突围之战

黄峥早在财务报表中就分析过未来随着拼多多的发展势必会遭受到京东和淘宝的打压。这是不可逃避的事实。另外，随着淘宝和京东 C2M 的推进，在下沉市场上又遇到了难以回避的竞争，拼多多该如何打破藩篱呢？黄峥在致股东信中回答道，回归到普惠、人为先得商业本质中。一方面，农产品上线，进行原产地和消费端的直连；另一方面，C2M 直销，继续推进新品牌计划建设。

有竞争才会有创新。有京东和淘宝这样强劲的对手，拼多多才能不断调整、时刻保持谨慎。拼多多要想在这场 C2M 之战中突围成功，必须明白自己的优劣势，扬长补短才能建起真正的护城河，保障拼多多不断发展。

拼多多相对于淘宝和京东的优势，不仅仅在于先行一步这么简单，而是能在短时间内促成大规模拼团订单。而这类订单恰恰最符合工厂的"商业习惯"，既有稳定的订单，又不需要承担库存。拼多多以拼团起家，善于收集和汇总。一开始拼多多做的就是消费者需求收集，通过微信拼团获取大量顾客的需求，以爆款产品带量。C2M 模式与拼多多的商业逻辑天然相契，更是拼团模式的延伸。而淘宝以搜索为主、推送为辅，注重满足消费者的个性化选择。与淘宝相比，拼多多一开始的商业模式就更适合推进反向定制。

中国移动互联网年报认为："'社交裂变＋利益＋品质'是吸引下沉市场的有效手段。"目前来看拼多多已经具备了利益与社交裂变的两个点，但品质问题也的确是拼多多的痛点，未来的品控问题是其需要重点关注的环节。除此之外，拼多多模式最轻，不碰及货物物流以及售后服务，这导致拼多多与上下游的关系，只是较弱的走货渠道，与上下游的关系不够紧密。相比京东和淘宝而言，其对产品物流管理以及售后服务管理要弱很多。

当然，最受人关注的问题还是拼多多的财务问题。从上线到现在，拼多多经营状况一直为亏损。与京东和淘宝相比，拼多多在财务资源的积累和获取能力上是处于下风的，加上百万元补贴大量的现金投入，拼多多还能有足够的现金流支持吗？

五、尾声

2020 年 2 月的时候传出拼多多二次上市的风声，对公司盈利来说时间将会延长，未来能否获取持续的现金流支持，也是其能否进一步发展 C2M 模式，开拓下沉市场的关键问题。因为不管是大数据技术的研发和创新，还是厂商的扶持和流量的获取，都需要大量的成本投入，现在公司还面对京东和淘宝这样强劲的对手，公司未来应该怎么办，应该采取什么样的措施找到突破口，突出重围，决胜 C2M 之争呢？

思考题：

1. 拼多多的 C2M 模式是否成立，其模式成功关键是什么？

2. 其他主流电商如何应对拼多多的崛起？

资料来源：

［1］李泳琪. 基于拼多多的电商平台 C2M 模式创新路径研究［J］. 河北企业，2020，373（8）：74-75.

［2］拼多多新品牌计划再升级，C2M 到底能为企业带来什么？［EB/OL］.（2020-10-23）. https://www. sohu. com/a/426811284_100106801.

［3］曹磊：拼多多正向 C2M 的道路上转型［EB/OL］.（2019-02-28）. https://maimai. cn/article/detail? fid＝1144149366&efid＝F7c7qBscrw6O4TmZWajaSg.

［4］网经社重磅报告：GMV 破 10 万亿 天猫 京东 拼多多占近九成［EB/OL］.（2020-06-09）. https://ishare. ifeng. com/c/s/7xAZQUMgGZi.

［5］下沉市场变现记住 3 点：用户对价格敏感、熟人影响消费决策［EB/OL］.（2019-05-27）. https://ishare. ifeng. com/c/s/7n1eVKImoZT.

［6］反向定制 C2M 崛起，阿里巴巴、京东、拼多多在“未来制造”中博弈［EB/OL］.（2022-12-28）. https://baijiahao. baidu. com/s? id＝1753443251101760721&wfr＝spider&for＝pc.

［7］ 深度解读拼多多的下沉战略［EB/OL］.（2023-05-06）. https://zhuanlan. zhihu. com/p/627344677? utm_id＝0.

［8］新零售百科. 京东大规模部署 C2M 业务，超级供应链竞争的新赛道必将白热化［EB/OL］.（2019-11-22）. https://baijiahao. baidu. com/s? id＝1650852583620517362&wfr＝spider&for＝pc.

［9］何玺. 淘宝特价版和 C2M 战略背后的商机［EB/OL］.（2020-04-15）. https://baijiahao. baidu. com/s? id＝1664032806005645201&wfr＝spider&for＝pc.

［10］ 数据显示专注下沉市场，拼多多 6 月月活同比净增 7220 万［EB/OL］.（2019-07-24）. https://baijiahao. baidu. com/s? id＝1639928585416735487&wfr＝spider&for＝pc.

即 测 即 练

第五章

企业战略理想构建

【本章学习目标】

1. 了解什么是愿景,对愿景的内涵有一个全面、清晰的认知;
2. 学会作出一个优秀的愿景陈述,需要注意哪些方面;
3. 掌握使命的定义以及企业使命与愿景的区别;
4. 学会认知和分析不同企业愿景、使命和价值观的差异和不同的表达。

【开篇案例】

马云的公开信

各位阿里人:

大家已经看到了公司的公告,董事会已经批准 B2B(指电子商务中企业对企业的交易方式)公司 CEO 卫哲、COO(首席运营官)李旭晖引咎辞职的请求,原 B2B 公司人事资深副总裁邓康明引咎辞去集团 CPO(首席隐私官),降级另用。

几个月前,我们发现 B2B 公司的中国供应商签约客户中,部分客户有欺诈嫌疑! 而更令人震惊的是,有迹象表明直销团队的一些员工默许甚至参与协助这些骗子公司加入阿里巴巴平台!

为此,集团迅速成立了专门小组,经过近一个月的调查取证,查实 2009 年、2010 年两年间分别有 1 219 家(占比 1.1%)和 1 107 家(占比 0.8%)的"中国供应商"客户涉嫌欺诈! 骗子公司加入阿里巴巴平台的唯一原因是利用我们 12 年来用心血建造的网络平台向国外买家行骗! 同时查实确有近百名为了追求高业绩、高收入明知是骗子客户而签约的直销员工!

对于这样触犯商业诚信原则和公司价值观底线的行为,任何的容忍姑息都是对更多诚信客户、更多诚信阿里人的犯罪! 我们必须采取措施捍卫阿里巴巴价值观! 所有直接或间接参与的同事都将为此承担责任,B2B 管理层更将承担主要责任! 目前,全部 2 326 家涉嫌欺诈的"中国供应商"客户已经全部做关闭处理,并已经提交司法机关参与调查。

阿里巴巴从成立第一天起就从没以追逐利润为第一目标,我们决不想把公司变成一家仅仅是赚钱的机器,我们一直坚守"让天下没有难做的生意"的使命! 客户第一的价值观意味着我们宁愿没有增长,也决不能做损害客户利益的事,更不用提公然的欺骗。

过去的一个多月,我很痛苦、很纠结、很愤怒……

但这是我们成长中的痛苦,是我们发展中必须付出的代价,很痛! 但是,我们别无选择！我们不是一家不会犯错误的公司，我们可能经常在未来判断上犯错误，但绝对不能犯原则妥协上的错误。

如果今天我们没有面对现实、勇于担当和刮骨疗伤的勇气，阿里将不再是阿里，坚持102年的梦想和使命就成了一句空话和笑话！

这个世界不需要再多一家互联网公司，也不需要再多一家会挣钱的公司；

这个世界需要的是一家更开放、更透明、更分享、更责任，也更全球化的公司；

这个世界需要的是一家来自社会，服务于社会，对未来社会敢于承担责任的公司；

这个世界需要的是一种文化、一种精神、一种信念、一种担当。因为只有这些才能让我们在艰苦的创业中走得更远、走得更好、走得更舒坦。

令人欣慰的是，这次调查中我们发现绝大多数直销同事面对诱惑坚守住了原则，我很欣慰，在这里向他们致敬！我们更要感谢在面对这类事件中勇于站出来抗争的同事们，在他们身上我们看到了坚持诚信的勇气和原则的力量。我们看到了阿里的未来和希望！我们需要更多这样的阿里人！成非凡之事者，必须有非凡之担当！

卫哲和李旭晖的辞职是公司巨大的损失，我非常难过和痛心。但我认为作为阿里人，他们敢于担当，愿意承担责任的行为非常值得钦佩。我代表公司，衷心感谢他们对公司作出的不懈努力和贡献。

各位阿里人，B2B董事会任命陆兆禧兼任阿里巴巴B2B公司CEO；集团任命彭蕾兼任集团CPO。希望大家全力配合工作，相信我们可以让自己的公司更与众不同！

这是一个好时代，这是一个谁都不愿错过的时代！坚持理想、坚持原则能让我们成为这个时代中的时代！

If not now？when？！

If not me？who？！

此时此刻 非我莫属

马云 2011.2.21

思考题：

如何看待马云这封公开信阐述的阿里巴巴战略愿景和使命？

资料来源：马云"斩"卫哲：复原阿里史上最震撼的人事地震［EB/OL］.（2018-03-15）. https://baijiahao.baidu.com/s？id＝15949815469226627350&wfr＝spider&for＝pc.

愿景与使命是战略管理中两个非常重要的基础概念。战略管理是在企业众多的管理专业职能当中唯一具有哲学性思考需求的专业领域。战略管理的哲学性思考不仅体现在企业需要对外部世界和环境的不确定性形成客观认知，还体现在企业自身需要哲学层面的存在意义和价值体系的构建。愿景和使命是企业思考到作为组织在客观世界存在意义与相应价值系统的关键表达，也是企业众多具体管理职能当中直接需要形成组织社会价值和意义的管理系统。分析企业愿景和使命的挑战在于既要从存在意义和价值系统角度形成企业作为经济组织目标的务虚认知，还要将此存在意义和价值系统与企业具体的经营实践行为有效地关联起来。诚如《人类简史》所言，人类文明得以不断存续发展的关键在于人类社会形成了想象的共同体。企业作为工业社会最重要的基础生产力组织，在战略上的成功存续和发展同样需要在组织中构建想象的共同体,与所有人类社会文明中的组织发展一样,缺乏了想象的共同体,企业组织将难以获得推动战略性可持续性发展的驱动力。

第一节　愿　　景

一、什么是愿景

在 1994 年出版的《基业长青》一书中,詹姆斯·柯林斯(James Collins)通过分析在所处行业居于世界领先地位的 18 家高瞻远瞩公司,认为它们基业长青的理由是:那些能够长期维持竞争优势的企业都存在一个基本的核心经营理念。柯林斯将这种核心理念定义为"愿景"。柯林斯和杰里·波拉斯(Jerry Porras)于 1996 年在文章《建立公司愿景》中提出了如何建立公司愿景的核心理念,包括核心目的以及核心价值形成的愿景体系。

作为公司核心理念的愿景体系,需要在战略上说明能够让企业的相关利益者构建想象的意识共同体的机制是什么,这一机制包括企业核心目的的确定和核心价值的构建。

企业核心目的的确定需要回答企业作为追求永续存在的组织,其系统运作和各相关利益者行为指向什么目标和结果,组织的行为目标和结果是否走在正确的方向和道路上。作为确定企业核心目的的正确性判断:第一,企业核心目的的确立是否反映企业核心战略决策者对外部客观世界的真实认知,且该真实认知被实践检验是正确的。如在阿里的企业发展史当中,马云在创办阿里时其形成的对客观世界的真实认知是对互联网改变世界的信仰,阿里的企业核心目的及后续的发展运作是构建于该客观认知基础之上的。如果构建企业核心目的的决策者其认知与客观世界发展存在偏差,则企业核心目的就无法使组织的行为目标和结果指向正确的方向和道路。第二,对企业核心目的的确定与企业的目标体系存在差异。无论是企业的长中短期战略目标或具体职能目标,其目标的实现都有时间的限制性。各类具体目标并不负责回答企业永续存在的方向和路径问题,而企业核心目的则是尝试回答何为企业永续存在的基础,企业核心目的实现并不存在时间的限制性,因此在考虑企业核心目的确定时需要破除时间框架的限制,在永续基础上考虑企业组织行为目标和结果的正确性。

企业核心价值的形成需要在不同层面回答企业的每一个相关利益者,除了通过参与企业价值链的运作获得相应的利益回报之外,其长期参与企业发展的工作和行为的价值和意义是什么? 这是核心价值形成中的核心问题。

核心价值形成需要达成企业相关利益者意义的共鸣。企业在其组织内外部有各种不同层次和类型的相关利益者,其与企业的基本联系是通过价值链条上的利益产生的关联。但对企业愿景所指向的永续方向和目标而言,如何使得企业内外部尤其是内部的核心利益相关者,其意识和行为与企业的长期发展形成高度的一致性,进而使相关利益者形成一致性行动的内在驱动力和制约性,这是十分重要的。核心价值需要提供企业作为组织协同相关利益者永续发展的基本信条,需要回答企业的相关利益者除了在企业的运作和系统中实现利益获取之外,其长期与组织保持高度一致性行为的意义,此种意义即意味着相关利益者的行为和企业的行为在系统上产生了共振和共鸣,形成了以企业组织为基础的想象的意识共同体。

核心价值形成需要构建企业相关利益者真实的共识。企业相关利益者在与企业的核心价值实现意义共鸣的过程中,相关利益者会对企业的核心目的与核心价值意义之间的关系进行反馈。企业核心相关利益者需要确信本身在企业价值体系当中追求的意义并不是盲信的产物,因此需要从企业的核心目的出发构建与企业核心价值意义共鸣的正确性。当相关利益者认为企业的核心目的不符合其对客观世界的认知,且无法被说服达成对企业核心目的的共识,则企业相关利益者就无法形成与企业核心目的高度协同的核心价值意义共鸣,因此核心价值形成需要构建认同企业核心目的的相关利益者的真实共识。

二、愿景的内涵

愿景包含核心目的的确定和核心价值的形成,之后需要进一步地明晰愿景作为一个重要的战略管理工具如何在企业的战略发展中发挥作用。愿景不仅仅关乎核心理念如何提出,更在于如何在企业经营中构建出战略支撑系统实现核心目的和价值。因此对愿景内涵的解读,就是对于愿景作用机制的刻画和理解。

(一)愿景是鼓舞企业核心团队的核心目的,是企业的理想

企业核心理念通过企业理想的构建实现对企业相关利益者行为上的影响。在诸多的企业相关利益者当中,最为关键的是愿景是否能够通过核心目的指明的结果和方向,使企业核心团队产生对企业理想的理解和共识。在企业发展的重要战略节点,核心团队对基于核心目的的企业理想认同是其存在内在驱动力的关键。大部分企业在其创立之初,存在的重心及价值都是基于经济理由,但当企业发展到一定的规模之后,企业的领导者及核心团队就必须提出基于核心目的的企业理想。如果无法提出企业理想,则企业核心团队在满足其经济利益诉求之后,极有可能丧失继续推动企业前进和发展的内在驱动力。因此企业要寻找到基于核心目的的企业理想,尤其当企业发展到重要战略转折点时,通过对企业理想的理解和共识能够迅速地凝聚核心团队,并在关键时刻解决企业未来该往何种方向前进的困惑,形成力出一孔、利出一孔的局面。因此基于核心目的的企业理想能对企业核心团队产生鼓舞,驱动其为实现企业的发展理想而奋斗。

(二)愿景通过构建基于核心价值的员工心理契约实现行为一致性

企业愿景通过核心目的实现对核心团队的内在驱动,之后面对的关键问题是如何将愿景转化为对企业除核心团队之外的不同层次员工的行为约束及内在驱动机制。当面对大规模企业数万及更多员工时,要求企业核心目的理念获得所有员工的共识是完全不可能的。因此,愿景在员工激励层面并不主要通过核心目的的理念共识的构建来达成内驱化要求,而是针对不同层次的员工构建起基于核心价值的心理契约,以实现对不同层次员工的行为约束,使其行为与企业的核心目的和核心价值保持一致性。即便员工不完全认同企业的核心目的和核心价值,但在其行为层面受到基于核心价值的相关制度、文化的激励和约束,使得员工清晰地感知作为企业组织的一员:何种行为在企业中受到组织欢迎,何种行为会导致组织惩处。这驱动企业员工在行为上与企业核心目标和核心价值保持一致

性。比如华为著名的奋斗者文化,华为并不要求企业的每一名员工都高度认同其奋斗者文化。虽然奋斗者文化强调员工应有价值认同,但华为更多是通过文化塑造和组织制度实现员工行为与企业核心目标与核心价值的一致性。

(三)愿景是企业文化的基础和框架

愿景是由企业核心目的和核心价值构成的核心理念,从企业组织内部通过战略领导、核心团队及不同层次的员工的价值共鸣和目的共识形成。文化本质上就是事物之间质的差异性,企业核心价值和目的的本质决定了企业对外的差异性表达,因此企业愿景成为企业文化的基础和来源。愿景包含的核心目的和核心价值对于企业组织的质的规定性,使得企业在其存在意义上产生与其他企业的差异。不同企业的领导者及核心团队对企业核心目的和核心价值的认知不同是企业文化的差异性基础,企业能实现的是其他企业无法实现的核心目的和核心意义,企业相关利益者要为差异的核心目的和核心价值实现产生一致行动,因此核心目的和核心价值的差异性规定了企业文化的框架。企业文化作为组成愿景战略体系的有机部分,不仅仅是在外部如何对企业进行宣传和定义,更多地如何从核心目的和核心价值角度定义企业本身。比如同样是在软饮料行业的可口可乐和百事可乐公司,在产品和目标市场上具有高度的同质性,但由于两家公司在企业愿景上所设定的核心目的和核心价值差异,因此孕育和孵化出不同的企业文化,具体表现为企业价值观、企业与客户之间的价值连接以及企业市场形象的差异。

(四)愿景是相关利益者的价值共识

前面分析愿景的作用机制,重点研讨的是企业愿景如何从内部影响包括核心团队和不同层次员工对核心目的认同与核心价值的共鸣。但要在企业内外部所有相关利益者网络当中形成有利于企业核心目的实现的一致性行为,就需要所有内外部相关利益者对于核心目的和核心价值形成共识。完美的愿景机制使得企业的所有相关利益者形成共赢格局,不是简单地在经济利益上形成共赢,而是在企业核心目的和核心价值上形成认同和共鸣。企业内部相关利益者会受到核心目的和核心意义的驱动,企业外部相关利益者如政府、债权人、社区和客户都会对企业核心目的与核心价值产生足够的认同,底线是不会出现直接的反对。通过愿景的构建,整个相关利益者网络对企业保持善意,因此,企业愿景包含其核心目的和核心价值需要能够符合所有相关利益者的价值共识。

三、愿景陈述

愿景陈述本质上是在企业内部对核心目的和核心价值形成内生化的清晰认知之后,对其进行高度浓缩的提炼和简短文本表达,形成可向内外相关利益者进行沟通和宣传的信息。因此优秀的愿景陈述首先需要对企业核心目标和核心价值的信息真实反映,不是内生形成的无法反映企业真实核心理念的愿景陈述会被定位为单纯的对外宣传的技巧,无法成为对内外部相关利益者进行有效沟通和驱动的管理系统。优秀的愿景陈述不仅能够有效提炼出企业核心目的和核心价值所需要表达的信息,而且具有足够的宣传力和鼓动力,内外部相关利益者容易理解愿景信息的表达进而形成共识。优秀的愿景陈述应该从以下四个角度着手。

（一）宏伟性是体现核心目的承载的理想主义

在对企业的愿景进行描绘和提炼时，要明白愿景所表达的关键信息是企业永续发展的核心目的，而核心目的的构建本身需要从比较宏大的视角出发。当讨论一个组织存在的永恒性时，需要从社会系统、社会责任、文明发展、国家民族等宏大视角出发才有可能构建出企业永续发展的存在意义。同时愿景陈述的核心目的信息不能太过具体，一方面太过具体的愿景陈述会使企业丧失宏伟性和相应的组织扩展弹性；另一方面对于核心目的的信息表达如果过于狭窄，无法形成相关利益者在精神需求上的理想主义，企业核心目标无法成为信仰的对象。企业愿景的理想注意需要摆脱企业只是营利组织的思考，而将企业视为在社会中发挥足够作用的非关盈利的组织，构建企业永续存在的终极理想。

（二）振奋性是体现核心价值驱动的奋斗精神

对企业的愿景进行描绘和提炼，需要明白愿景所表达的关键信息能否体现企业相关利益者产生共鸣的核心价值。对于核心价值信息的提炼和表达应该实现双重目的。第一，对于核心价值的信息应该是企业核心团队形成的高度一致的共识，核心团队和战略领导者应清晰理解自身在企业的永续存在和发展中能够实现的价值，从而能够凝聚共识。第二，核心价值所传达出的信息应让企业不同层次的员工和外部相关利益者清晰认知在基于企业愿景的战略系统中的行为规则限定。不同的相关利益者能理解其行为如何与核心价值信息表达的规则产生匹配，并在此规则的限定下采取行动，以获取在规则限定下的价值回报。因此，无论是对需要形成共识的企业核心团队，还是不强制形成共识的其他相关利益者，都会受到核心价值信息的驱动形成与企业愿景具有一致性的行为。

（三）清晰性是体现企业发展的清晰共识

对企业的愿景进行描绘和提炼时，需要体现出足够的清晰性。清晰性表现在以下几个层面：一是愿景能清晰表明企业战略领导者和核心管理层对于企业永续发展的内外客观环境的真实认知，认知足够清晰、简洁、真实、有效。二是愿景陈述中对于核心目的和核心价值的信息容易被企业内外部相关利益者清晰理解，不会产生信息损耗和信息偏差。如果无法形成对于愿景所表达的核心信息的清晰理解，就有可能导致相关利益者在企业发展过程当中产生矛盾和冲突，矛盾冲突导致的战略不一致会成为企业发展的成本和障碍。三是愿景的清晰性还表现为在对外传播信息时能够准确体现企业愿景和文化基础上形成的独特个性，对外传播的企业文化和向相关利益者传递的信息能够清晰地体现出企业永续存在对于社会的独特价值。

（四）可实现性是体现终极目标的现实支撑

对企业愿景进行描绘和提炼时，还需要考虑企业愿景的可实现性问题。企业愿景所涵盖的组织核心价值和核心目的，其实在人类社会组织当中广泛存在。通过构建组织的终极理想及相应的文化价值体系，对组织的发展形成共识和推动的方法与体系早就在社会组织发展当中出现和成熟。但企业与传统组织如宗教和政党在愿景包含的核心目的与核心价值方面存在的差异在于：企业的终极目标实现需要有不断的阶段性的关键节点的正向反馈，以验证其目标的可实现性。如果在分阶段的市场份额、收入增长和利润实现等方面无法反映与企业核心目标一致的实现可能性，则由愿景形成的对组织发展的推动力就无法持续。与之相比,传统宗教组织是把愿景作为管理方法运用得非常成熟的组织,但宗教组织的终极理想和核心目标实现并不需要阶段性和节点性的认证。企业作为经济组织,一方面对其可实现性的检验要脱离单纯的经济思考,寻找除经济利益刺激之外的其他维度的组织驱动力;另一方面企业的存续和发展需要有市场份额与经济利润的保障。当企业的发展成果无法表现为足够的市场份额或利润实现时,相关利益者会对企业发挥社会影响力的路径和能力产生怀疑。因此企业愿景必须考虑其在经济上的可实现性,以形成对于企业核心目标实现的现实支撑。

第二节　使　　命

一、什么是使命

使命陈述的思想起源于彼得·德鲁克(Peter Drucker),他在《管理:任务、责任和实践》一书中首先提出了企业使命的概念,指出企业必须有本企业的宗旨和使命的明确界定,必须问清三个问题:第一个为企业是个什么样的企业;第二个为企业应该是个什么样的企业;第三个为企业将来应该是个什么样的企业。

对于使命定义的理解有以下几个方面。

第一,使命聚集企业的业务说明,对企业的认知从社会角度回归到经济角度。当企业在社会永续存在的核心目标进入具体实现阶段,就会自然关联到企业作为一个经济组织如何通过经济利润的获取满足其自身存续的基本需要。而经济利润的获取必然来自企业业务。通过对业务的界定和说明,企业的永续存在目标在具体实现上转化如何针对具体市场、客户和竞争等因素的组织系统任务。从使命角度对企业业务的说明并非简单地对业务在竞争场景当中的界定,而是要阐明企业如何从经济角度实现和完成组织的系列目标与任务,并非只关注业务获取的经济利润。

第二,企业使命是在企业愿景基础上发展出来的,使命中的价值观问题是回答企业核心价值如何与业务的发展具体结合。企业的核心价值可能体现为企业文化和道德要求,当其与业务发展的具体场景相结合时,需要明确在具体业务发展中与核心价值相关的道德要求和文化观念如何成为可操作、可落实的系统性要求。将愿景中的核心价值要求与具体的业务发展关联起来,厘清核心价值和业务发展所涉及的各个要素之间的逻辑关联,以实现业务发展行为与核心价值的一致性。

第三,企业使命与愿景的核心目的不同,业务发展目标存在具体时间限制和结果要求。企业核心目的关注的是企业在社会中的永续存在,显然是没有具体时间限制和要求的,目标重点是对于目标前进性和方向性的判断。而企业使命界定的业务存在清晰的阶段性发展目标和要求,无论是对业务的短期、中期发展目标还是长期发展目标都有发展成果判断和衡量要求。因此企业使命的业务发展目标是否达成,是在具体的时间要求和结果标准的前提下展开的。

第四,企业使命与愿景不同,其重点不是解决人的问题而是解决事的问题。愿景会重点关注企业相关利益者驱动力和行为规则问题,而使命对业务界定的关注重点是企业业务外部关系的构建。愿景通过对于企业社会角色的界定,通过与企业相关利益者的关系构建解决相关利益者驱动和行为的问题,而企业使命的业务界定不仅涉及与相关利益者的关系连接,还涉及与企业外部组织、资源和关系等要素的连接,因此企业使命更关注业务发展中涉及的不同要素,重点解决企业如何与外部要素连接的问题。

第五,管理实践上大量企业无法将愿景和使命进行有效区分。首先,愿景和使命的实践性混淆体现在愿景的核心目的和使命的业务目标产生混淆,把企业永续存在的终极目标和在有限时间之内需要完成的业务目标混为一谈。其次,错误使用使命中的企业文化和价值观直接替代整个愿景系统的核心价值,使命相关的企业文化和价值观是在企业核心价值基础上形成的衍生物。因此,在实践当中企业在无法有效区分愿景和使命时会把企业文化与价值观直接替代愿景的核心价值,需要理解企业核心价值是企业文化和价值观的基础与来源,企业文化和价值观是核心价值结合具体的业务发展需求与组织场景形成的。

二、使命陈述要素

企业构建使命陈述需要对使命所涉及的关键信息予以正确的提供和披露。有效的使命陈述需要涵盖与企业的业务和战略发展高度相关的诸多要素,因此形成了各种不同的使命要素理论。高效的使命陈述需要满足以下要求:一是明确目前公司发展的业务以及服务的客户;二是相比于愿景对终极目标的关注,使命对企业目前产品、市场和客户存在更稳定而短期的焦点;三是具有鼓舞人心的作用,并且和企业内外部所有相关利益者形成关联。

使命陈述一般包含以下四个要素。

(一)从产品或服务角度界定使命

企业的产品或服务是界定企业使命业务范围的关键要素,企业提供了什么样的具体产品或者提供何种服务满足市场上的消费者需求,是对于企业使命中具体业务范围的直接规范。通过对产品和服务的说明,企业可以明了属于同一竞争场域生产同质化产品的竞争者范围,市场竞争发生场域以及竞争方式,进而为企业确定业务战略提供逻辑基础。

(二)从需求角度界定使命

当使命界定从企业的具体产品和服务说明进一步延伸时,企业的使命重点在于界定和满足目标客户需求。从需求角度对业务的界定需要进行本质化的思考,德鲁克在给某家玻璃罐厂提供咨询时,询问的第一个问题就是玻璃罐厂的管理者对于业务的界定。显然对其业务的界定不仅限于从产品角度的说明,而且将单一玻璃罐产品拓展为容器,把能够满足的目标消费者的需求界定为收纳需求。企业明确能满足同样需求的竞争者远远大于生产同质产品的竞争者,竞争者拓展到非同一行业厂商,产品竞争成为能够满足同一需求的不同产品的竞争。即便是在传统的同一行业之内,由于需求的细分化,同质化的产品也能够被细分满足不同细分需求的目标客户,进而拓展其业务的边界或范围。

（三）从客户角度界定使命

企业使命从产品、服务和需求角度对业务进行界定之后，进一步思考从客户角度界定业务。对客户的界定描述和准确认知是企业实现业务持续发展的基础，当能够准确、清晰地界定和描述客户时，就能在此基础上准确地识别客户需求是否发生变化，或者对同一客户界定和区分出不同的需求层次。如何在对客户认知的基础上实现产品或服务围绕客户需求变化是企业业务的市场基础。

（四）从地域角度界定使命

当企业使命要素考虑地域要素时，并非简单地考虑地理区域上的差别，而是要考虑由于不同的地域转换，企业的业务是否要进入由不同质的客户构成的不同质市场。当地域转换时，由于客户发生了转变，在之前市场能够满足客户需求的产品和服务无法满足新市场空间内客户的需求，企业就进入不同质市场。进一步识别地域转换之后，客户需求发生转变的具体细节，识别不同市场空间和地域的客户需求的具体区别。在企业进入新的不同质市场时，如何重新分析企业业务的基础，调整对于企业产品、服务、需求和客户的界定。

第三节　愿景和使命实例对比

在愿景和使命的实际应用当中，企业往往把愿景、使命及核心价值观混为一谈，三者之间并未区分出明显的边界。为了对企业面对的愿景、使命和价值观进行进一步的分析，下文对三类企业的愿景、使命和价值观进行了收集和整理，包括中国国有企业、中国互联网企业和跨国公司，上述企业的愿景使命和价值观，根据其行业、国家和企业特性等方面的差异形成了各自不同的表达。

一、中国国有企业的愿景与使命实例

中国国有企业的愿景、使命和价值观的形成和表达都与中国企业在特定历史时代所肩负的时代使命感相关，国有企业在其愿景、使命和价值观当中往往表达与国家和民族相关的要素。在愿景当中频繁出现国际领先、世界一流的表达，此类表达实际上也是反映在宏观的中国经济崛起背景之下，企业形成的如何追赶和拉平与世界先进工业化国家企业之间差距的目标。国有企业在价值观上往往强调诚信、卓越、公平等要求，体现了作为国有企业本身的组织创建初心。中国国有企业的愿景、使命和价值观当中存在核心信息表达不够清晰的问题，比如中国移动对于"正德厚生、臻于至善"的表达。国有企业中存在的重点聚焦"领先、一流和卓越"的愿景和使命陈述，无法使企业形成清晰的核心目的和核心意义信息。因此中国国有企业需要在新的形势和背景下，对原有聚焦"一流、领先和卓越"等信息为主的愿景、使命和价值观陈述予以修正和调整。中国国有企业的愿景、使命与价值观如表 5-1 所示。

表 5-1 中国国有企业的愿景、使命与价值观

公司名称	公司愿景	公司使命	公司价值观
华润(集团)有限公司	成为大众信赖和喜爱的全球化企业	引领商业进步,共创美好生活	诚实守信,业绩导向,以人为本,创新发展
中国平安保险(集团)股份有限公司	国际领先的科技型个人金融生活服务集团	对客户负责,对股东负责,对员工负责,对社会负责	价值最大化是检验平安经营管理一切工作的标准
中国第一汽车集团有限公司	美妙出行,美好生活,打造世界一流、环境友好[绿色低碳(零)]、深受消费者喜爱的移动出行服务公司	树立民族汽车品牌,成为用户愉悦伙伴,强大中国汽车产业	第一汽车,第一伙伴
中国移动通信集团有限公司	成为卓越品质的创造者	创无限通信世界,做信息社会栋梁	正德厚生 臻于至善
中国联合网络通信集团有限公司	客户信赖的智慧生活创造者	联通世界,创享美好智慧生活	客户为本;团队共进;开放创新;追求卓越
国家电网有限公司	建设世界一流电网,建设国际一流企业	奉献清洁能源,建设和谐社会	诚信、责任、创新、奉献
中国银行	系统内争创一流,区域内领航同业	促进财富增值,繁荣经济	追求卓越;诚信、绩效、责任、创新、和谐
中国农业银行	建设国际一流商业银行集团	面向"三农",服务城乡,回报股东,成就员工	诚信立业,稳健行远
中国工商银行	建设最盈利、最优秀、最受尊重的国际一流现代金融企业	提供卓越金融服务:服务客户 回报股东 成就员工 奉献社会	工于至诚,行以致远——诚信、人本、稳健、创新、卓越
中国建设银行	始终走在中国经济现代化的最前列,成为世界一流银行	为客户提供更好服务,为股东创造更大价值,为员工搭建广阔的发展平台,为社会承担全面的企业公民责任	诚实,公正,稳健,创造
国家开发投资集团有限公司	建设国际一流开发性金融机构,为经济社会发展提供永续支持	增强国力、改善民生	责任,创新,绿色,稳健,共赢
中国中铁股份有限公司	行业领先,世界知名	建造精品,改善民生	建设一项工程,树立一届丰碑,培养一批人才,造福一方人民
宝山钢铁股份有限公司	成为全球最具竞争力的钢铁企业和最具投资价值的上市公司	创享改变生活	诚信、协同
中国核工业建设股份有限公司	国际核科技发展的引领者	强核强国,造福人类	责任,安全,创新,协同

公司名称	公司愿景	公司使命	公司价值观
中国航天科技集团有限公司	建设国际一流航天防务公司	科技强军,航天报国	国家利益高于一切
中国粮油食品(集团)有限公司	建立主营行业领导地位	我们奉献营养健康的食品和高品质的生活服务,建立行业领导地位,使客户、股东、员工价值最大化	自然之源、重塑你我

二、中国互联网企业的愿景和使命实例

中国本土互联网企业愿景、使命和价值观的构建与中国传统国有企业显著不同,在2000年后出现的本土互联网企业更强调企业对于全球所有市场消费者的责任,强调本身从全球化企业的角度,而不是单纯地从国家和民族视角陈述企业的愿景、使命和价值观。由于中国本土互联网企业都是新兴产业企业,不存在对先进工业化国家产业的赶超问题,因此互联网企业并不在愿景、使命和价值观中强调企业"一流、领先和卓越"的目标。对用户的重视在互联网企业的愿景、使命和价值观构建中贯穿始终,同时对于技术和创新的强调也是其愿景、使命和价值观构建的重点。中国互联网企业的愿景、使命与价值观如表5-2所示。

表5-2 中国互联网企业的愿景、使命与价值观

公司名称	公司愿景	公司使命	公司价值观
深圳市腾讯计算机系统有限公司	用户为本,科技向善	一切以用户价值为依归,将社会责任融入产品及服务之中;推动科技创新与文化传承,助力各行各业升级,促进社会的可持续发展	正直、进取、协作、创造
百度在线网络技术(北京)有限公司	成为最懂用户,并能帮助人们成长的全球顶级高科技公司	用科技让复杂的世界更简单	简单可依赖
阿里巴巴集团控股有限公司	活102年:我们不追求大、不追求强,我们追求成为一家活102年的好公司;到2036年,服务20亿消费者,创造1亿就业机会,帮助1 000万家中小企业盈利	让天下没有难做的生意	客户第一、员工第二,股东第三;因为信任,所以简单;唯一不变的是变化;今天最好的表现是明天最低的要求;此时此刻,非我莫属;认真生活,快乐工作
北京三快在线科技有限公司(美团)	通过人工智能的改进,能够每天服务10亿人次,普惠每个人,真的帮助大家吃得更好,生活更好	帮大家吃得更好、生活更好	以客户为中心、正直诚信、合作共赢、追求卓越

续表

公司名称	公司愿景	公司使命	公司价值观
北京字节跳动科技有限公司	全球协作与交流平台	无	追求极致、务实敢为、开放谦逊、坦诚清晰、始终创业、多元兼容
北京奇虎360科技有限公司	不断创造黑科技，做全方位的守护者	让世界更安全、更美好	用户至上，创新突破，诚信正直、开放协作、使命必达
北京京东世纪贸易有限公司	成为全球最值得信赖的企业	让生活变得简单快乐	客户为先：消费者、供应商、卖家；感恩、服务、成就 诚信：正直坦诚、勇于担当、信守诺言 团队：以人为本、大局为重、互信合作 创新：持续学习、不断改进、包容失败 激情：只做第一、享受工作、永不放弃
滴滴出行科技有限公司	引领汽车和交通行业变革的世界级科技公司	让出行更美好	创造用户价值、数据驱动、合作共赢、正直、成长、多元
携程旅行网	携手成就精彩人生旅程	以精益服务打造全方位、一站式的世界级旅游企业	C：customer 客户，以客户为中心 T：teamwork 团队，紧密无缝的合作机制 R：respect 敬业，一丝不苟的敬业精神 I：integrity 诚信，真实诚信的合作理念 P：partner 伙伴，伙伴式共赢合作体系

三、跨国公司的愿景和使命实例

以美国公司为代表的跨国公司，其愿景、使命和价值观体现出更为宏大的视角，具有明显的全球化意识。跨国公司在其愿景、使命中重点关注在全球范围内人类面对的共同问题，包括技术发展、能源可持续等。在公司愿景和使命的提炼上，跨国公司更关注在其本身所处的行业领域之内，如何通过具体经济问题的解决推动包括整个社会领域和人类文明视角的问题解决。跨国公司在价值观上更多地强调创新能力，这与以美国为主的跨国公司在第二次世界大战之后在全球化经济和产业体系当中形成的领导地位具有一致性。

跨国公司的愿景、使命与价值观如表 5-3 所示。

表 5-3　跨国公司的愿景、使命与价值观

公司名称	公司愿景	公司使命	公司价值观
微软	计算机进入家庭,放在每一张桌子上,使用微软的软件	随时随地地帮助人们自由地交流	广泛的客户联系,全球范围的承诺,卓越,高信度计算,创新,不断发展,可靠的平台领导地位;提供人们创新的平台
苹果	让每人拥有一台计算机	推广公平的资料平使用惯例,建立用户对互联网之信任和信心	提供大众强大的计算能力
特斯拉	加速世界向可持续能源的转变		尽力而为、冒险、尊重、不断学习和环保意识
亚马逊	成为全球最以客户为中心的公司,使得客户能够在线查找和发现任何东西	让人们可以通过简单的网络操作获得具有教育性、资讯性和启发性的商品	客户至上、创新、高标准雇佣、贵在行动、主人翁意识、节俭
英特尔	成为全球互联网经济最重要的关键元件供应商,包括在客户端成为个人电脑、移动计算设备的杰出芯片和平台供应商;在服务器、网络通信和服务及解决方案等方面提供领先的关键元件解决方案	超越未来	客户至上;理想的工作环境;以结果为导向;勇于承担风险;严明的纪律;质量的保证
惠普	我们对人充分信任与尊重,我们追求高标准的贡献,我们将始终如一的情操与我们的事业融为一体,我们通过团队,通过鼓励灵活与创新来实现共同的目标——我们致力于科技的发展是为了增进人类的福利	为人类的幸福和发展作出技术贡献	我们热忱对待客户;我们信任和尊重个人;我们追求卓越的成就与贡献;我们注重速度和灵活性;我们专注有意义的创新;我们靠团队精神达到共同目标;我们在经营活动中坚持诚实与正直
索尼	为包括我们的股东、顾客、员工,乃至商业伙伴在内的所有人提供创造和实现他们美好梦想的机会	体验发展技术造福大众的快乐	体验以科技进步、应用与科技创新造福大众带来的真正快乐,提升日本文化与国家地位。做先驱,不追随别人,但是要做不可能的事情;尊重、鼓励每个人的能力和创造力
迪士尼	成为全球的超级娱乐公司	使人们过得快活	极为注重一致性和细节刻画;通过创造性、梦幻和大胆的想象不断取得进步;严格控制、努力保持迪士尼"魔力"的形象

通过对中国国有企业、中国互联网企业和跨国公司愿景、使命和价值观的对比分析可以发现:处在不同时空背景以及不同的市场基础上的企业,其愿景、使命和价值观的构建

会出现明显的时空背景约束,企业的愿景、使命和价值观并不是一成不变的。即便是在企业本身的发展过程当中,愿景、使命和价值观也存在着不断调整和不断修正的可能性。

首先,企业面对的外部环境发生重大改变时,企业的愿景、使命和价值观需要予以相应调整和变化,尤其当企业所面临的外部环境出现重大的关键历史转折,企业为应对外部环境剧烈变化就有可能颠覆和重构自己之前形成的愿景、使命和价值观。

其次,当企业本身的业务由于外部环境的变化而发生变化时,企业需要调整自己的愿景、使命和价值观。当企业在外部环境的影响下其业务范围发生变化时,企业对愿景进行改变,相应的使命和价值观都要发生变化。特别是当企业想要发展与企业传统业务截然不同的业务时,就需要对其愿景、使命和价值观重新构建。

最后,企业相关利益者共识和地位发生变化会导致愿景、使命和价值观的调整。当战略领导者和核心团队对企业的未来发展在认识上产生转变时,就需要对企业原有的愿景、使命和价值观进行调整,转变往往是在战略领导者和核心团队识别到外界环境趋势的重大变化后发生。比如腾讯对其战略重点从资本和赋能双轮驱动企业发展的认知转向产业互联网驱动企业发展的调整,就反映了马化腾及其核心团队对腾讯所面对的外部环境重大趋势变化的识别。除了核心团队和战略领导者之外,其他对于企业产生关键影响的相关利益者,比如政府和客户对企业的认知与利益关系发生了变化,同样会带动企业调整其愿景、使命和价值观,以适应这种变化。

【案例讨论】

"蔚来"有没有未来

20 世纪以来,随着经济的快速发展,传统燃油车实现快速增长,与此同时我国的环境保护负担加重了,且可以预测的是如果不进行技术变革,在未来一段时间我国很可能面临能源危机。相比传统燃油车,新能源汽车在动力、节能、环保等方面具有比较优势,它满足国家对环境保护的要求,是未来汽车领域发展的必然方向。

一、新能源汽车产业发展

在传统汽车领域,我国较发达国家落后。但在新能源汽车刚刚兴起时,国家就出台一系列政策鼓励和支持新能源产业发展。2001 年,新能源汽车研究项目首次被列入国家"十五"期间的"863"重大科技课题。2017 年,工业和信息化部发布了《新能源汽车生产企业及产品准入管理规定》,同时,国家发改委将新能源汽车纳入《国家鼓励类产业目录》,这一系列文件的颁布开启了新能源汽车发展历程。2009 年,国家和各地方政府颁布了数条新能源汽车标准,例如电动车技术国标、充电桩国标等,之后国家和地方政府还出台了各种扶持政策,例如新能源汽车补贴、增设新能源汽车示范推广城市、免征购置税等。在各种扶持政策的鼓励下,许多传统车企开始考虑扩展其新能源汽车业务,如北汽、比亚迪、奇瑞等。

如图 5-1 所示,2011 年之后,新能源汽车在技术上实现了重大突破,整个行业的产销数量大幅度增加,我国新能源汽车驶入快速发展轨道。2015 年 7 月,国务院印发《国务院关于积极推进"互联网+"行动的指导意见》,指导意见肯定了"互联网+"新能源将成为汽车行业未来的发展方向。新能源汽车的产业规模进一步扩大。数据显示,自 2015 年起我国新能源汽车产销量保持高速稳定增长,2019年的产销量达到了125.6万,中国新能源汽车产业经过20多年的发展,产销规模在2022年突破650万辆,成为全球最重要的新能源汽车市场。2022年,在《新能源汽车产业发展规划(2021—2035年)》的大力推动下,新能源汽车成为行业最大亮点,产销量8年蝉联世界第一,累计销售达1 500余万辆。2022年新能源汽车销量为688.67万辆,同比增长95.62%,占汽车总销量25.64%。其中纯电动汽车销售535.31万辆,同比增长84.55%。

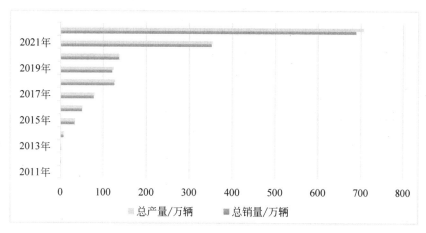

图 5-1　2011—2021 年中国新能源汽车产销量统计

在新能源浪潮下,中国新能源汽车产业的发展路径也越来越多样化,除了传统燃油车企业拓展新能源汽车业务,一些在资本、资质、品牌和产品设计、量产准备等各方面积累较为深厚且进展较为顺利的造车新势力也逐步出现在大众视野中,例如车和家、威马汽车、小鹏汽车、蔚来汽车等。如表5-4所示,众多造车新势力大致可以分为三个阵营:互联网造车、传统汽车人、跨界造车。互联网造车作为一种新思维,受到大家的广泛关注。而在互联网造车阵营中,蔚来汽车凭借其雄厚的资本、独树一帜的风格,成为其中的佼佼者。

表 5-4　主要造车新势力简要情况

造车新势力	成 立 时 间	造 车 阵 营
蔚来汽车	2014 年 11 月	互联网造车
车和家	2015 年 7 月	互联网造车
小鹏汽车	2015 年 1 月	互联网造车
奇点汽车	2014 年 12 月	互联网造车
威马汽车	2015 年 12 月	传统汽车人
电咖汽车	2015 年 6 月	传统汽车人
爱驰汽车	2016 年 10 月	传统汽车人
拜腾汽车	2016 年 3 月	传统汽车人
前途汽车	2015 年 2 月	跨界造车
零跑汽车	2017 年 1 月	跨界造车
合众新能源	2014 年 10 月	跨界造车

二、蔚来的发展机遇

（一）蔚来的发展历程

北京时间 2018 年 9 月 12 日，在大洋彼岸的美国，一家中国电动汽车制造企业在纽约证券交易所拉响了属于它的汽车铃声。它就是蔚来汽车。此次蔚来汽车的 IPO 意味着它将成为继特斯拉之后在美国上市的第二家大型电动汽车制造商，也是首家在美国上市的中国电动汽车制造商。

蔚来汽车成立于 2014 年 11 月，由李斌、刘强东、李想、腾讯等联合发起创立，并获得高瓴资本等数十家知名机构投资。蔚来汽车成立之初即订立差异化的产品策略，2017 年初发布首款电动超跑 EP9，树立了高端的品牌形象。除了研发高端跑车，蔚来汽车也相继推出几款量产车型来扩大品牌影响力，如 ES8、ES6 等，如表 5-5 所示。

表 5-5　蔚来汽车上市产品

产品名称	上市时间	定价/万元
ES8	2017 年 12 月	46.8
ES6	2018 年 12 月	35.8
EC6	2020 年 7 月	36.8
ET7	2021 年 1 月	44.8
ET5	2021 年 12 月	32.8
ES7	2022 年 6 月	46.8
EC7	2022 年 12 月	48.8

（二）生产模式

与传统汽车制造商相比，蔚来汽车的第一个创新体现在生产管理上。传统汽车公司往往采用重资产投资的模式，需要融入大量资金进行土地、厂房的建设及各类大型设备的购买。这样的生产模式对新成立、固定资产存储量较少的造车新企业而言是难以承受的。蔚来公司充分意识到传统生产模式的不适应性，因此，在开发的早期阶段，蔚来公司选择了另一条生产路径——代工生产。2016 年 5 月，蔚来汽车与江淮工厂签订 ES8 的五年制造合同。合同规定，江淮工厂建立新的制造工厂和生产线，蔚来汽车自己购买制造工具。同时，蔚来汽车将派遣 150 名员工进入江淮工厂，担任生产、质量、培训的管理岗位。在这种生产模式下，蔚来汽车无须投入大量的资金进行厂房的建设、设备的购入，车辆的研发和设计仍由蔚来汽车负责，具体的量化生产外包给江淮汽车。

随着新能源汽车的研发、生产与销售逐步走上正轨，蔚来汽车发现代工的生产模式无法完全掌握生产线和供应链，无法保证车辆的高质量生产。而且蔚来汽车产品定位为高端纯电动品牌，与江淮工厂的品牌定位存在较大差距，若一直采用代工模式，将不利于蔚来汽车提升品牌定位。因此，在积累了一定的生产经验之后，蔚来汽车开始着手自建工厂——蔚来第二工厂，该工厂将落户上海嘉定。

（三）研发形式

在产品研发方面，蔚来汽车与其他传统车企或其他造车新势力相比的特殊之处就在于蔚来汽车的研发资金投入非常巨大，且其汇集全球智慧开展研发活动。蔚来汽车先后在全球四地建立起研发基地：上海、硅谷、慕尼黑和英国。蔚来汽车的全球工程中心位于中国上海，车辆设计总部位于德国慕尼黑，软件和自动驾驶技术由北美总部设计和开发，在英国设立 Formula E 方程式（一种赛车运动）总部。总的来说，蔚来汽车选择积极与国际大品牌供应商合作，以达到研发与设计造型前卫、性能优良的高端电动汽车的目标。这样的研发形式一方面与蔚来的产品定位相契合，有助于蔚来的品牌建设；另一方面也使得蔚来与传统车企普遍采用的"低质量-高数量-低利润"的供应商体系区分开，获得了新能源汽车市场的高度关注。蔚来汽车的技术布局如图 5-2 所示。

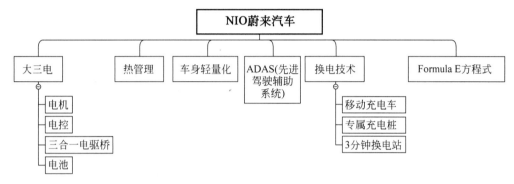

图 5-2　蔚来汽车的技术布局

（四）销售模式

打破传统思维，蔚来汽车采取了"线下体验＋线上购买"的直销模式。首先，蔚来汽车开发了官方网站和手机端 App，消费者可在线上查看关于产品、汽车充电和售后服务的全面介绍；若消费者对某款车型感兴趣，可线上申请到体验店试乘试驾；若消费者试驾满意并打算购买，可以在线上完成产品的购买全流程；并且所有售后服务也都可以在线上申请办理。借助这种创新销售模式，蔚来汽车省去了经销商这一环节，直接与客户沟通。这一模式不仅为客户带来最便捷的购车体验，同时也将自身收益最大化。

（五）盈利模式

在汽车产业链中，总利润一般由整车制造、汽车金融、汽车零部件、汽车维修等部分构成。传统汽车生产商的利润主要涉及整车制造环节。蔚来汽车作为一家高端纯电动汽车生产商，它的收入来源相比传统的车企要丰富许多。除了整车制造环节赚取利润外，蔚来汽车的售后服务也将贯穿新能源汽车的整个生命周期，进而赚取到车辆销售、汽车维护等其他环节的收入。如图 5-3 所示，由于电动汽车的电池需要定期升级、软件服务需要定期更新，所以在售后蔚来汽车为客户提供了会员服务。会员服务中"服务无忧"套餐费用为14 800 元/年，该套餐提供免费维修、免费保养等服务。有数据显示，90% 以上的客户选择购买蔚来汽车的会员服务，会员服务成为蔚来汽车主营业务收入的重要组成部分。

图 5-3　蔚来汽车的收入来源

三、立足平台，服务为王

在工业时代，汽车生产商主要关注产品、价格、渠道和促销，例如福特汽车的 T 型车。在产品供给较为充分的信息时代，消费者偏好及消费者选择成为汽车生产商需着重考虑的因素，汽车企业往往需要进行市场细分，针对消费者的差异化需求，开发最有特色的产品，例如沃尔沃主打汽车安全。

而在互联网时代，互联网正在逐步改变人与人、人与厂商之间的交互方式，引起产销的巨大变革，消费者更注重体验、企业价值观。蔚来汽车就是一家具有前瞻性眼光的造车企业，它是国内第一家采用"互联网思维"造车的企业。蔚来汽车始终把人放在第一位去思考，它认为汽车行业变化的核心应该是用户体验，不断优化服务成为蔚来汽车营销战略中的关键一环。

为了加强与客户的交流，最直接地了解用户的真实需求，蔚来汽车打造全方位的线上、线下服务平台。首先是线上平台——蔚来 App，平台的四个栏目分别提供服务、社交、媒体、商场功能。消费者可以通过蔚来 App 实现一键购车，同时蔚来汽车用户也可以在 App 上申请与体验一站式的售后服务。除此之外，汽车爱好者也可以在线上社区相互分享与交流。截至 2020 年 8 月底，蔚来汽车 2020 年已交付 21 667 台，App 日活跃用户稳定在 15 万以上，社群已初具规模。

再来看蔚来汽车独具特色的线下销售网点——NIO House。蔚来中心坐落于城市的核心商圈，从外观上来看，其 VI(视觉识别)设计非常互联网化，类似于 Apple、Google 的硅谷风。这种极具设计感的外观吸引了不少消费者的关注。蔚来中心内部设计为两层：一层为展厅；二层为顾客提供自由空间，包含休息区、餐饮、亲子等功能。坚持以用户为中心，蔚来汽车最大限度地为用户提供良好体验。

四、蔚来汽车的挑战

蔚来汽车作为一种造车新势力，其创新的运营模式的确使人耳目一新，但就目前而言，其发展状况并非良好，可以说蔚来汽车正面临着巨大挑战。

(一)盈利惨淡

根据财务报表，蔚来汽车成立至今亏损持续加大，如图 5-4 所示，2017—2019 年公司净亏损分别为 50.21 亿元、96.39 亿元和 113.00 亿元。作为尚处在成长期的企业，蔚来汽车投入大量资金进行产品研发：2017—2019 年公司研发费用分别为 26.03 亿元、39.98 亿元和 44.29 亿元，且可以预计在未来的一段时间内研发费用仍持续增长；在销售、管理方面，由于新车上市及蔚来中心的增设，近几年来营销费用大幅增加。目前来看，蔚来成功上市并实现量产的车型仅三种，且其营收规模在整个新能源汽车市场上占比较少，可以预测蔚来近两年实现盈利的难度较大。

(二)汽车行业的市场竞争

蔚来汽车在成立之初，主要采取蓝海战略，蔚来汽车以"新能源＋智能化"为基数优势，首先切入了传统汽车的产品空白区，第一款量产车 ES8 车型大，价格高，恰好满足了这一部分消费者的诉求。但长远来看，这一市场容量相对有限，很难在销量上有大的突破。且根据第一电动网统计，仅 10.2% 的消费者愿意接受价格在 30 万元以上的新能源汽车。如果蔚来汽车拓宽大众市场，批量生产 20 万元以下的车型，又势必面对传统车企

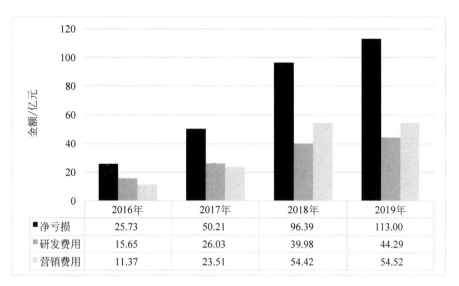

图 5-4　2016—2019 年蔚来汽车财务数据（部分）

资料来源：NIO 蔚来［EB/OL］. http：//emweb. eastmoney. com/PC_USF10/pages/index. html?
code＝NIO＆type＝web＆color＝w♯/cwfx. 由蔚来财务分析的综合损益表年报整理得来。

的激烈竞争，如表 5-6 所示。从长远来看，随着国家对新能源汽车补贴的缩减、电驱动技术日渐成熟，越来越多的传统车企逐渐往新能源和智能化转型推进，这就使得蔚来汽车目前采取的蓝海战略失效，新能源汽车市场竞争加剧。

表 5-6　传统造车企业与新势力造车企业售价对比

企　　业	车　　型	售价/万元
新势力造车企业	蔚来 ES8	46.80
	蔚来 ES6	35.80
	蔚来 EC6	36.80
	特斯拉 Model 3	30.99
传统造车企业	荣威 ERX5	27.20
	荣威 Marvel X	38.30
	北汽 EV	9.99
	比亚迪宋 EV300 SUV	26.60
	比亚迪汉 EV	22.98
	长安逸动 EV	8.50

资料来源：第一电动网［EB/OL］. https：//www. dlev. com/. 根据车型搜索整理得出大致售价对比。

（三）传统车企的比较优势

相比于传统汽车，蔚来汽车在品牌价值和成本方面也处于劣势地位。

在品牌价值方面，老牌汽车，如奔驰、丰田、吉利等，它们都经历了几十年甚至上百年时间来沉淀品牌价值；蔚来汽车成立时间不足 6 年，知名度远远比不上老牌车企，这就使得蔚来汽车很难获得品牌溢价优势。

在成本方面,虽然前期蔚来汽车采取江淮代工的模式可以降低成本,但由于生产规模有限,无法取得规模优势,削减成本的效果并不明显;蔚来汽车采取的直销、网上销售的模式也在一定程度上降低了销售环节的成本,但近年来蔚来汽车在线下增设多家蔚来中心、研发充电车、建设换电站方面亦投入大量的资金。

五、蔚来汽车的未来

2021 年 12 月,财政部、工业和信息化部、科技部、国家发改委联合发布《关于 2022 年新能源汽车推广应用财政补贴政策的通知》。通知指出:"为保持新能源汽车产业良好发展势头,综合考虑新能源汽车产业发展规划、市场销售趋势以及企业平稳过渡等因素,2022 年新能源汽车购置补贴政策于 2022 年 12 月 31 日终止,2022 年 12 月 31 日之后上牌的车辆不再给予补贴。"也就是说,进入 2023 年,新能源汽车的购置补贴将取消。对于新能源汽车,原材料的涨价压力一直在,并且不断升温,成本压力增大;而补贴的取消,更让不少还未实现盈利的车企压力山大。2022 年 12 月,国内主要新能源车的三季报出炉。一直以来被大家放在一块比较的蔚来、小鹏和理想,不免被业界拿来进行一番财报比拼。然而,出乎意料的是,一直以来在造车新势力中稳居老大哥位置的蔚来,虽然营收最高,却亏损更多,相比之下,小鹏和理想的毛利率反而略胜一筹。

蔚来汽车似乎陷入"卖得越多,亏得越多"的怪圈。新能源汽车经过了多年的发展,作为造车新势力第一股的蔚来汽车,却还在追求盈亏平衡的路上。除了盈亏平衡遥遥无期,2022 年三季报显示,蔚来汽车的毛利率和净利率也逐年下降,三季度,蔚来汽车的毛利率为 13.3%,与 2021 年同期的毛利率 20.3% 相比下降 7 个百分点。2022 年三季度,蔚来的净利率为 -32%,与 2021 年同期的净利率 -8.5% 相比下降 23.5 个百分点。与此同时,小鹏汽车毛利率则有所改善,其第三季度毛利率为 13.5%,环比增加 2.6%;汽车利润率为 11.6%,环比增加 2.5%。理想汽车第三季度的车辆毛利率为 12.0%,而去年同期为 21.1%,今年第二季度为 21.2%。

11 月 27 日,蔚来汽车举行了同 CEO 李斌的面对面活动。针对蔚来汽车何时盈利的问题,李斌表示:蔚来的亏损主要源于当前巨大研发投入,主要在芯片、手机、子品牌、电池领域,每个季度的研发投入在 30 亿元以上,希望多卖车去分摊研发成本,另外,由于锂矿等电池原材料涨价,公司将一部分原材料上涨价格承担了下来,而非全部通过产品涨价的方式转嫁给消费者,也导致公司少了几十亿元的毛利,所以今年是比较难的。但是公司对未来的发展仍然充满信心,蔚来之后的毛利率仍然有较大的提升空间。

据李斌介绍,蔚来汽车每季度的研发费用将稳定保持在 30 亿元左右,同时持续提升研发的体系化效率。在既有新能源产品布局方面,随着蔚来 ET5 开启交付,蔚来 2022 年新能源汽车切换季完成。补能体系方面,截至 11 月 10 日,蔚来已在全球累计布局 1 210座换电站,为用户提供超 1 400 万次换电服务;累计部署 2 055 座充电站。专注于研发,不断推陈出新,用研发谋求长远布局,这也是公司管理层对于蔚来汽车未来的毛利率增长一直充满信心的原因。

六、尾声

在蔚来汽车的财报中,我们可以清晰看到一个企业坚定的长期主义:不是那么在意眼前的得失,而是更在意长期的坚守。而最有价值的一点就是:这份坚守在企业诞生的一刻起就已经注定。这在一个充满变化和不确定性的时代,算得上实属难得了。所以,或许我们用不着探讨"蔚来凭什么赚钱",这个行业更需要去看见的,是"蔚来凭什么活成了蔚来"。进入 2023 年,新能源补贴取消后,市场的优胜劣汰将更激烈,要完善造血能力,实现可持续的盈利,蔚来汽车仍需要负重前行。

思考题:

蔚来能在新能源汽车产业未来的发展中生存下来吗?

资料来源:

[1] 张凤玲.蔚来真有"未来"[J].中国品牌,2022,182(8):66-68.

[2] 李伟,祝运海.蔚来汽车:能否创造自己的"蔚来"时代?[J].清华管理评论,2022,98(Z1):104-112.

[3] 章涌,沈嘉鸿,向永胜.CRM 在用户服务的创新研究——以蔚来为例[J].中国经贸导刊(中),2020,980(9):145-146.

[4] #三问蔚来汽车越卖越亏损#[J].中国经济周刊,2022,842(22):13.

[5] 李韵石.三地上市却仍亏损,蔚来汽车能否突围[J].法人,2022,220(6):70-72.

[6] 杨佩汶.蔚来如何靠用户运营,让 14 万用户每人掏 40 万元?[J].销售与市场(管理版),2022,727(4):87-91.

[7] 陈永亮.蔚来新能源汽车营销策略研究[D].武汉:中南财经政法大学,2022.

[8] 孙雪琴.新能源汽车创新生态系统对企业价值创造的影响研究[D].蚌埠:安徽财经大学,2022.

[9] 蔚来汽车:国产新能源汽车中的佼佼者[EB/OL].(2023-01-20).https://www.yooja.com/ask/17-12178567352065030959.html.

[10] 车界观察:传统汽车人"跨界"造车新势力[EB/OL].(2018-07-12).https://www.sohu.com/a/240679422_114798.

[11] 新造车鄙视链初见雏形,谁是坐上链条顶端的王者?[EB/OL].(2019-08-09).https://www.youcheyihou.com/news/235573.

[12] 2018 造车新势力年终靠谱指数出炉!该选谁家你心里还没数吗?[EB/OL].(2019-01-07).https://baijiahao.baidu.com/s?id=16219703003182561768&wfr=spider&for=pc.

[13] 走进蔚来:创设"IPBP",深度链接研发与知产以赋能业务成功.[EB/OL].(2023-05-16).https://www.163.com/dy/article/I4S79OGL0552FJDU.html.

即 测 即 练

第六章

企业战略能力识别

【本章学习目标】

1. 了解企业内部的资源、能力、核心竞争力的意涵与联系；
2. 思考从资源和能力的角度，打造企业的竞争优势；
3. 了解企业内部环境分析的框架与方法；
4. 认识企业核心能力可能的核心刚性；
5. 了解企业建立可持续竞争优势的方法。

【开篇案例】

飞书——字节跳动的内部创业

近年来，远程办公成为企业级互联网应用行业的热门，互联网大厂出品的协同办公产品屡屡成为市场焦点。数字办公市场巨头林立，阿里的钉钉、腾讯的企业微信都是集成IM通信(即时通信)、日程管理、办公协同和三方应用的超级移动办公平台。根据2019年年底腾讯在企业微信3.0发布会上所宣布的数据，入驻企业微信的企业已经达250万家。而钉钉在2019年宣布入驻企业组织超1 000万，个人用户超2亿人。不过，钉钉和企业微信的企业用户量加在一起也没有覆盖超过15%。毕竟，市场监管总局公布的数据显示，截止到2018年底，全国实有市场主体达1.1亿户，其中企业是3 474.2万户，2018年新增市场主体2 149.58万户，新增企业670万户，平均每天新增企业1.83万户。

2019年9月，字节跳动首次面向国内用户推出了办公产品——飞书。回顾字节跳动的发展历史，2012年刚创立时用的是Skype，然后是微信企业号，再到Slack和钉钉。曾经，字节跳动还是钉钉最大的外部企业用户。2016年开始，字节跳动意识到这些工具都不能满足公司的效率要求，发现市场上的各种工具"跟不上这个时代"。字节跳动打造了多个爆款App，在产品设计、用户体验和获客上都独有心得。因此，字节跳动的谢欣带领效率工程部门开始自主研发办公协同工具，直至2016年飞书雏形诞生。2019年9月，谢欣团队决定将飞书办公套件推广到国内市场，并取了中文名称"飞书"。谢欣称，这款软件在字节员工之间用得十分顺利了，才选择拿到市场上。

谢欣于2015年4月加入字节跳动，此前，谢欣曾与张一鸣在在线旅游搜索引擎酷讯共事过，谢欣在酷讯时期担任CTO(首席技术官)。而更重要的是，谢欣是第一任人力资源负责人，也可能是国内唯一一个做技术出身的HR。这源于谢欣本人对团队管理、文化建设和内部IT系统建设的丰富兴趣，加之其计算机专业的背景，谢欣成为研发飞书的最佳人选。

据谢欣透露，虽起于内部需求，但在打造产品过程中，他们尤其强调的一点是，这是一款通用工具，而非输出字节跳动的价值观和做事方式。"我们努力打造的是一款具有普适功能的产品，尽量使其适合各个行业。"与2016年内部自研办公套件同步进行的是，字节跳动在外部对to B产品（面向企业的产品）的投资收购，而朝夕日历、石墨文档、坚果云、蓝猫微会分别对应的日历、在线文档、云盘、视频会议等飞书着重加强的功能。

从痛点出发，谢欣把办公工具市场的问题总结为三点：第一，生产力工具严重缺乏变革：产品应该面向屏幕，并且手机阅读体验友好，而不是面向打印机。此外，产品应该方便团队共同使用、创作和交互。第二，工具对组织的影响：工具应该激发员工的智慧，而不是让员工抗拒。第三，B端产品用户体验：和C端产品相比，B端产品的用户体验并不友好。上述经历和思路便是飞书的起点。2017年，字节跳动在全公司推广使用飞书，公司内部的协作统一到了飞书平台上，飞书保障了字节跳动全球10万人高效协作。此后，飞书又进一步拓展市场，成为字节跳动的to B产品。

2020年上半年，飞书宣布所有用户均可使用飞书全部套件功能，并免费享受飞书标准服务。经过半年时间的发展，飞书获得了众多大客户的青睐。据飞书官方资料显示，小米、猎豹移动、蔚来汽车、货拉拉、得物、G7和马蜂窝等一系列新经济公司都在使用飞书进行协同办公。

就拿小米来说，小米业务众多，各子公司与各部门之间多是独立运作，员工用的是各自的个人IM工具，通过离线文档来同步项目信息，视频会议、云盘、邮件等更是处于多套工具并用的状态，工具的繁杂大大降低了公司的效率。自从2019年10月小米公司引入飞书之后，小米打通了各个办公功能，沟通效率大大提升。雷军更是公开为飞书"站台"，称飞书"越用越顺手"。

企业软件作为一款B2C工具，最终的服务对象依然是个体。从一款一站式企业办公软件到先进组织管理软件，飞书依然是简单、好用和人性化的。这一点理想汽车的李想很有发言权。李想与飞书有一个关于iPad端使用体验的"花絮"。在使用过飞书之后，李想曾给飞书提了一个需求："飞书是什么都好，就是iPad功能远远弱于电脑端，希望能尽快加强，越来越多的公司高管开始使用iPad办公，比电脑更轻巧便捷。"受到启发的飞书立即启动了iPad端的功能优化。现在飞书已经可以说是iPad上最好用的办公套件：飞书iPad版本的办公效率直追电脑——甚至在有些场景下能完成在电脑上做不到的工作，如绘图，极大地提升了工作效率。在飞书4.0的更新中，这种追求用户体验的小细节处处可见，比如飞书在企业文化中推出了企业开屏定制功能，用户可以自定义配置开屏图片素材。

2018年中国企业级SaaS（软件即服务）市场规模为243.5亿元，较上年增长47.9%。预计未来三年内中国企业级SaaS市场将保持39.0%的年复合增长率，到2021年整体市场规模将达到654.2亿元。从去年年底开始，Lark和飞书也开始寻找合作者。2019年10月，Lark举办"巡洋计划"开发者大赛。据36kr报道，Lark以平台零分成的招牌招募开发者，未来重点拓展北美、日本等海外市场。飞书也在12月启动SaaS开发者社群。与企业微信、钉钉相同，飞书也开始了生态搭建。谢欣表示，目前飞书提供开放平台，企业可以将内部已有系统快速集成到飞书，或自主介入 API（应用程序编程接口）第三方工具，也支持开发者自主开发新应用。

飞书的故事还将继续，飞书的挑战也才刚刚开始。

思考题：

1. 飞书作为字节跳动的内部创业，是如何发现机遇、如何开发机遇的？

2. 企业应该如何判断自身的优势以及优势的持续性？

资料来源：

［1］ 字节跳动加速推广飞书的动因：C 端流量见顶，海外业务受阻［EB/OL］.（2020-12-07）. http://www. cniteyes. com/archives/37171.

［2］ 飞书不是办公套件，是字节跳动的 to B 计划［EB/OL］.（2020-02-13）. https://www. sohu. com/a/372657220_115565.

［3］ 飞书叫阵微信，企业办公的功守道［EB/OL］.（2021-01-12）. https://www. 163. com/dy/article/G066G8SK0511IVLQ. html.

［4］ 飞书是张一鸣的 to B 入场券吗？［EB/OL］.（2020-02-18）. https://www. tmtpost. com/4252842. html.

［5］ 谢欣谈飞书：不止是解决痛点 而是追求新的可能性［EB/OL］.（2020-11-17）. https://it. gmw. cn/2020-11-17/content_34375792. htm.

第一节　资源、能力和竞争优势

"基业长青"是企业的永恒目标，一个企业的成功，离不开企业内部实力的建设和内功的修炼。当今世界的竞争格局和企业微观的竞争格局充满了不确定因素，企业与竞争对手之间的竞争也变得更具深层次和动态性。企业若想实现可持续发展，实现基业长青，就必须考虑在自身能够获取和利用的资源上进行深入挖掘。企业的战略，尤其是中长期战略，是无法仅通过定位和愿景就能实现的。企业的战略必须分辨企业外部环境存在的机遇与挑战。当企业对市场环境、政策环境、竞争环境等有了更加深层次的认知，以及对外部环境存在的机会和威胁有了清醒而深入的判断之后，企业的战略管理者需要聚焦企业内部，对企业内部的环境进行讨论。想要打造可持续企业或组织，就需要全面、系统、科学地分析企业内部的优势与劣势，通过内外部分析并进行匹配，更好地利用自身的优势，弥合或隐藏自身的劣势，从而为制定和实施企业战略创造可能。

公司战略研究专家罗伯特·格兰特（Robert Grant）教授指出，当企业的外部环境复杂多变时，企业本身的资源和能力将会成为决定企业特征更为稳定的基础。因此，在进行内部环境分析时，我们需要围绕企业的资源和能力进行，通过将企业内部各类信息与评价通过科学的方法进行全面的整合与判断，从而实现更有价值的企业内部识别。

资源基础理论（Resource-Based Theory）认为，企业是各类资源的有机组合。因此，企业内部的资源比外部因素对企业能否获得竞争优势的影响更大。基于资源基础观的理论视角，帮助企业识别和开发机会，同时规避威胁与风险，就是公司资源的实质。

资源是公司在进行经营活动中的各种投入要素。按资源的形态，资源可以分为有形资源（tangible resources）和无形资源（intangible resources）。

有形资源是指"可以看得见、摸得着、能够被量化"的各类资源。有形资源通常来说都可以体现在公司的财务报表之中。如表 6-1 所示，有形资源主要包含财务资源、组织资源、实物资源和技术资源。

表 6-1　有形资源的分类

类　型	举　例
财务资源	企业的内外部资金、债权等
组织资源	公司结构、管理系统等
实物资源	厂房、办公场所、设备等
技术资源	专利、商标、版权、商业机密等

财务资源包括企业物质或者非物质生产要素的货币体现，包含体现在企业账册中或者能以货币计量的各类经济资源，如资金、债权等。组织资源包含企业所特有的组织结构、内部报告系统、信息系统等。实物资源，又称物质资源，其涵盖面很广，包含厂房、公司办公场所、设备、原材料、机器等。技术资源，包含可以被认定所有权的专利、商标、数据、版权、商业机密等。

与有形资源相比，企业的无形资源是指那些"看不见、摸不着、相对来说难以被量化"的资源。无形资源是指随着企业发展而不断产生和积累的资产，无形资源因为难以寻找其起源、运作方式、使用过程等，竞争对手更难以分析和模仿。因此，这些大部分无法反映在企业财务报表中的资源，反而更加重要。如表 6-2 所示，无形资源主要包含人力资源、创新资源、组织资源和声誉资源。

表 6-2　无形资源的分类

类　型	举　例
人力资源	员工的知识与技能，能力和社会资本等
创新资源	创意、科研能力、创新能力等
组织资源	管理能力、组织制度、企业文化等
声誉资源	品牌声望、客户声誉、与供应商关系等

人力资源包括所有的员工以及员工的经验、智力、知识、技能和能力，以及他们的社会资本，员工间的默契、管理团队与员工之间的信任与关系。创新资源包括企业进行科研创新的经验、知识、技能和创新能力等。组织资源包括管理能力、组织制度、组织社会资本、与各类利益相关者的沟通与交往、组织文化和价值观等。而企业的声誉资源包含企业的品牌、历史、社会声望和用户忠诚等。声誉资源能够提升公司的公众认知和品牌渗透，反映了社会对公司的认可和尊重程度。随着企业的发展，企业的无形资源不断地积累和更新，随着企业进入不同历史阶段有不同的体现，为企业在激烈的市场中持续发展创造可能。无形资源需要不断地培育、增强，并通过与其他资源适应和协同，才能帮助企业在竞争中取得先机。

利用自身能力获取和组合资源，更加有效率地利用资源，是企业产生竞争优势的重要前提。因此，企业内部环境分析除了要分析资源，还要分析企业的能力，思考企业能够掌握和应用的能力。

能力来源于企业的各类人力对于资源、信息、知识和技能的开发、传播以及交流，同时，能力也在上述过程中进一步建立与积累。通过对企业拥有的资源进行分析，能够帮助企业和企业的管理者洞察自己掌握或者是可利用的资产。资源，尤其是无形资源的利用，是企业创造价值的重要基础。但是，企业的资源本身并不能确保企业在市场竞争中获胜。企业需要通过依靠自身的能力对资源进行整合和利用，才能将"好材料"变成"一桌好菜"。资源作为企业生产发展的重要投入要素，但如何利用资源，提升资源的利用效率，这其中都涉及企业的能力。企业需要拥有能力，因为能力是合理利用资源和提升资源效率的关键一环，同时，企业又可以通过整合和利用资源，创造能力，积累能力。能力可以帮助企业完成其组织目标和价值创造，为公司创造利润进一步夯实基础。

能力有核心与非核心之分。核心能力是在企业中发挥创造价值和关键作用的，在企业运营与发展过程中不断积累的经验、知识和技能，尤其是企业特有的用以协调不同资源和能力进行有机结合的关键能力。核心能力是综合性的，并不是某种单一的能力，蕴藏于企业的各个环节、各个层次之中。核心能力有助于企业创造价值，被顾客认可和感知，同时对手无法掌握、难以模仿又无法短时间内被其他能力所替代。核心能力具有较强的资产壁垒，隐形而又模糊。在核心能力的基础上，由核心能力支撑起来的，具有竞争优势的能力就是核心竞争力。通常来说，企业的核心能力较难传授，复杂而自成体系，企业外部的竞争者难以察觉。企业需要围绕资源和能力，构建自己的核心能力与核心资源体系，并在此基础上进一步发展成为企业的竞争优势。当前，核心竞争力的争夺成为企业在激烈而不确定的市场竞争中获得发展的重要基础，核心竞争力的培养很大程度上依赖知识和创新，在于企业人才和人力资本技能的培养。

竞争优势，是指与竞争对手相比，企业所独有的或者优于竞争对手的一系列优势，这些优势是企业创造超额利润的来源。通过资源的开发和利用，能力的培养与积累，资源和能力的适应与协调，企业才能创造价值。通过能力的综合运用和深层剖析，企业才能产生和找出其核心竞争力，在此基础上才能创造竞争对手没有掌握或者优于竞争对手的、更高层次的竞争优势。核心竞争力是企业创造竞争优势的基础，是那些帮助企业发展竞争优势的一系列的资源和能力的集合。核心竞争力体现了企业在其竞争市场中的竞争力，是企业特质的重要体现，需要在企业的长期发展中不断积累和形成，并通过分析框架识别出来。与有形资源相比，无形资源是能力和核心竞争力更高级别的来源，难以被竞争对手了解和分析，以及模仿和替代。因此，无形资源更有可能成为核心资源的基础与来源，企业需要重视无形资源的培养和利用，形成核心竞争力，并在此基础上创造企业特有的竞争优势。资源、能力与竞争优势的关系如图6-1所示。

图 6-1　资源、能力与竞争优势的关系

总之,企业需要不断地寻找和开发资源及能力,维护和强化资源与能力,并且积极开发和识别具有独特性的资源与能力的结合,形成企业独有的竞争力。竞争优势具有时效性,如何增强竞争优势的可持续性,让企业独有的竞争优势在更加长时间内得以保持,是每个企业都需要思考的重要课题。企业需要根据自身现状进行系统、全面、深入和客观的分析,重视短期、中期和长期的核心竞争力的管理与开发,培育、增强和识别这些不容易被竞争者模仿或者超越的竞争优势,从而获得超额利润。

第二节　企业内部分析框架

企业要将内部的资源、能力和核心竞争力与企业外部环境存在的机会和威胁相匹配。如何进行内部优劣势的分析,通过识别、筛选和确认以及评估企业内部资源、能力和核心竞争力,建立完善而动态迭代的内部分析框架,是本章学习的重点。企业或者组织无法保证在所有的地方都能具有竞争优势,企业或组织内部是优势和劣势并存的。识别优劣势,并且与外部环境相适应,才能确定企业发展目标和行动战略。企业,需要强化自身优势,努力填补自身的不足,提升短板。这是企业战略的重要使命,更是企业可持续发展的重要基础。

资源基础理论认为,资源和能力是企业竞争优势的来源,因此企业在制定企业发展战略时,需要考虑内部资源与能力的种类、数量、性质以及各类组合可能。资源是作为竞争优势的根本源泉,是巧妇手中的"米"。对企业经营资源进行有效识别、利用和组合,提升资源创造价值的可能性与效率,为企业战略和可持续发展提供支持。能力作为企业资源中无形资源的特殊表现,能够帮助企业更加充分地利用可以控制和获取的各类有形资源、无形资源。虽然能力无法确保企业有效地构建战略、实施战略,但是能力能够助力企业更有效率地利用资源,实现企业战略的确定与施行。能力的形成,来源于各类资源的支持,有核心与非核心之分,从企业能力中识别和筛选出企业的核心能力,形成企业的核心竞争力,并通过对核心竞争力与多种资源的有效整合,才能形成企业独有的竞争优势。

针对企业的内部环境分析,有如下步骤。

第一,全面地扫描、识别与整理企业的资源,包含有形资源和无形资源,并以产业为基准、以主要竞争对手为标杆,分析企业资源的优劣势,进一步发现资源获取渠道和资源组合的创造性机会。

第二,识别、建立、强化和保护企业能力,分析企业运营中高效运行的能力要素,发觉低效环节中的能力弱项,从而使得企业更有效率地将资源与能力运用相结合。

第三,通过评估资源、能力和核心竞争力,挖掘和洞察企业所具有的独特的、可持续的竞争优势。

第四,通过将内部分析与外部分析相结合,制定内外匹配和适应的企业战略,并根据战略需要,分析和寻找资源、能力缺口,发现竞争优势短板,进行有针对性的开发、补充、强化和保护。

通过这一内部分析过程,可以提升资源与能力的整合效率,找到企业的核心竞争力并演化成为企业的竞争优势,建立企业内部竞争优势的护城河。

我们要识别出哪些能力是核心能力,是企业的核心竞争力,可以作为竞争优势的来源。核心竞争力是竞争优势的基础,是企业战胜竞争对手的核心战略武器。虽然核心竞争力是基于企业的资源和能力,但是并不是所有的资源和能力都有资格被企业认定为核心竞争力。我们可以通过价值链分析模型,确定在企业运营的各个过程中,哪些环节是为公司创造价值的,哪些对企业创造价值有阻碍。

一、基于价值链的内部分析框架

"价值链"这一概念,来自美国哈佛大学商学院的战略学家波特,他在《竞争优势》一书中首次提出了"价值链"。企业要生存和发展,就必须为企业的利益相关者,包括股东、员工、顾客、供应商和所在的社区与政府等所有的相关者创造价值。根据这一理论,企业的各类经营活动可以被分解为若干不同的环节。这些环节虽然各自独立、各成体系,但是在企业运行和基于企业战略视角上,各个环节又具有较强的关联性。这些活动或多或少地都为企业创造最后的超额利润作出贡献,因此共同构成了为顾客提供有价值的产出、为企业赢得利润的价值链条。分别研究这些活动,可以使公司经营者了解和洞察一个企业具有竞争优势的环节是什么。因此,企业管理者可以通过分析价值活动、分析其价值来源,强化竞争优势,优化价值创造流程。同时,还能够比较企业和竞争对手之间资源与能力创造价值的差异,进一步分析自身的情况。

整体的价值链分析工具,将企业的价值活动分为基本活动和辅助活动。价值链从企业流程的角度划为各个环节,包含业务流程和管理流程。公司需要系统而全面地扫描和分析全部的基本与辅助活动,才能找到那些真正创造价值的活动,确认价值链上的战略环节。企业保持自身的竞争优势,就需要培养、维持、强化和保护价值链上特定环节的战略优势。价值链思想的提出,解决了资源和能力的衡量尺度以及如何从企业整体的角度全面比较资源与能力的核心问题。因此,价值链是企业内部分析的重要工具,能够对企业的流程进行进一步的优化。价值链分析框架如图 6-2 所示。

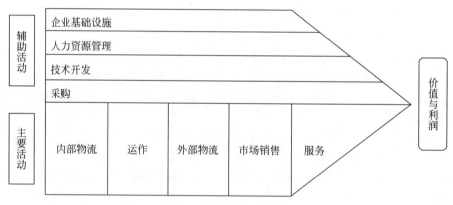

图 6-2　价值链分析框架

在利用价值链分析的过程中,要确定企业耕耘的具体行业,以及本行业中处于同一细分市场的竞争对手。通过将企业内部各个流程活动与竞争对手进行比较,获得某一流程对于企业价值是否有增值作用的具体解答。如果某一环节,在企业内部产生的价值,大于竞争对手同一环节对其增值作用,则这个环节就是企业的优势环节,需要继续投入资源和能力维持与强化。如果某一个环节产生的价值小于竞争对手同一环节产生的增值部分,那么这个环节实际上是企业的劣势部分。对于劣势部分,企业需要采取具体措施,或将其提升,或将其剥离。只有系统观察和分析企业所有的优势与劣势环节,比较对应环节对于竞争对手的作用,才能帮助企业计算不同环节对于自身的重要价值,才能更有效率地提升企业运作水平,进行精细化管理。

其实,对于企业来说,价值链中不创造价值甚至对价值有损害的环节有很多。通过优化和处理,对企业活动进行重新梳理,就是对流程的优化和精细化处理。如何决定环节是否需要被优化,甚至被剥离,取决于企业的核心战略与长远战略,只有围绕整体战略进行决策,才能保证企业行稳致远。

其具体的做法如下。

第一,厘清企业的整个价值链条,包含基本业务流程以及辅助业务流程,将价值链拆分为与自身战略相关的各项活动。

第二,明确和明晰价值链各个活动所需的资源、成本和营收等,分析不同活动之间投入要素和产出要素的内在基本联系,从而描绘整个价值链。

第三,分析活动与竞争对手之间的差异,并分析导致差异的具体原因和根本原因。

第四,分析企业价值链相关的各类主体、利益相关者与企业价值链各类活动的关系与约束,从而分析企业价值链优化的潜在可能。

总之,企业要找到真正创造价值的经营活动,在具有竞争优势的具体环节上进一步培育和发展竞争优势,在特定的价值链环节上发挥战略优势。企业要密切关注企业的流程以及资源和能力动态,在关键环节上持续地获取、开发、维护和保持核心竞争力,保持自身的竞争优势。

价值链分析方法是静态的衡量方法,围绕价值创造和企业的资源/能力的配置与利用情况进行分析,找出企业的优劣势和竞争优势。但是,价值链缺乏对企业未来发展的分析与判断。面临当前不确定的外部竞争环境,企业需要结合动态而长效的战略分析工具,如平衡记分卡、战略地图、博弈论等,全面、动态地看到企业内部优势与劣势。

二、基于资源和能力的内部分析框架

我们还需要判断企业的竞争优势是否具有可持续性。企业竞争优势无法持续往往因为外部环境的变化导致企业原本的核心竞争力被淘汰、核心竞争力的被模仿导致其竞争优势护城河被攻破、有比企业原有的核心竞争力更具有市场竞争优势的替代者出现。如图 6-3 所示,我们可以通过四个标准确认企业核心竞争力,以及基于该竞争力而形成的竞争优势的可持续性。

图 6-3 可持续竞争优势的四个标准

第一，价值性。价值属性是资源或者能力是否有资格成为核心竞争力的前提。这类资源或者能力需要具有价值，能够创造价值，使得公司抓住机遇或者抵御外部威胁。

第二，稀缺性。稀缺性是指资源或者能力只被少数人或者公司拥有，并不是普遍拥有或者普遍获取的。有价值但是并不稀缺的能力或资源，无法帮助公司取得竞争中的有利地位。而稀缺的能力或资源，才能帮助公司取得错位竞争的优势，创造竞争对手无法创造或者无法同等创造的竞争优势。

第三，难以模仿性。难以模仿意味着某种资源组合或者能力难以被企业的竞争对手分析和掌握，无法轻易建立。模仿的难度护城河决定了核心竞争力的竞争强度，也决定了该竞争优势的持续性。

第四，难以替代性。难以替代则表示核心资源或者能力不能够被其他资源和能力所取代。如果竞争对手能够通过其他资源组合或者其他能力借道超越，那么企业原有的核心竞争力的价值将受到极大的威胁。如果替代品的价格更有优势，企业原有的竞争力甚至会丧失。

因此，核心竞争力是能够为用户创造价值，从而为企业创造超额利润的资源或能力，是具有价值的、相对稀缺甚至独一无二的、难以被竞争对手模仿、无法找到替代方案的资源或能力。企业的资源、能力和核心竞争力越具有以上特征，其创造的价值越大，能够为企业构建的竞争优势就越大。而核心竞争力的持续性，取决于价值随时间的衰减速度、稀缺变化的速度、被人模仿的情况，以及潜在替代方案出现的速度。所以，企业需要动态调整对自身资源和能力的认识，积极寻找标准周期和长周期的资源以及能力。将短时效的流量资源及时调整和发展成为存量资源，建立持续性强的竞争优势，进一步提升企业的战略竞争力。

第三节　核心刚性与企业危机

在企业的不同发展阶段，对资源、能力、核心竞争力以及企业竞争优势应该有不同的理解，应该随着内外部的变化迭代发展、动态革新。在当今充满不确定的竞争格局以及 VUCA 时代的演化，传统的静态资源、能力与核心能力、核心竞争优势框架虽然仍然能够为企业贡献发展源泉，但是其可持续性正在被各类要素的快速、无界流动而消减。企业想在激烈的市场竞争中存活和发展，就需要思考如何提升资源的经济性、能力的竞争有效性以及核心优势的可持续性。企业需要动态优化和重组自身资源，通过企业卓越的能力进行资源的再开发、再提升、再组合，及时、全面、准确地评估企业内外部环境变化，根据自身发展目标，强化资源、能力和竞争优势，判断需求与缺口。

然而，核心竞争力带来价值、稀缺、难以模仿和难以取代的竞争优势的时候，也伴随着核心能力所带来的核心刚性，给企业进一步地创新和提升制造了障碍，甚至可能出现潜在的企业危机。核心能力的核心刚性，使得企业无法适应快速变化的外部环境，而原有的核心能力无法继续为企业带来竞争优势，反而阻碍企业发展新的竞争优势，导致企业丧失优势地位。

一方面，企业需要不断强化现有的核心竞争力，进一步提升和巩固竞争优势，从而帮助企业创造价值并获取超额利润。但是，这样的过程可能使得企业形成固有的路径依赖，将目光紧盯在现有的资源和能力的挖掘、利用以及组合之中，却对竞争对手的行动和外部环境的变化敏感度降低。企业投入巨大精力与资本构建的核心能力护城河，可能会在新技术、新组合等出现之时化为灰烬。企业满足现有核心能力带来的领先地位，产生对竞争与变化的改革惰性，"没有改变的积极性，也没有积极地进行改变"。久而久之，原有的竞争优势就会丧失，企业将会面临危机。

另一方面，企业在形成核心能力时往往积累了各种资源、知识、经验和技能。在开发新的核心能力时，这些过往的积累或将导致决策者过分强调目标决策的有限理性、转移成本，组织形成了较强的惯性。成功的核心能力与竞争优势会使企业痴迷于小幅改进，没有突破性进展，依赖现有的创新逻辑，朝着固有的方向前行，丧失了创新的灵活性。这些核心刚性的表现也会阻碍企业快速适应外部的变化，从而招致失败。

同时，改变核心能力意味着企业重要优势与资产的流失，有限理性使得企业管理人员可能选择规避风险，而不是接受新的变化。同时，这样的业绩影响会进一步阻碍股东、职业管理人变革现有能力的信心与热情，使得企业更加依赖原有的核心能力，对创新的形成产生消极的影响。

因此，摆脱核心刚性，企业需要学会开发和维护现有能力，并能根据外部变化和内部发展进一步创造新能力，在两者之间寻求平衡，突破原有的学习曲线，构建动态能力。动态能力的关键在于变化与革新，需要企业动态识别外部环境提供的机遇与挑战，以更有柔性的组织结构、管理能力以及创新柔性迎接动态变革。

在数字化变革时代，当不确定变成了确定，当变化成为主流趋势，如何克服核心刚性、抵御组织惯性，成为组织可持续发展的重要命题。由传统组织向敏捷型组织转型，是提升组织应对环境内外部变革效率和反应速度的有效途径。所谓的敏捷型组织，就是根据市场的变化，能够快速作出及时反应和应对的组织，需要具有很强的动态组织能力，需要从决策效率、绩效评价、组织柔性和组织透明度进行"四位一体"的全方位变革。传统的组织形态已经无法满足 VUCA 时代的快速变革，精密的仪器和按部就班的工作状态也已经无法适应当前的市场环境。组织需要变革成为根据情势动态变化的有机复合体，每个参与个体、组织部门和架构都能够积极应对变化，并且需要对变化之后的组织进行科学评价，从而进行更进一步的迭代与变化。

在进行敏捷型组织变革的过程中，组织需要思考组织和团队定位，业务分布和职能架构分布，从而进一步思考是采用有机小团队的作战模式，还是复合数据中台＋业务前端的模式，抑或是"团队＋大后台"的模式。遵循敏捷型组织转型的一般规律，思考"我们在哪里，要去往何处""应该如何前往""应该如何做"，以及优化性问题"我们如何做得更好"。

例如著名的老牌国际保险公司荷兰国际集团（Internationale Nederlanden Group，ING），在参观流媒体平台公司 Spotify 之后，开始创设符合自身组织形态和产业市场的敏捷型组织。原来的部门由机动而灵活，但是又肩负一定端对端职责的小组代替，分属于13 个不同的部落，并在此基础上建立专业中心。在转型的过程中，原有的输入导向原则被结果导向原则所替代，对响应效率和结果反馈更加重视。通过这样的方式，企业的生产力大大提升，员工的凝聚力和敬业度也得到很大的增加，企业业务创新能力与服务响应速度更能够符合当前数字化时代的要求。

　　总之,成为稳定而灵活的敏捷型组织并加速科学转型是克服核心刚性的重要战略。企业需要从战略的角度,重塑自身组织结构,精心策划,充分沟通,强有力地推动,进行必要的风险管控,从敏捷型组织变革中刻画自身动态能力和可持续的竞争优势,应对当前的不确定市场环境以及快速的技术革命。

【案例讨论】

死在竞争优势和战略摇摆下的诺基亚

　　成立于 1865 年的诺基亚,历代领导者用了 100 多年,才把这个不起眼的橡胶鞋厂(一说木材厂)经营成手机通信产业的王者。不会有人想到,只用了短短的几年,昔日这家世界手机界霸主就这样轰然倒在了移动互联网的时代。

　　2007 年,乔布斯在旧金山发布了 iPhone。这一年的诺基亚,依旧是手机界无二的霸主。那时的塞班依旧鼎盛,那年他们拿出的旗舰 N95 依旧大卖,而 N73 更是像今日的 iPhone 一样成为大众街机。对诺基亚而言,真正的对手是微软的 Windows Mobile。或许正是因为自身巨大的市场份额,让诺基亚作出了错误的判断,他们并不认为 iPhone 会为他们带来很大的威胁,毕竟这只是一个刚刚出现的产品,市场能否接受还是未知。事实上,此时的诺基亚,依旧在为塞班未来的发展而做着准备,实事求是地说,2005 年继任 CEO 的康培凯不可谓不积极——他以一系列大手笔收购布局了他构思中的移动世界:以 4.1 亿美元收购移动操作系统塞班全部股权;以 81 亿美元买下数字导航公司 NAVTEQ;对游戏、广告、音乐等各细分领域创业公司的收购。

　　2008 年,谷歌推出了 Android 系统,苹果在 iPhone 中内置了 App Store,诺基亚和昔日的对手微软也都改变了各自的移动操作战略。2008 年,在诺基亚全资收购塞班之后,康培凯带领研发团队直接开发了塞班 3。同年,微软 CEO 鲍尔默宣布开启 WP 计划,宣布了 Windows Mobile 的死亡倒计时。2009 年,iPhone 来到第三代,更快的设备逐渐侵蚀着诺基亚的高端机市场,同时安卓逐渐壮大,在谷歌的经营下渐渐地显露出一方霸主的姿态。而这一年,诺基亚拿出的依旧是基于塞班的全触控手机 5800,以换壳为主的理念从此开始深深地贯穿于诺基亚手机的设计之中。

　　2009 年 6 月,诺基亚与英特尔宣布结成长期合作伙伴,研发下一代基于英特尔构架的无线计算设备和芯片组构架,以及 Linux 项目的合作,英特尔还将获得在未来产品中使用诺基亚 HSPA/3G 调制解调器的许可。2010 年 2 月 15 日 18 点 30 分,诺基亚与英特尔在 MWC 2010(世界移动通信大会)上正式宣布 MeeGo 新一代移动终端平台诞生,标志着两家公司合作的开始。在全世界的瞩目下,诺基亚与英特尔两个不同领域的老大终于站在一起开始加入智能手机的混战当中。那一年,诺基亚塞班开始初显颓势,英特尔的 Atom 移动处理器也是败走麦城,两个难兄难弟走到了一起,却终究没有拯救彼此。

　　同样是 2010 年,诺基亚迎来第一位非芬兰籍 CEO、号称"木马"的前微软高管埃洛普。埃洛普上任后的第一件大事,就是将 MeeGo 放到实验室中,不再继续支持。并且,鉴于塞班系统的落后性,埃洛普决定与微软签订协议,独家使用 WP 操作系统作为自家手机的独家操作平台。对那时的诺基亚来说,在塞班和 MeeGo 上已然投入过多的资源却没有太大的回报,而使用一个相对成熟的系统或许是最佳的选择。对微软来说,得到一个手机巨头的支持的回报远远超过了减免的授权费。那时看来,这是双赢的情况。但我们都知道,那时埃洛普口中完美的系统却连一台原型机都拿不出来,现在来看,这就是诺基亚成为微软附属的开始。

2011 年,诺基亚发布了唯一的一部 MeeGo 手机——N9。大家都很清楚 N9 的成功。凭借着一体化成型外观,N9 成为市面上为数不多能与 iPhone 抗衡的手机,可惜的是诺基亚决定放弃 MeeGo 系统,也就此断掉了它最后的机会。不得不说,放弃 MeeGo 后的诺基亚,真的已经没有任何退路了。2012 年,塞班已经日落西山。所有人都知道它将渐渐离开人们的视野。大家也都在思考究竟诺基亚会不会放弃之前的理念,投身安卓阵营。出乎大家意料的是,诺基亚依旧坚持着自己,坚决不推出安卓手机。关于诺基亚不出安卓手机的原因,大概是诺基亚是曾经的王者,它曾经有最好的工业设计、最好的手机质量、最高的品牌价值、最多的用户认同度、最大的市场份额、最高的品牌溢价。

诺基亚 2010 年的研发费用高达 58 亿欧元,是苹果的 4 倍以上。它可以在一年之内推出 50 款以上的新产品,多数手机厂商一年只能研发数款新品。早在 2004 年,诺基亚就开发出触控技术,这时候苹果还没有介入手机行业。但直到 2008 年,iPhone 问世一年后,诺基亚才亦步亦趋地推出触控手机。诺基亚也不缺乏商业意识,它的网络商店 Ovi 比苹果 App Store 还要提早一年问世。

很多人曾期待诺基亚东山再起,但它没有。抛弃 Meego,关停塞班,屏蔽 Android,拥抱微软。诺基亚、索尼、柯达……翻开这些企业巨人的历史,我们似乎可以发现某些共同之处:一旦企业成长为行业"领头羊",伴随目标感的消失,倦怠之情油然而生,如果不能突破自我、重塑自身,建立清晰的战略规划和正确的发展方向,就不可避免地陷入"领先者的迷茫",一点点丧失进取的雄心和锐气,变得平庸、低效。这时候,靠着既有的成功和行业的惯性,它也许还能维持几年的辉煌,造成领先的假象,而事实上,它的竞争力正在加速衰退,变得大而无当、脆弱不堪。即便一个不在同一重量级的竞争者,都可能把它打垮。

并不生产手机的苹果公司凭借 iPhone 横空出世,一举颠覆了手机行业的游戏规则,瓦解了既有的竞争格局。Android 系统带来新的可能,它的开放性助长了行业混战,使得三星异军突起,HTC、小米这样年轻的品牌有机会脱颖而出,而二、三线厂商和山寨工厂也可以从中分一杯羹。进入 21 世纪,全球采购和供应链的成熟,降低了产品制造的门槛,使得硬件不再是一个问题。而 Android 系统的出现,则解决了软件障碍,从而为"快品牌"塑造创造了可能。

恰恰是这两点,攻破了诺基亚的"护城河"。在 iOS、Android 系统出现之前,诺基亚已经在手机通信行业历练 20 余年,磨炼出强大的硬件生产能力和工艺水平,其产品以结实、耐用闻名。搭载塞班智能系统,诺基亚足以傲视群雄,一度占据 40% 的市场份额。

诺基亚是工业时代的王者,它遵循精益生产的法则,它拥有全球最精密的采购链,每个环节都必须精确控制风险与成本,力求在成本与质量之间达到某种动态平衡。这使其获得早期的成功,但是另一方面,也限制了它的后续发展。成本思维制约了诺基亚的前进,管理者总是在权衡利弊中倾向保守,不愿将研发转化为产品,而既有的成功又让其丧失了推进全面创新的动力。

思考题：

1. 诺基亚曾经的核心竞争力和竞争优势是什么？诺基亚的竞争优势为什么失效了？

2. 诺基亚的管理层有哪些成功和失败的决策？

3. 企业应该如何思考和应对竞争优势的动态变化，甚至变成自身创新的阻碍？

资料来源：

[1]　诺基亚的历史[EB/OL].(2023-07-21).https://wenku.baidu.com/view/16537a052af90242a895e583.html? fr＝sogou&_wkts_＝1690188046616.

[2]　诺基亚之死：毁于完美主义情结[EB/OL].(2014-01-02).http://www.cenn.com/News/20140102-192124.shtm.

[3]　告诉你一个活了150年的诺基亚[EB/OL].(2016-05-25).http://mt.sohu.com/20160525/n451444457.shtml.

[4]　成立于1865年诺基亚公司的百年之路[EB/OL].(2019-03-18).https://www.163.com/dy/article/EAI5KK7B05350V6S.html.

[5]　巨人的倒下 诺基亚如何走上被收购之路？[EB/OL].(2014-07-07).https://mobile.pconline.com.cn/504/5047877.html.

[6]　诺基亚前CEO艾洛普重返微软获高额补偿 点燃芬兰政界怒火[EB/OL].(2013-09-23).https://www.guancha.cn/economy/2013_09_23_174247.shtml.

即 测 即 练

第七章

企业战略类型与工具

【本章学习目标】

1. 了解企业不同层级和功能的战略关系;
2. 了解业务层战略和公司层战略的类型与差异;
3. 了解不同战略的作用机制;
4. 掌握企业制定战略可以采用的战略工具;
5. 掌握如何在企业实际战略决策中应用波士顿矩阵。

【开篇案例】

卓信大华的业务多元化问题

曾经在卓信大华(全称为北京卓信大华资产评估有限公司)工作过的一位老员工说道,在我国,像我们这样的中小型评估机构看不到未来。这是真的吗?国有公司股份制改造和并购重组项目的增长速度逐渐放缓,导致传统定义下的评估业务日渐萎缩。卓信大华首席评估师刘总深深感受到了传统评估业务市场的饱和带给评估机构的冲击,再加上与中联、中企华这样的大型评估机构的同业竞争,使卓信大华能够分得的"羹"也越来越少。2020 年,新冠疫情的发生给国家经济蒙上了一层阴影,百废待兴,许多评估项目由于安全原因而难以进行实地考察,卓信大华的许多项目也一再被搁置,业务的停滞不前成为刘总心中的一块大石头,他陷入沉思:卓信大华所遭遇到的困境,是否与现有的评估业务结构单一有关呢?他隐隐觉得,拓展多元化业务或许能让卓信大华迎来事业第二春。

一、资产评估行业发展现状

随着国有企业改革的深入,国有公司股份制改造和并购重组项目的数量越来越少,导致传统定义下的评估业务日渐萎缩。收入规模处于 5 000 万元到 1 亿元的评估机构收入增长率如表 7-1 所示。

表 7-1 收入规模处于 5 000 万元到 1 亿元的评估机构收入增长率[①]

年份	2015	2016	2017	2018	2019	2020	2021
收入增长率/%	51.25	80.85	−22.51	26.28	60.87	3.56	49.84

在评估业务收入方面,2021 年收入规模在 5 000 万元至 1 亿元的评估机构共 36 家,

[①] 资料来源:《中国资产评估行业发展报告 2015》、2017—2021 年度《中国资产评估行业发展报告》

收入总额为 23.99 亿元,占比 8.21%。它们的收入来源主要是国有企业和上市公司。在评估机构数量方面,全国资产评估机构数量总体呈上升趋势,2015 年到 2021 年 6 年间共增加 2820 家评估机构,2021 年我国资产评估机构数量达到 6124 家,较上年增加 716 家。

再来分析赫芬达尔指数,该指数是通过计算 2015—2018 年行业收入排名前 50 家机构的市场占有率得到的,该指标数值越小,意味着行业竞争程度越高。评估行业赫芬达指数如表 7-2 所示。

表 7-2　评估行业赫芬达指数①

年份	2015	2016	2017	2018	平均
赫芬达指数	127	39	36	28	58

从表 7-2 可以看出,2015—2018 年,行业赫芬达尔指数一直在下降,表明资产评估行业竞争越发激烈。根据美国司法部制定的赫芬达尔指数标准,我国资产评估行业属于竞争 II 型,竞争程度最高。

评估行业供大于求的局面使得评估机构间竞争惨烈,甚至有的评估机构采取不正当低价竞争策略,这严重扰乱了市场秩序、降低了评估质量。

二、了解自身定位,打破发展瓶颈

卓信大华原属大华会计师事务所评估部,后因证券资格机构不能同时从事审计和资产评估业务的政策规定而分立,卓信大华主要客户为大型国有企业,它在 2022 年收入为 8875 万元,在中国资产评估协会收入排名中位列第 24,属于中型评估事务所。在收入构成上,企业价值评估业务收入高达 99%,业务类型比较单一,而传统评估业务的萎缩势必会给卓信大华带来不小的冲击。

在一次机构内部会议中,刘总提出要制订卓信大华的未来发展方案。他告诉在座的与会人员:"现在我们事务所正处于发展瓶颈期,所以需要找出我们卓信大华在评估行业中到底处于什么样的位置、我们的竞争对手有哪些、与竞争对手的业务重合度,来明确接下来我们的发展方向,破除瓶颈,这也是为中小型事务所的发展提供一个思路。"

刘总接着又分享了自己的想法。要想清楚自己在行业中的定位,首先要对自己的竞争对手了如指掌。根据中国资产评估协会公布的排名,中企华、中联为评估行业头部企业,2021 年度业务收入均高达 50000 万元以上,卓信大华虽然与其目前差距很大,但是它们是未来卓信大华的重要竞争对手。中企华前身为隶属于国家体改委的中华企业咨询公司资产评估部,主要目标客户为各大央企,经过长期自身积累形成目前的规模,它在 2021 年业务收入为 56700 万元,并且与德勤、华永等会计师事务所建立了战略联盟。该机构采取总分公司模式,其分公司独立性较强,拥有较大的自主权。中联于 1994 年成立,近年成长速度较快,2021 年业务收入为 73500 万元,已处于评估行业首位。该公司前身隶属于财政部的中国投资担保有限公司评审部,与中企华相似,都带有浓烈的国有气息,它的主要客户为各大央企,与中兴财光华、中勤万信等会计师事务所建立了战略联盟,并采取

---

① 资料来源:《中国资产评估行业发展报告 2018》

母子公司模式,其子公司拥有较大的自主权。

调研显示,沃克森、开元和卓信大华的经营模式较为类似,规模也较为接近,它们近年来行业排名均为 20 位左右,为卓信大华目前的主要竞争对手。那么,它们是如何获取客户资源、创造业务收入的呢?

沃克森设立于 2006 年,前身为隶属于湖南省审计厅的天职国际会计师事务所资产评估部,主要客户为国有企业,业务主要来源于天职国际,与天职国际有实质权属关系;2021 年业务收入为 14 500 万元,采取总分公司模式,其分公司与业务部类似,拥有很大的自主权,财务、质量等部门均由总部控制。

开元设立于 1992 年,前身为隶属于湖南省财政厅的开元会计师事务所资产评估部,2021 年业务收入为 9 900 万元,采取总分公司模式,其分公司独立性较强。主要客户为国企,业务主要来源于天健会计师事务所,与天健会计师事务所有战略联盟关系。

它们利用会计师事务所资源比例较高,方式有股权合作、收入分成等,存在一定的业务、资源协同。行业内,还有很多评估机构都是采用这种策略,如银信、中和、中同华等,它们都取得了较大的成功。

分析这些评估机构可以发现,它们的主要客户均为大型央企,长期为央企提供重组、发行上市、并购等方面的估值服务,尤其是中企华,在它以往评估的项目中,中央级直属企业可以占到 80%。并且与各会计师事务所都达成了一定程度的合作,建立了战略联盟,也形成了具有一定深度的客户资源协同。

三、畅想业务多元化,探索发展之道

那么,卓信大华是如何创收的呢?在获取客户渠道上,最大的渠道就是大华会计师事务所。大华会计师事务所是我国八大事务所之一,从事审计、税务、咨询等多种业务,2021 年收入总额为 19.9 亿元,属于我国大型会计师事务所;同样,证券公司也是卓信大华评估业务获取的一个重要渠道,主要涉及上市公司业务的情况较多。虽然有这些比较好的渠道,但卓信大华利用得并不是很充分,特别是对大华会计师事务所的利用,业务部各个部门或分公司没有和大华会计师事务所各业务部或分所开展深度的合作与开发,亦没有形成战略联盟。我们可以经过 2017 年的数据粗略估算比较一下同类型资产评估机构对会计师事务所的利用情况:沃克森评估机构业务收入占天职国际会计师事务所业务收入的 10.7%;坤元评估(含开元)机构业务收入占天健会计师事务所总收入的 10%,相比来看,卓信大华收入只占据了大华会计事务所的约 4.4%。虽然只是粗略估计,但是我们可以看到,在与会计师事务所紧密合作的资产评估机构中,卓信大华利用会计师事务所效率不高,甚至没有达到均值的一半,说明有相当大的空间可以挖掘。

某项目负责人根据自己的实际经验,发表了一些自己对评估所的期望。他说道,由于大华会计师事务所各地分所情况比较复杂,需要进行一定的梳理,应该由卓信大华总经理主持这项工作,与各分公司一起,采取多种方式,展开与大华会计师事务所的合作。大华会计师事务所的支持是卓信大华降低业务成本的重要基础,所以一定要充分发挥大华会计师事务所的作用。

如何应对评估行业传统业务"僧多粥少"的局面呢?刘总面对竞争,提出"业务多元化"的建议。在传统评估业务日趋饱和的同时,去开拓更多潜在业务、新兴业务,从而形成

业务协同。他说："由于我国的国企的特殊性,过去的资产评估报告大多都被用作鉴证,忽视了资产评估的咨询作用,资产评估没有发挥真正的作用,导致资产评估的蓝海被忽视甚至放弃了。"所以,要想在诸多评估机构的角逐中拔得头筹,必须另辟蹊径。

刘总结合卓信大华在市场中的地位,提出要拓展以管理咨询为核心的非估值业务。评估咨询服务作为一种侧重于管理的知识性服务,因其所承担的风险比评估鉴证服务要小得多,更有利于小型评估机构的长远发展。

除此之外,他还提出了根据国家经济政策导向,深化拓展相关的资产定价新业务。以国家大力发展混合所有制经济、完善资本市场为契机,深化拓展投资价值类型、金融衍生工具、以财报为目的评估等新业务;以国家大力推进科技、文化体制改革为契机,深化拓展知识产权、文化资产、大数据资产评估等业务;以深化金融体制改革为契机,大力发展债券评估、知识产权质押融资等新业务。

刘总认为,中小型评估机构开展多元化业务,不仅能够缓解在传统业务上过度竞争、竞相压价的问题,还增加了市场容量,把评估机构人力与物力引导到开发新业务上来,迅速形成评估行业新的增长点。以管理咨询为核心的非估值业务与拓展的资产定价新业务将成为资产评估机构拓展业务的蓝海。

实施多元化战略,有必要对卓信大华的组织结构进行改造吗?刘总曾经考虑过这个问题。卓信大华目前的组织结构是典型的职能型结构,按照管理功能来设置。他认为,对目前的组织结构不需要进行革命性的改造,而是要细化管理功能,增设技术研发部、营销部、信息部等部门。

思考题:

1. 卓信大华采取多元化战略的动力和意义是什么?
2. 卓信大华从哪方面开展多元化?

资料来源:

[1]　中国资产评估协会课题组.中国资产评估行业发展报告(2021年度)[J].中国资产评估,2023(3):4-12.

[2]　中国资产评估协会课题组.中国资产评估行业发展报告(2020)[J].中国资产评估,2022(4):4-11.

[3]　中国资产评估协会课题组.中国资产评估行业发展报告(2019)[J].中国资产评估,2021(3):4-14.

[4]　中国资产评估行业发展报告2018(一)[J].国有资产管理,2020(1):64-70.

[5]　中国资产评估行业发展报告2017(节选)[J].中国资产评估,2019(2):1,4-16.

[6]　岳公侠,邵荣华,王永贞,等.中国资产评估行业发展报告2015(上)[J].中国资产评估,2017(1):16-27.

[7]　吴陈林,安玉然.小规模评估机构评估专业人员现状及建设的建议[J].现代经济信息,2018(7):20-21.

[8]　胡晓明.小型资产评估机构发展的思考[J].中国资产评估,2011(4):42-43.

[9]　胡晓明.我国评估市场共生体系的构建——小型评估机构的生存与发展[J].中国资产评估,2013(11):38-41.

[10]　沈伯扬,汪伦.关于资产评估业务拓展的思考[J].中国资产评估,2007(3):24-26.

[11] 王文华,吴莉.深化拓展资产评估业务的策略与思考[J].中国资产评估,2016(9):34-36.

[12] 土研.中国会计师事务所如何"做大做强"?——基于业务多元化视角[J].绿色财会,2013(3):43-46.DOI:10.14153/j.cnki.lsck.2013.03.016

第一节 企业战略类型菜单

通过企业外部环境的分析,企业可以洞察市场的机遇与潜在的威胁,使企业能够了解在当前以及未来的一段时期内企业可能面临的种种可能。企业内部环境全面、科学和精准的分析预评价,帮助企业了解自身的优势与劣势,了解与竞争对手之间资源和能力的状况及差异。通过两者的结合,企业需要思考如何制定与内外部分析相匹配的企业战略。

根据所基于的角度不同,如图 7-1 所示,企业战略可以分成业务层战略、职能层战略和公司层战略。企业的最高层面作为企业整体的决策中心,思考的是未来是否要进一步扩张和发展,如何进一步发展和可持续发展,如何进行企业的定位等关于公司整体的发展方向性问题。企业最高层需要制定企业最核心、最高层的战略——公司层战略,公司层战略指明整个企业未来的发展方向和实现目标的行动指南。

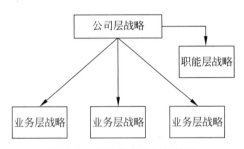

图 7-1　不同战略之间的关系

如果说公司层战略围绕的是公司的定位和方向,那么实现公司定位和方向还需要不同层级与职能的具体战略,尤其是公司的业务层战略。业务层战略的制定至关重要,任何企业都要为自己的业务制定相应的业务层战略,否则将无法在市场中与竞争对手竞争,将会丧失自己的市场地位。业务层战略明确的是公司具体业务的发展问题和竞争问题,思考的是业务该如何发展,如何与细分市场的竞争对手竞争,如何与不同的主体进行合纵联盟。

企业的价值体现在最后顾客对其认可的价值,而公司的产品和服务是决定顾客评价公司价值的最终途径。企业需要提供产品或服务给目标客户,进而获取利润。公司层战略决定了公司前进的方向,通过对企业定位的确定,将具体决定企业选择的赛道。而企业想获得成功,需要作为企业基石的各类业务通过业务层战略,思考一项业务从开发到终局的整个过程。此外,企业的各个职能部门和运营环节,也需要根据各自职能范围内所拥有的资源与能力,以及可以支配的资源与能力,围绕企业的总体公司层战略,配合各业务层战略,保证公司业务顺利开展,协助企业获取最终的胜利。

总之,企业需要根据自身的发展战略与目标,制定最高层级的公司层战略。公司的业务层战略与职能层战略又要围绕公司最高层级的公司层战略进行,为实现公司目标而在各自的市场、职责范围内打拼。职能层战略还需要进行公司层战略对各业务层战略的传导,需要在自己的职责、能力与资源范围内支持业务层战略的实现,为实现公司的目标而协同发展、齐心奋进。

公司层战略是企业战略视野最大的一种战略。公司层战略是企业总体的、最高阶的战略,是公司指导企业整体在当前以及今后一个时期的总体发展战略纲领与行动指南,是制定公司各个经营业务战略与职能战略的最终依据。公司层战略主要探讨的是企业的发展与企业的定位,需要决定企业是否发展、发展什么以及如何发展。

公司层战略的第一个核心问题是在当前与未来的一段时间内,企业的整体发展思路。尤其是当前面临众多的不确定因素,外部环境的机会与威胁变化速度都远远超过历史上任何一个时期。因此,企业必须审慎思考,根据企业外部环境在未来一个时间段内的所有机遇与挑战,以及企业内部资源和能力所形成的优势与劣势的实际情况,进行全面、深入、细致、系统的分析与判断,最终达成一个决定企业在该时间段内是应该继续发展扩张还是应该稳定发展,甚至进行战略收缩的具体决策。对于是否应该发展这个问题,是不确定时代企业制定公司层战略需要比之前更加重视的根本问题。如果企业决定进一步发展和扩展,企业需要采取发展战略。如果企业决定维持当前状况,或者小幅提升,则需要采取稳定战略。如果企业选择缩小规模或者压缩业务,则需要采取收缩战略。

发展型战略旨在扩大企业规模,提升企业的市场地位和份额,开发新产品、进入新市场、开展新业务,提供新的生产方式或者采取新的管理方式等,从而提升企业自身的竞争地位和竞争实力。稳定型战略则是需要企业保持自身战略目标、经营方向和市场地位大致不变,可以有稳定的增长。收缩型战略是企业改变企业目标,通过主动收缩当前的经营活动、经营范围,退出某一个或者某一些业务单元,通过收缩保存实力,实现公司稳健经营的目的。总体战略如表 7-1 所示。

表 7-1　总体战略

战略类型	外部环境	内部环境	动　作	结　果
发展型战略	稳定向好	资源充裕	扩张或提升	市场地位提升
稳定型战略	风险稳定	资源稳定	稳定增长	规避风险
收缩型战略	风险较大	资源紧张	收缩或退出	保持生存

作为营利性组织,企业的经济属性决定了企业需要采取发展战略,这既是企业生存的需要,也是对企业股东负责的行为。但是,企业需要考量内外部环境的实际情况,适时地采用发展型战略。如果一味地采取发展型战略,盲目地扩张,有可能使企业无法抵御外部环境突变而带来的巨大风险,从而陷入经营困境。当外部风险较为稳定,企业决策层可能想规避潜在风险,降低企业扩张失败的代价,从而选择稳定型战略,以保持稳定的经营态势。当然,主观或者客观的限制与制约,也有可能使得企业在一段时间内选择稳定型战略。一般来说,当企业外部环境友好,内部资源与能力充沛,结构合理,且与竞争对手相比具有竞争优势时,企业会首先选择发展型战略。但是如果面临其他组合,企业需要根据具

体情况采取稳妥和保守的战略。

但是,如果企业外部环境或者企业内部条件发生深刻变化,企业无法或者不适合采取发展型战略和稳定型战略,可能适时采取收缩型战略是保证企业存续与发展的适宜之选。如果外部环境不适宜发展,甚至不适于稳定,采取收缩型战略可以帮助企业成功避险。当宏观环境或者相关政策不利于企业发展时,企业选择收缩型战略可能是唯一的选择。例如"双减"政策下,新东方不得不采取收缩型战略,将旗下的学科类辅导业务进行缩减。当企业内部的资源与能力状况受到冲击时,或者企业在发展与运营过程中遭遇失败,战略收缩是企业维持生命的最后防线。例如2021年,恒大集团因为此前的长期扩张与发展遭遇了资金链断裂的巨大经营风险,恒大选择出售企业的部分资产与业务,进行战略性收缩,希冀企业可以度过艰困时刻。同时,随着企业的发展和环境的变化,有些业务无法适应新的历史阶段,必要的调整可以帮助企业更加聚焦。收缩型战略可以使企业将有限的资源与能力集中到具有优势和未来前景的业务上,寻求新的发展机会。总体来说,收缩型战略是短期和过渡性的,都是为了蛰伏和重新出发,为将来更好地发展提供战略基础。

公司层战略的第二个核心问题是如何发展的问题。企业需要决定应该进行单一业务发展战略,聚焦单一业务的经营,或者进行多种业务的发展战略,同时经营多种不同的业务,进行多种业务单元同时经营的多元化战略尝试。

公司层战略通过业务的选取和管理,为企业创造价值和获取超额利润提供可能。单一业务的发展战略是一种集中性的发展战略,可以通过有限资源的集中与调配,发展、稳固和提升某单一业务的市场地位与份额。虽然单一业务可以使得企业集中火力,将有限的资源发挥得更集中,但是其经营风险也是显而易见的。当此单一业务所在的行业停滞甚至衰退时,或者企业资源与能力发生变故与问题时,企业很难及时掉转发展方向。而这个篮子却包括所有的鸡蛋,这种集中的风险导致企业可能面临很大的潜在风险。

如果企业同时经营两种或者两种以上的业务单元,意味着企业采取的是多元化战略。多元化战略可以根据业务单元联系的紧密性,分为相关多元化战略和非相关多元化战略。公司层战略如表7-2所示。

表7-2 公司层战略

战 略 类 型	特 点
单一业务集中	有限资源集中于单一业务,收益与风险并存
相关约束型多元化	资源和能力的行为共享,可以获得范围经济
相关联系性多元化	知识和核心竞争力的共享,可以获得范围经济
非相关多元化	业务间联系很少,主要是资本联系,可以产生财务经济

相关多元化战略的各项业务之间的关联关系,能够从企业总体的价值链活动关系中得到体现。采取相关多元化战略的企业的不同业务,可以在整个价值链的不同环节发挥协同作用,分享资金、知识、技术或者人才等。相关多元化公司中,有超过30%的收入来自非主导业务,而且业务之间的联系较为紧密。公司可以通过多元化业务的相关性进行行为和资源的共享,或者是核心竞争力的传递。由于企业的资源较为固定,有限的资源在不同业务之间传递会让不同业务之间既有联系又有约束,因此这样的战略被称为相关约

束型多元化战略。但是，企业的知识和核心竞争力并不具有约束性，一方获得企业的知识和核心竞争力，也不会导致其他业务无法采用相应的知识和核心竞争力。所以，这样的战略被称为相关联系型多元化战略。行为和知识的共享，以及核心竞争力的共享，使得采取相关多元化战略的公司更加灵活地进行资源与能力的配置与整合，达到范围经济的目的。例如，企业可以共享采购行为、物流系统，通过共享实现范围经济，提升企业创造的价值，促进企业业绩的提升，降低潜在的风险。核心竞争力这类无形资产的共享，能够降低企业重复投资，节约成本，提升时间效率，帮助企业获得竞争优势。但是，这些共享行为受到很多因素的影响，对协调和配合也提出了很高的要求，对企业的有效管理提出很大的挑战。

非相关多元化的公司，其各项业务之间难以从价值链的活动中寻找关联关系，更多的只是公司的资本纽带，来源于同一母公司的投资与控制，而相关的资源和能力很难通过价值链进行共享，无法取得协同作用。很多大型跨国财团或者公司，已经高度多元化，不同业务之间很难有直接联系。虽然非相关多元化很难甚至无法通过共享传递资源与核心竞争力，但是可以通过财务手段提升企业价值。借助内外部投资，提升资本资源的配置效率，形成财务经济的优势。但是，企业庞大的规模和业务中间的差异性，将为非相关多元化战略的实施制造很多巨大的挑战。

如果多元化战略能够被成功实施，那么企业的市场影响力可以被增强。同时，企业还可以从不同业务领域获得收益。如果某一业务遇到困难，其他业务还可以继续发展，避免了所有鸡蛋都在同一个篮子里，降低了单一业务固有的经营风险。同时，多元化战略还可以帮助企业获取多方资源、拓宽资金渠道、解决财务问题、拓展业务的生态圈、提升企业的竞争优势。

公司还可以通过一体化战略，提升自身的规模效应、范围经济、资源质量及行为共享等，进一步增强公司的市场影响力和市场地位，从而创造更多的价值和超额利润。这里的一体化战略，是指企业有目的地通过将互相联系紧密的经营活动纳入自身的战略组合，组织统一的经济实体进行控制和支配的一系列活动。一体化战略能够使公司进一步释放自身在产品、技术、市场等方面的优势，向深度和广度进一步发展。

一体化战略可以分为纵向一体化战略和横向一体化战略，其中纵向一体化根据物资流动的方向，可以进一步细分为前向一体化（指的是企业获得分销商的所有权或控制权）和后向一体化（指的是企业获得供应商的所有权或控制权）。

纵向一体化又可以称为垂直一体化。从产业链的角度思考，纵向一体化实际上就是以企业为中心点，将产业链前后的若干环节纳入自身的战略布局，完成组织核心能力的进一步扩张。如果企业希望对本公司的产品或者服务进行下一步的深加工或者继续传递，或者通过自建销售组织销售自己的产品或服务，那么就意味着企业在产业链的前向环节进行了进一步扩张，完成前向一体化。而如果企业希望自己供应现有产品或者服务的全部或者部分原材料或者半成品，也就意味着企业在产业链上踏入后向的环节进行了后向一体化的扩张。总之，企业可以通过纵向一体化战略，进一步加强对自身核心原料供应、产品制造和销售等全过程的控制，可以使得自身在市场中的主动性进一步提升，进一步增加各个业务阶段的利润。当然，纵向一体化也有自身潜在的风险，例如会带来更高的投资成本和更高的退出壁垒，对自身能力和知识的要求更高，降低了企业组织的灵活性等。

横向一体化又可以称为水平一体化,是指公司与同行业的企业进行联合(或合作,或收购等),从而扩大生产规模、提升市场份额、降低成本、巩固市场地位、增强实力的一种战略。虽然横向一体化意味着企业能够通过资本在同一细分产业部门进行集中,实现规模经济和快速获得互补资源,提升企业的竞争优势。但是,规模的扩大也需要具有经验的人才、更多的资金投入、恰当和科学准确的决策等。同时,横向一体化也有"大企业病"、规模不经济、技术扩散和关键人才流失、企业文化不兼容等风险。

公司层战略探讨的是自身的定位和发展的问题,但是企业想发展,需要具体的业务做支撑。企业业务层战略要解决的是,在某一个具体的细分市场,如何与经营相同或者类似业务的竞争对手竞争的问题。因此,业务层战略的关键,就是如何竞争,如何超过竞争对手,如何获得可持续的竞争优势。

如图7-2所示,根据波特的竞争战略理论,企业可以采取成本领先、差异化以及聚焦的战略取得竞争优势。

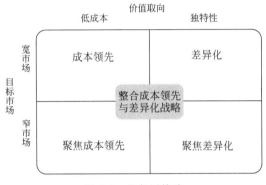

图 7-2 业务层战略

成本领先战略就是指该业务的产品或者服务,要实现比提供同一质量和性能产品或服务的竞争对手更低的成本。同时,顾客还认可该产品或服务的价值,即在这一成本的情况下,提供的产品或服务的质量和性能依然能满足顾客的需求。成本领先战略可以使公司生产的产品或者提供的服务有更大的市场份额,从而获得更大的市场收益。而公司还能够通过价值链的优化与提升,保证业务成本与竞争对手相比具有竞争优势。

差异化战略,是指本公司的产品或者服务,与竞争对手的产品或服务相比,在某些方面具有差异性。公司通过这些差异性提升了议价空间,顾客认可该差异性所带来的价值提升并愿意为之付款。

聚焦战略是指公司的业务只针对细分市场的部分客户群体,而并非目标市场的全体客户。选择窄目标市场的聚焦战略,意味着企业致力于满足狭窄市场中部分顾客的特殊需要,并通过这样的方式实现战略的聚焦。为特定部分市场或者客户提供产品与服务,既可以通过成本领先战略,又可以通过差异化战略实现,被称为聚焦成本领先战略和聚焦差异化战略。

在业务层级的战略中,我们还可以考虑通过强化和渗透战略,逐步扩张市场,实现市场的拓展,进一步提升企业某一业务的市场份额与地位。企业可以通过开发战略进行市场开发和产品的开发,通过开辟新战场强化业务竞争优势。具体来讲,市场开发有两种实现途径：企业通过地理扩张，将现有的产品或者业务扩展到新的区域市场，参与竞争；将某一市场上已经具有竞争优势的品牌，延伸到新的细分市场进行竞争。通过这样的方法，企业能够增强业务层竞争优势，通过市场开发获得新的竞争优势，创造新的价值。而产品开发，需要企业创造新产品或者持续改进现有产品，以符合不断变化的顾客需求，保持产品的先进性和竞争力，提升市场份额和地位，获得超额利润。

除此之外，企业还可以通过大量而精准的广告投放建立产品差异，通过品牌声誉，实现市场的强化和渗透，进一步影响顾客的选择，从而实现市场的拓展和扩张。例如国货美妆新势力品牌完美日记，通过借助小红书、抖音、哔哩哔哩视频网站等社群平台，大量投放种草笔记，吸引喜欢分享的 Z 世代（1995—2009 年出生的一代人）年轻群体，构建私域流量池，在短时间内极大地提升了品牌知名度。同时，依靠和头部、腰部网红的合作，投放大量的营销资源，进一步完成市场的强渗透。通过这样的方法，完美日记在短短的 3 年时间，成为国货美妆品牌的头部玩家，并且超过很多的国外著名品牌，成为行业的标杆之一。可以说，强化和渗透，都需要企业明确当前产品，立足现有产品，并充分挖掘和开发现有产品的潜力，通过现有产品和未来核心产品的市场组合，进行强化与渗透。企业需要及时分析和评估产品的市场潜力与组合属性，避免盲目跟风，拒绝对没有任何潜力的产品组合过分投资。只有这样，才能真正利用强化和渗透，完成企业价值的创造和利润的提升。

需要指出的是，并没有哪种战略具有绝对的优势或者劣势，企业需要进行详尽的外部分析和内部分析，制定符合企业状况的最匹配的业务层战略。

第二节　企业战略的主流工具

企业战略确定了业务定位、结果和发展目标后，需要考虑具体的战略工具和实现途径。企业可以通过依靠自己，通过合理的竞争或者与他人建立合作关系等方式取得发展。或者通过获取外部资源、依靠他人的方式，扩大自身的规模。如果依靠外部资源实现发展，可以采取并购、联盟或者外包的战略（图 7-3）。

图 7-3　战略发展工具

兼并收购是企业之间通过资本关系，整合资源的形式，稳定性强但是灵活性差。企业可以采取横向一体化，整合具有相同或者类似业务的公司，进行产业链的横向拓展，快速实现规模扩大，提升市场竞争优势和市场影响力，提升市场地位，获得规模效应。企业还可以采取纵向一体化，包含前向一体化，收购产业链上游的供应商，或者是后向一体化，收购分销渠道等。这类收购能够帮助企业获得更多的互补性资源,提升市场影响力、公司运营效率和自身的竞争力。

联盟战略是企业针对共同的合作目标,在同一战略框架协议下,进行合作的模式。稳定性和灵活性都是比较适中的状态。外包战略是企业之间通过合同关系建立的资源整合,是一种商业契约关系,具有较强的灵活性,但是稳定性较差。

总之,企业需要进行内涵式的发展思路,避免短视行为,避免仅仅注重提升市场占有率而收购的逻辑,以帮助企业实现可持续发展,并且规避企业可能面临的风险。

公司确定了自己的业务结构后,还要去思考如何发展管理某一项业务已经以及每一项业务。无论企业选择单一性业务经营战略,或者是多元化业务经营战略,企业都需要根据自己的内外部情况以及自己的战略目标,合理地配置资源与能力。尤其是对于采取多元化战略的公司,如何合理而有效地在不同业务之间分配自身有限的资源与能力,分析业务本身的差异与联系,是获取战略成功的重要基石。

波士顿咨询集团(Boston Consulting Group,BCG)的波士顿矩阵工具,是企业界和战略咨询界广泛使用的工具之一。波士顿矩阵能够有效地帮助企业根据业务状况作出决策,决定哪些业务需要投入更多的资源,进行进一步的巩固与发展,哪些业务需要维持现有资源投入水平,而哪些业务需要及时退出,将有限的资源投入其他业务当中,从而创造更大的战略价值。

如图 7-4 所示,波士顿矩阵以市场增长率为纵坐标,以相对市场占有率(公司业务的市场占有率与同一细分行业中最高市场占有率的比值)为横坐标,分为四个不同象限。企业需要将企业的每一个业务标注在矩阵图中,根据不同业务在矩阵图中的不同定位作出决策。波士顿矩阵的创始人布鲁斯·亨德森(Bruce Henderson)认为,企业可以通过该矩阵分析其业务和产品系列的表现,从而帮助企业更为妥善地分配资源。

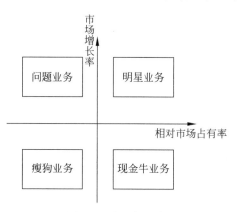

图 7-4　波士顿矩阵

左上角的象限表示,企业具有较低的相对市场占有率和较高的市场增长率。由于具有较高的增长率,说明该业务具有较大的发展潜力。因为相对市场占有率较低,该业务还未能给企业带来可观的收入,但是潜在的发展空间仍然较大。由于这类业务具有无法确定最终结果的特点,在波士顿矩阵中被称为问题业务。因为这样的业务,首先的思路是采取发展战略,通过适当的资源倾斜,帮助该业务获得发展。如果该业务发展良好,相对市场占有率不断增加，有可能进入右上角的象限。如果经营多年，投入很多资源但是始终未能有较好的市场表现，有可能向下移动进入左下角的象限。

右上角的象限表示，该业务的相对市场占有率很高，同时还有很高的市场增长率，这样的业务可以看成带着明星的光环，仍然有发展的潜力和空间。对于这类业务，也应该采取发展的战略，继续投入资源，进一步提升明星业务的相对市场占有率。但是，当市场增长率遭遇天花板，该业务将会进入右下角的象限。

右下角的象限具有很高的相对市场占有率，但是市场增长率很低。这表示该类业务已经进入成熟状态，没有继续增长的潜力。但是该业务的较高的市场竞争地位和市场份额能够为企业赚取利润，在波士顿矩阵中被称为现金牛业务。对于现金牛业务，继续加大投入并不会增加收入，因此首先应该选择稳定战略，维持最基本的投入以保证其相对市场占有率的稳定。

左下角的象限表示，某一个业务的相对市场占有率很低，同时市场增长率也很低，这代表这类业务通常只能维持收支平衡，甚至会带来一些亏损。这类业务在波士顿矩阵中被称为瘦狗业务，表明该业务的发展遇到了问题，或者业务已经达到衰退期。因此，企业需要采取紧缩战略，对该业务要及时放弃，选择出售和清退，将有限的资源转移到其他更需要投入的业务。

所有的现金牛业务都是通过问题业务的成功培养，成为明星业务，并进一步发展和壮大，从而进入现金牛业务状态的。而任何现金牛业务，最终都将进入生命周期的末端，转换为瘦狗业务而退出市场。从财务回报的角度，现金牛业务是重要的资金来源，而问题业务和明星业务虽然发展空间很大，但是需要投入很多的资金和资源。波士顿矩阵的创始人认为，企业想要获得成功，就必须拥有不同的产品组合，获取资源的平衡。对于企业来说，需要存在不同性质的业务。如果企业只有现金牛业务，而没有其他待发展和培养的业务，就有可能在现金牛业务进入衰退期转换为瘦狗业务时，出现资金流断裂，无法持续发展。因此，企业需要在现金牛业务衰退之前，培养问题业务和明星业务。企业需要将不同的业务放在同一波士顿矩阵进行定位和分析，更加直观和全面地了解当前公司的业务状况以及不同业务之间的关系。企业也可以将单一业务的不同产品或者不同区域，在波士顿矩阵中进行定位。

当然，波士顿矩阵也有一些批评的声音，主要是因为数据获取的难度太大以及象限分割过于简单。同时，除了市场增长率以及相对市场占有率之外，企业还需要考虑其他经营指标。毕竟业务收入、市场占有率与企业的利润之间不具有必然联系，有时候很高的市场占有率反而会造成企业亏损。

除此之外，还有通用矩阵（GE矩阵）。通用矩阵又被称为行业吸引力矩阵，以企业核心竞争力为横坐标、行业吸引力为纵坐标，每个维度分为三级，分成九个不同的组合。同时，每个维度可以采用不同的因素，并通过加权计算将业务确定在不同的区域之中。业务的圆饼面积大小则代表业务所在市场的市场规模，扇形面积则代表公司业务所占的具体市场份额。通过定位，那些拥有较高行业吸引力，同时企业竞争能力也较强的业务，可以采取发展型战略，优先配置资源帮助这些业务发展。如果行业吸引力一般，竞争力也一般，则较适宜选择稳定型战略，维持或者有选择地进行业务发展。

但是当企业处于没有吸引力的行业,同时自身的竞争力也很弱,其发展前景较为悲观,则应该采取收缩型战略,停止投入资源,尽快采取撤退、出售或者清算等处理办法。评分表实例如表 7-3 所示。

表 7-3 评分表实例

	评价因素	权重	评分		评价因素	权重	评分
市场吸引力	总体市场大小	0.25		核心竞争力	品牌	0.20	
	年市场增长率	0.25			生产	0.20	
	竞争容度	0.20			研发	0.20	
	能源要求	0.10			物流	0.15	
	环境影响	0.05			出口	0.05	
	技术要求	0.15			营销	0.20	
合计		1		合计		1	

通用矩阵同时体现了行业吸引力、企业竞争力、行业规模等诸多信息,可分析内容较为丰富。在实际操作中,业务在矩阵的精准定位,可以将评价指标量化,采取建立评价指标,为各指标赋予权重,对不同指标进行评分以及计算加权总分的方式完成量化过程。通用矩阵示例如图 7-5 所示。

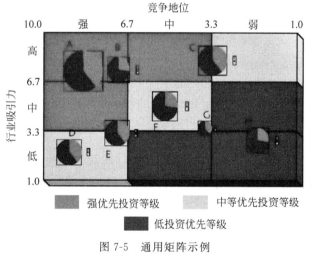

图 7-5 通用矩阵示例

资料来源:MBA 智库百科。

战略钟模型(Strategic Clock Model,SCM)也是一种分析企业竞争战略选择的工具(图 7-6),由克利夫·鲍曼(Cliff Bowman)提出。企业的管理人员和咨询公司的咨询顾问可以通过战略钟模型思考企业竞争战略,以及取得竞争优势的方法。

该模型假设不同企业的产品或服务的适用性基本相似,因此顾客会因为价格因素或附加值因素而作出最终的排他性选择。战略钟模型将这两类要素综合到一起,为企业的战略选择划分出六种不同的途径。

(1)低价低附加值战略。如果企业提供的产品或服务针对的是价格敏感型市场,而

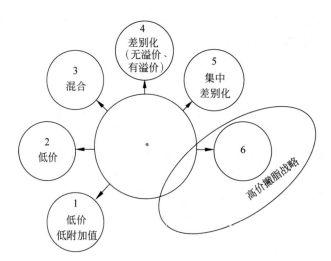

图 7-6　战略钟模型

且对于价格感知非常敏感，那么企业可以选择该战略，从而降低产品或者服务的附加值的同时也降低产品或者服务的价格。

（2）低价战略。该战略是指企业在保证产品或者服务一定附加值的情况下，降低产品或者服务的价格，从而获取竞争优势，实质上就是成本领先战略。

（3）混合战略。企业采取该战略，需要保证可感知的附加值，还需要保证低价格。这种战略对于企业理解和满足客户需求的能力，成本控制能力，以及难以被竞争对手模仿的竞争优势有较高的要求。

（4）差别化战略。如果企业以相同或者略高于竞争对手的价格，向顾客提供可以感知到更高附加值的产品或服务，从而获得更高的市场份额或收入，那么企业就采取了这种差别化战略。企业可以从有形（例如设计、功能、质量等）或者无形（例如服务、品牌等）强化差异化。

（5）集中差别化战略。企业若采取的是高附加值辅以高价格的方式，就意味着它们采取了集中差别化战略。但是该战略也需要企业清楚明白自身的战略定位，即只能在特定的细分市场中参与经营和竞争。

（6）高价撇脂战略。剩下的几种途径统称为高价撇脂战略，这类战略需要企业处于垄断经营地位，既可以完全不考虑产品或者服务附加值，同时拥有很高的价格制定权。当然，选择这种战略的前提是在这一市场中没有竞争对手提供类似的产品或服务，否则该战略很有可能招致失败，丢失市场份额。

当然，随着企业竞争加剧，外部环境剧烈变化不确定以及动态的环境形成，企业的战略行动必然会招致竞争对手的竞争反应，这些竞争反应也会进一步推动企业采取竞争应对措施。因此，企业需要不断迭代自身的战略，考虑竞争对抗的影响，适时调整自身的战略，有针对性地制定合理的企业战略。在动态竞争的环境中，还可以引入如博弈论、情境描述等方法与工具，来辅助动态竞争战略的制定。

【案例讨论】

吉利汽车造手机？传统车企的科技野心

据《武汉晚报》，2021 年 9 月 28 日，吉利掌舵人李书福正式宣布向手机行业进军，其创办的湖北星纪时代科技有限公司宣布，与武汉经济技术开发区进行战略合作，正式进军手机领域。吉利不仅要做手机，还剑指高端手机。在小米、苹果等手机企业将视线投向汽车行业的同时，李书福"反其道而行"的举措似乎有些不同寻常，但仔细观察李书福和吉利这些年的成长轨迹，又似乎可以理解这一选择。从造车到造智能汽车，再到造飞行汽车，再到造飞机、造手机，吉利产品的科技元素越来越多，产品的边界也越来越广。

李书福曾言："互联网颠覆不了汽车，但汽车要拥抱互联网。"在向科技型企业转型的道路上，吉利突破了传统业务的空间局限，将触角延伸到海、陆、空更广阔的世界。

浙江吉利控股集团（以下简称"吉利控股集团"）始建于 1986 年，1997 年进入汽车行业，现资产总值超过 4 800 亿元，员工总数超过 12 万人，连续 10 年进入《财富》世界 500 强（2021 年排名 239 位），是全球汽车品牌组合价值排名前十中唯一的中国汽车集团。吉利控股集团致力于成为具有全球竞争力和影响力的智能电动出行与能源服务科技公司，业务涵盖乘用车、商用车、出行服务、数字科技、金融服务和教育等。集团总部设在杭州，旗下拥有吉利、领克、极氪、几何、沃尔沃、极星、路特斯、英伦电动汽车、远程新能源商用车、曹操出行等品牌，在新能源科技、共享出行、车联网、智能驾驶、车载芯片、低轨卫星、激光通信等前沿技术领域不断提升能力，积极布局未来智慧立体出行生态。

吉利控股集团旗下一共有 6 个独立的子集团。其中，吉利汽车集团旗下的吉利汽车主攻的是国内平民市场，领克主打潮流，几何则是吉利汽车集团的纯电动汽车品牌。宝腾作为马来西亚最大的汽车品牌，主攻的自然是马来西亚的汽车市场。虽然主打高性能跑车的路特斯和主打年轻运动的 Smart 从收购至今还没有量产出"吉利"化的产品，但是这两个极具个性的品牌也代表着吉利控股集团未来多样化发展的可能性。沃尔沃汽车集团则包括两个以安全著称、主打全球市场的瑞典高端汽车品牌——沃尔沃和极星（Polestar）。在吉利科技集团当中又有两个出行品牌、一个飞行汽车品牌以及一个航天设施品牌。铭泰集团则是以发展体育事业和旅游文化为主。旗下吉利人才发展集团则是布局教育事业。

由于芯片是实现高速度运算能力的核心所在，在转型初期，吉利就以十分具有前瞻性的规划，围绕这一关键技术做了充分准备。2016 年，由吉利控股集团战略投资、独立运营的科技生态企业——湖北亿咖通科技有限公司（以下简称"亿咖通"）正式成立，以人工智能、边缘计算、大数据，不断加强企业的核心业务能力，并聚焦于座舱智能化与整车智能化两大领域。2018 年，吉利首款智能网联系统 GKUI 正式发布，并应用到吉利的全系车型上，仅用 1 年时间，就以百万用户的成绩，成为用户增速最快的全球化车载智能网联系统。2019 年亿咖通与半导体厂商 ARM 中国共同出资成立芯擎科技，其研发的 7 纳米高性能智能驾舱芯片 SE1000 已经进入流片阶段，预计 2022 年完成上车集成和测试。无论是手机还是汽车，亿咖通都有足够的能力为吉利提供完全充分的技术基础——芯片。近年来，亿咖通已经凭借其独特的生态系统架构、领先的人机交互理念、强大的智能网联系统,在中国汽车互联市场占据了领先位置。它不仅发布了 E 系列车载信息娱乐芯片,还与百度 Apollo、华为智慧出行、字节跳动、火山车娱等优秀企业建立更多、更广泛的合作关系。目前,吉利所有智能汽车的车联网系统均由亿咖通提供。

智能网联到万物互联时代,连接也不止于车机和手机,李书福和吉利更是将目光聚焦在了天上。2017 年 11 月,吉利全资收购美国太力飞车公司,正式进军飞行汽车领域。此前最早的飞行汽车 2009 年 3 月在美国实现首飞。2010 年,美国 Terrafugia 公司制造的陆空两用变形车,被美国航空主管部门允许投入商业性生产。在交通工具领域的部署,吉利显然具有更广阔的视野和超前的想象力。2020 年 9 月,吉利又收购四川傲势科技有限公司,后太力飞车与傲势合并为沃飞长空,"太力"和"傲势"成为其旗下两大主力品牌,构建起无人机、飞行汽车研发生产与运营并行发展的格局。太力飞车 TF-1 获得了美国联邦航空局(FAA)的适航证书,这是 FAA 首次给现代飞车产品颁发适航证书。因适航条款要求异常苛刻,这一适航证书被认为是全球最难取得的证书之一。此外,由吉利控股集团领投,戴姆勒股份共同投资的 Volocopter 也已成功实现在新加坡滨海湾的首次公开载人飞行,并计划于 2023 年底前在新加坡推出飞行出租车服务。

在更远的空间布局中,吉利是中国首家自主研发低轨道卫星的汽车企业,其商业航天业务已涵盖卫星设计研发、制造、运维服务等全产业链。2018 年,吉利对时空道宇进行了战略投资,致力于在商业卫星研制、天地一体化高精度位置服务、物联通信领域,为用户提供低成本、高可靠的卫星及供应链产品,提供极具竞争力的、安全可信赖的解决方案与服务。2020 年 3 月 3 日,吉利卫星项目在台州正式开工。这是吉利科技集团有限公司在台州打造的国内首个脉动式模块化卫星智能 AIT(总装集成测试)中心,吉利也由此正式进军商用卫星领域。该项目的开工,吉利科技集团成为中国首家自主研发低轨卫星的产业投资商与运营商。2021 年 9 月 27 日,吉利打造的全国首个商业化卫星工厂首星已经下线,未来将打造全球首个低轨未来出行星座,构建高精时空天地一体化 PPP-RTK 网,提供厘米级精度位置信息服务。2022 年 6 月 2 日,"吉利未来出行星座"首轨九星在西昌卫星发射中心以一箭九星方式成功发射,卫星顺利进入预定轨道,发射成功。该卫星由吉利控股集团旗下的时空道宇自主研制。这颗卫星除了能为自动驾驶汽车提供高精度定位方面的支持外,还将发挥其他商业功能,比如为大型赛事提供通信服务。吉利指出,预计到 2025 年还将有 63 颗卫星进入轨道,该星座最终将由 240 颗卫星组成。

不过据《证券之星》报道,对吉利进军手机业务,不少网友表示并不看好。毕竟,传统制造业巨头进军手机但最终铩羽而归已有先例,格力董明珠就是其一。另外据《财经》报道,多位手机业内人士也评价认为"对吉利造手机持保留态度,毕竟当下的手机市场已经是一片红海、寡头林立,新玩家突围难度很大"。对于"跨界"这一玩法来说,吉利的经营策略、团队水平、创新和营销能力都将要经受较大的考验。

不过看好吉利造手机的观点认为,未来汽车和手机都将会是万物互联中重要的核心,吉利在两端双双布局能为日后的增长打开想象空间。正如李书福谈吉利造手机:"手机能让用户尽快享受创新成果,又能把安全、可靠的部分成果转移到汽车应用,实现汽车、手机和软件技术的紧密互动。"

以小见大,从手机、飞机、卫星,大众对吉利的战略版图似乎可以管中窥豹。不仅是单一产品的市场打开,吉利想要构造的是整个科技概念的用户生态、企业生态。李书福也曾表示:"未来跨界打造用户生态链,依法构建企业'护城河'已成大趋势,手机可以连接车联网、卫星互联网,打造丰富的消费场景,做强生态圈,为用户提供更便捷、更智能化、万物互联的多屏互动生活体验。"

　　2022年7月,星纪时代与魅族的主体——珠海市魅族科技有限公司完成战略投资签约。星纪时代持有魅族科技79.09%的股份,并取得对魅族科技的单独控制。吉利旗下汽车智能公司亿咖通的董事长兼CEO沈子瑜出任魅族董事长。其后,魅族对汽车业务的参与度逐渐加深。2022年10月,魅族发布名为Flyme Auto的车机互联系统,在延续了魅族手机系统设计的同时,也针对用车场景进行了再优化,可视为Flyme在智能座舱上的延续。作为被吉利控股后首个重大产品,Flyme Auto同时宣布与吉利高端品牌领克的车型加强绑定。2023年2月24日,企查查数据显示,吉利旗下手机公司湖北星纪时代科技有限公司发生工商变更,企业名称变更为湖北星纪魅族科技有限公司。

　　近一两年来,车企跨界智能手机的现象屡见不鲜。除吉利与魅族外,蔚来也于2021年8月成立移动科技公司,计划今后每年推出一款手机;特斯拉CEO马斯克也曾暗示自研手机以应对苹果、安卓的威胁。对于车企介入智能手机业务的原因,国联证券研报认为,经过智能手机黄金十年的培育,用户对于在汽车座舱内体验更多娱乐功能的需求提升,驾驶员与乘客都希望能够在座舱内使用更多的应用软件,因而座舱将使汽车成为下一个积攒用户数据的终端、打开流量变现的窗口。这也为智能汽车与智能手机的融合提供了契机。

　　不过即便愿景如此,汽车、手机、飞行汽车、卫星的跨界融合,在技术和应用上,目前来看距离都很遥远。李书福能否从制造手机开始转守为攻,步步为营,盘活大局也仍需时间检验。

思考题:

1. 为什么吉利要进入这些业务?其业务之间有何关联?
2. 企业应该如何思考业务之间的关系,应该如何分析现有业务和潜在业务?

资料来源:

[1] 吉利跨界造手机有何深意[EB/OL].(2021-10-08).https://baijiahao.baidu.com/s?id=1713002114128607027&wfr=spider&for=pc.

[2] 李书福官宣做手机——车机协同或成关键竞争力[EB/OL].(2021-10-15).https://www.workercn.cn/c/2021-10-15/6735868.shtml.

[3] 李书福:未来汽车和手机不再各行其道 而将一体融合[EB/OL].(2022-07-07).http://news.youth.cn/jsxw/202207/t20220707_13827611.htm.

即 测 即 练

第八章

战略实施重点和难点

【本章学习目标】

1. 了解组织结构与组织战略的定义,认清两者的关系以及它们之间如何匹配;
2. 了解资源配置的内涵和准则,使用哪些方式和技术进行资源配置;
3. 把握公司治理、企业制度与文化对企业战略的重要性;
4. 战略动态实施的挑战有哪些,如何应对挑战,改善困境。

【开篇案例】

小米公司的组织结构变与不变

一、小米公司成立初期的组织架构

和硅谷的许多互联网企业一样,小米科技有限责任公司(以下简称"小米公司")采用的也是极度扁平化的组织架构模式。小米公司的CEO雷军崇尚扁平化管理,他曾说过:"过去的行业是慢的,允许你有时间以制度来保证周期很长的项目。但现在速度太快,需要随时可以调整的模式。"这要求他必须一直管到底。这一理念直接体现在了小米公司的企业文化中。小米公司扁平化的组织架构基本上分为三级:第一层级是以CEO雷军以及总裁林斌为首的包括其余8位合伙人在内的公司最高核心管理层。这8位合伙人按照各自擅长的领域分别负责小米公司的某一业务部门,每位合伙人都拥有相当大的自主权,相互之间并不干预。第二层级由各部门负责人和产品经理构成。其余普通员工构成第三层级。这些中层的部门负责人和经理分别带着一些普通员工组成一个团队,而且不会让团队太大,稍微大一点就拆分成小团队。每个小团队专门负责某一特定的模块。而立足于当时的小米公司,是一个拥有8 000余名员工的公司。高度扁平化的组织形式是小米公司能在成立以来获得如此快速成长的重要原因。

二、2017年11月24日的调整

2017年11月24日,小米公司提前完成1 000亿元的年度销售目标,并决定进行组织调整,设计者林斌作为总裁兼任小米手机总经理,黎万强出任小米品牌战略官,同时兼任顺为资本合伙人,并将智能产品部并入生态链部。据了解,这是继2016年5月后,小米公司再次进行人事调整。而2016年的调整被认为是小米公司创办以来的最大规模的人事调整。2016年,小米手机销量大幅下滑,全年出货量大跌36%,公司发展也暴露出诸多问题。同年5月,为重振小米公司,雷军后继又做了一系列改革,并经过一年蛰伏,小米公司实现触底反弹。

三、2018年9月13日的调整

2018年9月13日,雷军发出内部邮件宣布小米公司最新的组织结构调整和人事任命,新设集团组织部和集团参谋部。这是小米公司上市之后的首次重大调整,也是小米公

司成立以来最大的组织结构变革。小米公司根据业务发展需要,对组织结构进行了大范围的调整,按业务板块划分成立多个独立的互联网事业部,比如互联网一部、互联网二部……直至互联网五部等。这些部门的独立为小米公司的快速发展提供了充足的支撑。

四、2020 年 12 月 18 日的调整

小米公司根据发展需要再次对组织结构进行大调整,这次不是以业务范围划分,而是聚焦于"体验"与"效率",分别成立了软件与体验部、互联网业务部和业务中台部三个一级部门。这三个部门的总经理均直接向 CEO 雷军汇报。其中软件与体验部是将过去分散在多个部门中、与体验紧密相关的核心职能组合在一起,彰显的是小米公司主动变阵贯彻落实"与用户交朋友"的态度和决心。软件与体验部以原互联网一部为基础,加入电视部、笔记本电脑部、带屏音箱、相册、云、账号和负一屏等核心体验业务相关部分。其中原互联网一部的主要负责工作就是 MIUI。MIUI 作为雷军规划的"铁人三项"中的互联网业务起点,可以说是小米公司互联网业务的源头。此次小米公司将用户体验放在第一位置,或许这是小米公司落实雷军提出的"手机×AIoT"战略规划实施的关键一步。互联网业务部则是统筹小米公司互联网业务的部门,由原来的互联网一部的小米移动业务、互联网二部、互联网三部、互联网四部、互联网五部和互联网商业部的广告销售等部分组成。可以看出,此次的机构调整是小米公司以业务属性为导向的市场重新定位,不再以以前产品矩阵进行划分。比如本次调整中,小米公司将过去几大部门中的互联网服务合并,更将国际业务也放到一起,明显是希望集中力量,统一调配资源,面向中国和国际市场,更高效地提供服务,同时提升商业运营的水平。这次调整中,小米公司还特意设立了业务中台部门。从其职责定位看,这个部门将负责规划并落地小米公司的数字化转型,建设数据资产,实现公司的数据化运营和管理,提升整体运营效率。不同于其他互联网企业"中台"建设的大包大揽和定位宽泛,小米公司的"中台"定位关键责任非常清晰,就是专注于"数字化"。而"数字化"的最终目的,是提升效率。

从小米公司发展历程来看,其脱颖而出的关键,正是雷军一直引以为心法的互联网七字诀——专注、极致、口碑、快。而所谓的"快",是贯穿多次新机构调整的灵魂。考虑到"天下武功唯快不破",小米公司在"手机×AIoT"新战略下进行机构调整,正是为了让目标更加聚焦,以便用体验、业务和数字去演绎全新的十年。

思考题:
小米从手机行业进入新能源汽车行业,组织变革上的挑战是什么?

资料来源:
[1] 张泽仪. 企业组织架构模式探讨——以小米公司为例[J]. 中国市场,2019(20): 92-93.
[2] 数字中国. 小米集团组织机构大调整:新设三大部门,加速战略落地[EB/OL]. (2020-12-18). https://baijiahao. baidu. com/s? id=16864284171110018863&wfr=spider&for=pc.

第一节　组织结构与组织战略

一、组织结构和组织战略的定义

组织结构是组织在职、责、权方面的动态结构体系,其本质是为实现组织战略目标而采取的一种分工协作体系,且随着组织重大战略的变化而调整。管理者在进行组织结构

设计时,专业化、部门化、指挥链、管理幅度、集权与分权、正规化是必须考虑的六个关键因素。传统组织结构一般分为直线制、职能制、直线职能制、事业部制和矩阵制等形式,它们具有各自的优缺点,适用于不同的条件。随着组织所面临的环境日益复杂且变化速度加快,组织结构正向扁平化、网络化的方向发展,以此来提升自身的竞争力。

组织战略是组织为了适应未来环境的变化,为生产经营和持续稳定发展所作出的全局性、长远性、纲领性的决策。它是表明组织如何达到目标、完成使命的整体谋划,是提出详细运动计划的起点,又凌驾于任何特定计划的各种细节之上。同时,战略还反映了管理者对行动、环境和业绩之间关键联系的理解,用以确保已确定的使命、愿景和价值观的实现。组织战略具有全局性、长远性、指导性、竞争性和风险性等特征,其总体战略类型大致可分为发展型战略、稳定型战略和紧缩型战略三种。

组织战略与组织结构的关系:谁决定谁和谁服从谁是人们一直关注的焦点,尽管对于组织战略和组织结构的关系没有形成统一的认知,但组织结构和组织战略需要相互匹配,以此来提升组织的竞争能力和盈利水平。同时,组织结构和组织战略的匹配程度也受到某些因素的影响。

二、组织结构和组织战略的关系

(一)组织结构服从组织战略

艾尔弗雷德·D.钱德勒(Alfred D. Chaneller Jr.)率先提出了组织结构要服从组织战略的观点。他在对通用汽车公司等70家企业进行深入研究后指出,企业不能仅从现有的组织结构出发去考虑战略,而应根据外部环境的要求动态地制定相应的战略,然后根据新制定的战略来审视企业的组织结构,如有必要,需要对其进行调整。同时,不同的外部环境要求企业实施不同的战略和制定不同的组织结构,组织结构变革的形式也往往与外部环境的动态程度相关。当企业面临重大的战略转折时,就会对组织结构提出更加严峻的挑战。而在外部环境相对稳定的时期,企业的战略调整和组织结构的变革往往是以渐进的方式进行的,战略与组织结构的匹配程度虽不尽完美,但也基本适应。如表8-1所示,在不同的工业化阶段,企业应有不同的发展战略,企业的组织结构也相应作出了不同的反应。

表 8-1　不同工业化阶段的组织结构特征

工业化阶段	发展战略	组织结构特征
发展初期	数量扩大战略	只需设立执行单纯生产或销售职能的办公室
发展增长期	地区扩散战略	具有相同职能的总部与地区分部/部门
增长阶段后期	纵向一体化战略	总部中心办公室机构和多部门的组织结构
成熟期	多元化经营战略	总公司本部与事业部相结合的组织结构格局

(二)战略的前导性和组织结构的滞后性

组织战略具有前导性,指的是组织战略的变化要快于组织结构的变革。当企业的外部环境和内部条件提供新的发展机会或产生新的需求时,企业最先对其作出反应的是战略,以谋求新的经济增长。当企业积累大量资源时,企业也会据此提出新的发展战略来提高资源的利用效率。新的战略也往往需要新的组织结构与其相匹配,或至少在原有的组织结构上进行调整。如果组织结构不随战略的变化作出相应的改变,那么新战略的实施就没有组织上的保证,通常也不会获得良好的收益。

组织结构具有滞后性,指的是组织结构的变化速度常常慢于组织战略的变化速度。由于新旧结构的交替需要一定的时间,当外部环境发生变化后,企业首先考虑的是制定新的战略,之后才能根据新战略的要求来改变企业的组织结构。此外,旧的组织结构具有一定的惯性,管理人员在管理过程中由于适应了原来的组织结构运转形式,产生变革惰性,会运用旧有的职权和沟通渠道去管理新、旧两种经营活动。特别是感到组织结构的变化会威胁自己的地位与权利时,他们甚至会运用行政方式抵制需要作出的组织变革。

从组织战略的前导性和组织结构的滞后性可以看出,在环境变化、战略转变的过程中,总是有一个利用旧结构推行新战略的阶段,即交替时期。当开始实施新战略时,管理者要正确认识组织结构所具有滞后性的特性,在组织结构变革上不能操之过急,但又要尽量缩短组织结构的滞后时间,使组织结构尽快变革适应新的战略。

三、组织结构和组织战略的匹配

(一)组织的战略类型

由于外部环境的复杂多变和组织结构的千差万别,我们需要建立战略与结构的意义对应关系。根据一个组织在解决开拓性问题、技术问题与管理效率问题时采取的思维方式和行为特点,即组织的战略倾向,可以将组织分为以下三种类型。

(1)防御型战略组织。防御型战略组织试图建立一种稳定的经营环境,希望在一个稳定的经营领域占领一部分产品市场,生产有限的一组产品,占领潜在市场的一部分。通常采用竞争性定价或生产高质量产品来阻止竞争对手的进入,从而维持自身的稳定发展。防御型战略组织在多数行业,尤其是较为稳定的行业中具有强大生命力,技术效率是这类组织成功的关键。但该类组织的潜在危险在于不能适应环境和市场的快速变化。

(2)开拓型战略组织。开拓型战略组织更适合于动态的环境,组织能力主要体现在寻找和开发新产品与市场机会上。对于开拓型组织来说,在行业中保持创新者的声誉比获得大量利润更为重要。变革是开拓型战略组织对付竞争对手的主要手段,在技术开发和管理上具有很大的灵活性。开拓型战略组织通常根据未来的产品结构确定技术能力,需要在大量分散的单位和目标之间调度与协调资源。组织结构通常是有机的,即高层管理人员主要是市场和研发方面的专家,注重产品结构的粗放式计划、分散式控制以及横向纵向的沟通。该类组织面临的风险是如何提高组织效率并合理地使用资源。

(3)分析型战略组织。分析型战略组织处于上述两种战略组织之间,试图以最小的风险和最大的机会获得利润。在寻求新产品和市场机会的同时,力图在传统的产品和市场上站稳跟脚,只有在新市场被证明具有生命力时才开始市场活动。也就是说,分析型战略组织通过模仿开拓型战略组织已开发成功的产品进入新市场,同时又保留防御型战略组织的特征,依靠一批相当稳定的产品和市场保证主要收入。在管理上,该类组织主要运用矩阵结构,既适合稳定性业务,又适合变动性业务的需要:对各职能部门实行集约式计划和集权控制,对产品开发小组或产品部门实行粗放式计划和分权管理。该类组织面临的风险是既不能适应市场的快速变化又可能丧失组织效率。

企业在不同的发展阶段，其规模、产品和市场都发生了变化。这时，企业会采用合适的战略，并要求组织结构作出相应的反应。上述三种组织战略与组织结构的匹配关系如表 8-2 所示，组织战略与组织特征的匹配关系如表 8-3 所示。

表 8-2　组织战略与组织结构的匹配关系

战略类型	组织环境	组织目标	组织结构特征
防御型战略	相对稳定	追求稳定和收益	严格控制，专业化与规范化程度高，规章制度多，集权程度高
开拓型战略	动荡而复杂	追求快速、灵活的反应	松散型结构，劳动分工（专业化）程度低，规范程度低，分权化
分析型战略	变化的环境	追求稳定效益和灵活性相组合	适当集权控制，对现有活动严格控制，对部分部门采取分权或相对独立自主的方式，组织结构采用一部分有机式、一部分机械式

表 8-3　组织战略与组织特征的匹配关系

相关特征	防御型战略	开拓型战略	分析型战略
主要结构形式	职能制	事业部制	矩阵制
集权与分权	集权为主	分权为主	适当组合
计划管理	严格	粗泛	有严格也有粗泛
高管团队结构	工程师、成本专家	营销、研发专家	联合组成
信息沟通	纵向为主	横向为主	有纵向、有横向

（二）战略差异与组织结构

随着公司战略从单一产品转向纵向一体化，再向多元化经营的转变，组织结构应从机械式变为更加有机的形式。当组织追求不同的战略类型时，组织的结构也会不一样：追求开拓型战略的组织，以创新求生存，采取有机式组织形式，提高灵活性和适应性；采取防御型战略的组织，寻求稳定性和效率性，需要机械式组织形式才能更好地取得成功。

如表 8-4 所示，不同产品经营战略涉及的经营范围、集权程度等不同，对组织结构的需求也不尽相同。[①]

表 8-4　产品经营战略与组织结构

经 营 战 略	组 织 结 构
专业化/单一经营	职能制/直线制
主副业多元化	附有单独核算单位的职能制
限制性相关多元化（纵向一体化）	混合结构/事业部制
非限制性相关多元化（横向一体化）	混合结构/事业部制
无关多元化	母子公司制/事业部制

---

① 姜艳，黄桂萍. 企业战略与组织结构如何相匹配[J]. 经营与管理，2010(9)：77-78.

（1）专业化产品经营战略。因产品品种单一、管理较简单、管理人员较少，企业通常采用集权的直线职能制。

（2）主副业多元化产品经营战略。企业生产和经营副产品，差别不大，但为了避免对主业形成干扰，企业通常采用附有单独核算单位的职能制。

（3）限制性相关多元化（纵向一体化）产品经营战略。企业因产业价值链上的各环节同时对外、对内进行产品经营，一般实行有利于保持活力和控制的混合组织结构，即主要的集权职能部门加产品事业部。

（4）非限制性相关多元化（横向一体化）产品经营战略。共享价值链某一环节的企业，大多适于彻底分权的事业部制。

（5）无关多元化产品经营战略。由于企业主要共享的是无形资源，因此对这种产品经营战略，企业通常实行母子公司制，以避免总部对相关业务过度干预。

业务竞争战略与组织结构特征如表 8-5 所示。

表 8-5　业务竞争战略与组织结构特征

业务竞争战略	组织结构特征
成本领先战略	明确的职责分工和责任、高度的中央集权、严格的成本控制标准操作程序、高效的资源获取和分销系统
	密切监督、有限的员工授权
	经常和详细的控制性报告
差异化战略	有机的、宽松方式的行动，部门间较强的协调性
	在研发、产品开发和市场营销部门之间的密切协作
	轻松愉快的工作氛围，鼓励创造性强、思维开阔的员工
	较多的授权
聚焦战略	高层指导与下属决策在特定战略目标上结合
	衡量提供服务和维护的成本
	强调客户忠诚
	加强员工与客户接触的授权

（1）适宜成本领先战略的组织结构。其要求企业的组织结构具备专业化、集权化和规范化的特征。专业化是指将企业的工作分为内部同质的不同职能部门，如产品制定、营销和财务等。为了降低各职能部门之间的协调成本，实施成本领先战略的组织结构要求高度的集权化。为了追求成本领先战略，企业通常只提供大量相对标准化的产品或服务，因此要求组织结构的规范化和标准化。

（2）适宜差异化战略的组织结构。实施差异化战略的企业所追求的是为客户提供与众不同的产品或服务，从而为客户创造超越期望的价值。为此，企业必须对市场需求的变化具有高度的敏感性以应对快速变化的环境，树立独特的市场形象并具有较强的营销能力。另外，为了实现差异化，企业必须注重创新，重视研发职能。相应地，实施差异化战略的企业组织结构的特征是适当地分权、有限的规范化以及较低程度的专业化。

（3）适宜聚焦战略的组织结构。对于实施聚焦战略的企业，如果规模较小，则采用简单结构更为有效；如果随着企业的成长和发展，规模不断扩大，则需要考虑把简单结构变革为直线职能制。在实施差异化聚焦战略的企业中,企业必须对市场的变化快速反应,不断变革和创新,因此其组织结构需要适度的低集权化、低规范化。[1]

(三)战略变化与组织结构变革

战略发生变化时,企业能力要相应调整,组织的结构要相应变革。上期的战略实施形成现时的结构,下期的战略实施形成将来的结构,组织经营成功重要一环在于如何从现时结构改变成将来需要的结构。同时结构变革要明确战略要求的是部分改造还是重新设计。

战略要求对组织结构进行大部分的改造或重新设计。不同的战略要求不同的业务活动,从而影响管理职务和部门的设计,表现为战略收缩或扩张时业务单位或业务部门的增减等。战略重点的改变会引起组织工作的重点改变,从而导致各部门与职务在企业中重要程度的改变,并最终导致各管理职务以及部门之间关系的相应调整。组织结构的战略性调整会引起组织流程的改组和业务调整,并对流程效率提出要求。

第二节 资源配置与控制

一、资源配置的内涵和准则[2]

(一)资源配置的内涵

资源的稀缺性产生了资源配置效率问题。伴随着稀缺资源无限需求和有限供给的矛盾,资源配置逐渐成为解决这一矛盾的有效方式。在资源配置的过程中,任何社会及组织都必须尽可能通过一定的方式把有限的资源合理分配到各个领域中去,以实现资源的充分利用,使得资源总体利用效率最大化,从而满足日益增长的社会需要。如果资源能够得到相对合理的配置,经济效益就显著提高,经济就能充满活力;否则,经济效益就明显低下,经济发展就会受到阻碍。

马克思主义的资源配置理论主要通过社会劳动来解释。物质资料的生产是人类社会存在和发展的基础,这种在一定生产关系下进行的社会生产活动随着时间的推移将逐渐形成专业化分工,各生产单位也将形成相互依赖的关系。而社会化生产需要耗费一定量的社会劳动,这种社会劳动包括从事生产活动的各种生产要素,若使供给与需求相匹配,就有必要对社会总劳动进行一定比例的分配,这也就是资源配置的概念。与马克思主义的资源配置理论相比,西方经济学的资源配置理论主要从资源的稀缺性来解释。如果资源的数量没有限制,那么一定能够生产出满足社会需求的产品量,但显然这种假设不存在。不论是人力资源还是非人力资源,数量都是有限的,如何以有限的资源生产出能够满足需求的产品,实现帕累托最优,即是进行资源配置的核心意义。

(二)资源配置的原则

理查德·林奇(Richard Lynch)认为,资源配置至少要遵循以下三个准则才可以获得

① 陈志军,张雷,等.企业战略管理[M].2 版.北京:中国人民大学出版社,2020.
② 张立新.基于资源配置理论的城市土地合理利用研究[D].北京:中国农业大学,2018.

成功：一是进行配置的资源必须弥补企业行动与愿景的差距，在配置资源的过程中，企业必须引导资源，远离那些无法实现企业战略目标的地方，而去向有利于组织目标实现的领域。二是进行配置的资源必须对关键战略形成支持，由于资源总是稀缺的，企业必须在落实企业行动与愿景的领域中作出进一步的选择，即把资源分配到最关键、最能实现战略价值的地方，尤其是对企业核心能力的支持与价值链的增加两方面。三是考虑与特定资源配置相关的风险程度，在资源配置效果相同的情况下，企业需要考虑自己的风险接受程度，例如为了发展成为小家电出口加工领域的世界级企业，新宝电器的资源配置重点始终在制造和研发两大领域之间切换，这是新宝电器实现企业战略升级、战略承诺，提升价值创造能力最重要的和风险相对可以控制的两大关键领域。为了成为中国自主品牌中高端汽车的领导者，广汽集团在 2010 年以后，将资源配置的重点放在研发与品牌建设领域，其中研发经费占总销售额的 7%～8%，累计投入超过 106 亿元，汽车技术研究院的员工超过 3 000 人，2017 年广汽集团的自主品牌汽车销量超过 50 万辆，成为中国自主品牌盈利能力最强的企业。[①]

二、资源配置的方式和技术

（一）资源配置的方式

企业资源配置一般采用价值工程和作业组合两种方式。

价值工程是劳伦斯·戴罗斯·麦尔斯（Lawrence D. Miles）所总结的一种价值分析体系，因使人们认识到“生产产品所消耗的资源是有限的，甚至是紧缺的”而得到广泛的应用推广。价值工程中所说的“价值”是一种“评价事物有益程度的尺度”：价值高说明该事物的有益程度高、效益大、好处多。价值低则说明该事物有益程度低、效益差、好处少。例如，人们在购买商品时，总是希望“物美价廉”，即花费最小的代价换取最多、最好的商品。价值工程把“价值”定义为对象所具有的功能与获得该功能的全部费用之比，即 $V=F/C$。式中，V 为价值，F 为功能，C 为成本。

价值工程涉及价值、功能和寿命周期成本三个基本要素，在运用价值程序进行决策时实际上是一个技术经济决策的过程，其基本程序包括以下七个步骤。

（1）选择价值工程对象。在产品构造方面，选择复杂、笨重的产品。在制造方面，选择产量大、消耗高、工艺复杂、成品率低以及占用关键设备多的产品。在成本方面，选择占成本比重大和单位成本高的产品。在销售方面，选择用户意见大、竞争能力差和利润低的产品。在产品发展方面，选择正在研制将要投放市场的产品。选择的具体方法有重点选择法、百分比法和产品生命周期法等。

（2）收集有关情报。收集的情报资料，包括企业经营目标、经营方针、生产规模和经营效果的资料，以及各种经济资料和历史性资料，最后进行系统的整理，去粗取精，加以利用，寻找评价和分析的依据。

---

① 张立新. 基于资源配置理论的城市土地合理利用研究[D]. 北京：中国农业大学，2018.

（3）进行功能分析。功能分析是对产品的部件、组件、零件或是一项工程的细目，系统地分析它们的功能，计算它们的价值，以便进一步确定价值工程活动的方向、重点和目标。功能分析是价值工程的核心，主要包括以下几方面：明确对分析对象的要求；明确分析对象应具备的功能；进行功能分类，并进一步把功能明确化和具体化；确定功能系统，绘制功能系统图，把功能之间的关系确定下来；进行功能评价，以确定价值工程活动的重点、顺序和目标等。

（4）提出改进设想，拟订改进方案。

（5）分析与评价方案。常用的方案评价方法有优缺点列举法、打分评价法、成本分析法和综合选择法等。

（6）可行性试验。一方面验证方案选择过程中的准确性，发现可能发生的误差，以便进一步修正方案；另一方面从性能上、工艺上、经济上证明方案实际可行的程度。

（7）检查实施情况，评价价值工程活动的成果。

作业组合是围绕企业生产经营而必须开展的各种活动的合理组合。这些活动以产品生产为中心，需要各种资源供给，是一种资源的组合。价值工程突出某一种资源的功能替代，而作业组合更多关注的是多种资源的合理组合以达到资源配置的有效性。作业组合之所以成为企业资源配置的手段之一，是因为其满足了以产品为中心而开展生产经营的需要。产品的生产需要各种活动来完成，企业的经营同样需要各种活动的组合来完成。因为作业活动具有替代性的特征，企业为实现相同的目标可以采取不同的行为和活动组合，但是不同的行为和活动需要不同的资源。因此，不同的作业选择和组合必然对资源用途采取不同的选择。

作业组合这一配置方式与价值工程方式一样受到特定产品、特定工艺技术要求的约束，会受到社会资源配置方式的制约。企业成立、产品选定必须遵循社会资源配置的规律，而一旦确定，企业资源配置在日常工作中就会主要采用价值工程和作业组合这两种方式。在企业生产经营过程中，管理者必须将两种配置方式互相协调去考察整体企业资源配置的效率：一方面必须预先进行价值工程配置方式和作业组合配置方式的有机结合，另一方面要充分展开项目可行性研究和企业预算的相关工作。

（二）资源配置的技术

一旦组织的目标得以确定，决定如何实现这些目标就变得至关重要。在管理者为实现组织目标而进行组织和领导之前，他们必须拥有资源，而管理者如何有效率、有效果地配置这些资源以实现组织目标便成了他们所必须面对的问题。管理者可以根据特定的条件从多种多样的资源配置技术中作出选择，在这里我们主要介绍四种技术：预算、排程、盈亏平衡分析以及线性规划。

1. 预算

预算是通过分析企业内外部环境，在科学的生产经营预测与决策基础上，用价值和实物等多种形态反映企业未来一定时期的投资、生产经营及财务成果等一系列的计划和规划。预算包含的内容不仅仅是预测，还涉及有计划地巧妙处理所有变量，这些变量决定着公司未来努力达到某一有利地位的绩效。预算可以说是控制范围最广的技术,因为它关系到整个组织结构,而不仅是其中的几个部门。

2. 排程

通过详细规定哪些活动必须完成、完成这些活动的顺序、谁来完成每项活动以及何时完成每项活动,从而为这些活动分配资源,这些工作就是排程。在日常工作中,较为有用的排程工具有甘特图、负荷图和 PERT(计划评估和审查技术)网络分析。

甘特图的原理比较简单,本质上是一种条形图,分别以时间和所计划的活动为横轴与纵轴。条形框表示产出,既包括计划产出,也包括实际产出。甘特图直观地显示出任务的预期完成时间,并且把这些计划与每项任务的实际进度进行比较。这是一种简单却重要的工具,能使管理者轻易地弄清楚还需要从事哪些活动以完成一项工作或计划,并且评估一项活动是超前、落后还是符合计划进度。

负荷图是一种改进的甘特图。它不是在纵轴上列出将要完成的各项活动,而是列出所有的部门或具体资源。这种安排使管理者能够对产能利用率进行计划和控制。换句话说,负荷图对各个工作领域的产能进行排程。

PERT 网络(PERT network)是一种流程图形状的图表,用来描述某个项目所必需的各项活动的先后顺序以及与每项活动有关的时间或成本。使用 PERT 网络时,管理者必须弄清楚哪些活动必须完成,判断哪些事件彼此相互依赖,并且识别潜在的问题点。PERT 还使管理者更容易比较各种活动备选方案对进度和成本的影响。因此,PERT 使管理者能够监控项目的进展、识别可能的瓶颈以及在必要时调动资源以使项目按进度计划进行。

3. 盈亏平衡分析

盈亏平衡分析是通过盈亏平衡点(BE)分析项目成本与收益的平衡关系的一种方法。为了计算盈亏平衡点,管理者需要知道所销售产品的单位价格(P)、每单位产品的可变成本(VC)和总固定成本(TFC)。当一个组织的总收入恰好等于总成本时,它就达到了盈亏平衡。盈亏平衡点可借助图形来计算,或者采用下述公式计算:$BE = TFC/(P - VC)$。盈亏平衡分析有助于帮助企业明确自己的销售目标,根据目前的盈亏平衡状态调整销售额。

4. 线性规划

线性规划是解决多变量最优决策的方法,是在各种相互关联的多变量约束条件下,解决或规划一个对象的线性目标函数最优的问题,即给予一定数量的人力、物力和资源,如何应用而能得到最大经济效益。其中,目标函数是决策者要达到目标的数学表达式,用一个极大值或极小值表示。约束条件是指实现目标的能力资源和内部条件的限制因素,用一组等式或不等式来表示。

(三)资源配置的评价

企业战略实施需要全面评估企业内部的战略资源,系统分析企业内外部环境的影响。为了提高企业战略实施的有效性,实现企业的既定战略目标,必须对企业拥有的各种战略资源作出全面分析和正确评估。在对企业的战略资源进行有效评估的同时还必须对战略资源进行优化配置,这是一个动态配置的过程。目前常用的企业资源评价工具主要有以下几种。

1. 价值链分析法

价值链分析法由波特所提出,将企业的生产经营活动分为基础活动和支持活动两大类;基础活动是指生产经营的实质性活动,一般可以分为原料供应、生产加工、成品储运、市场营销和售后服务五种活动;支持活动是指用以支持基础活动且内部之间又相互支持的活动,包括企业投入的采购管理、技术开发、人力资源管理和企业基础结构。在运用价值链分析法时,第一,把整个价值链分解为与战略相关的作业、成本、收入和资产,并把它们分配到"有价值的作业"中;第二,确定引起价值变动的各项作业,分析形成作业成本及其差异的原因;第三,分析整个价值链中各节点企业之间的关系,确定核心企业与顾客、供应商之间作业的相关性;第四,利用分析结果,重新组合或改进价值链,以更好地控制成本动因,产生可持续的竞争优势。通过企业的价值链分析,管理者可以识别出企业的竞争优势处于价值链的哪个环节,进而判断企业战略是否支持这一竞争优势,以及企业资源是否与企业战略相匹配。

2. EBV 法

刘雪和张阳提出了 EBV 法以对资源进行有效评估。EBV 法是指价值评估法(evaluating by value),参考重要程度(importance)和价值(value)两个指标。重要程度表示各项资源对战略的影响,取值 $1\sim5$,值越大,影响越强,需求程度也会越高;价值是企业对资源的拥有状况,取值 $0\sim5$,值越大,说明企业在这一资源上的供应越充分。

设 VI 与 II 分别为资源 I 的价值和重要度得分,令

$$CI = VI/II$$
$$DI = II \times (VI - II)$$
$$C = \sum XI \times CI \quad (XI = II / \sum II)$$

各种指标的意义分别是:CI 指单项资源供求系数,反映各资源的供求情况。CI=1 为供求平衡,CI<1 为供小于求。DI 反映资源短缺的紧张程度,C 指资源的供求指标,它可以综合反映企业战略资源的供求状况。

三、战略控制

战略评价和控制就是将战略实施的实际结果与预定的战略目标进行比较,检查两者的偏差程度,并采取有效措施予以纠正重大偏差,以保证战略目标的实现。

当战略实施结果与预定的战略目标出现重大差距时,如果分析的结果是内外环境因素的变化而使战略目标不恰当,则必须修改原来确定的战略目标,这一过程就是战略修正或控制。

战略实施的控制与战略实施的评价既有区别又有联系,要进行战略实施的控制就必须进行战略实施的评价,只有通过评价才能实现控制,评价本身是手段而不是目的,发现问题实现控制才是目的。

战略控制着重于战略实施的过程,战略评价着重于对战略实施过程结果的评价。

组织控制指导着战略的使用,指明了应如何比较现实结果和期望的结果,当两者之间的差距大到无法接受时,会建议采取正确的行动。其包含两种类型:战略控制和财务控制。

战略控制主要是一些主观标准,用来判断在外部环境条件和自身竞争优势下,公司使用的战略是否恰当。公司的战略控制主要关注的是:公司应该做的事情(由外部环境中的机会表明)和公司能够做的事情(由竞争优势表明),两者是否相符。战略控制还可以用来评估公司对战略实施所需条件的专注程度。例如业务层战略中的主要活动和辅助活动。公司层战略(相关多元化)中的知识、市场和贯穿整个业务的技术的共享等。财务控制主要是一些客观标准,对先前已经建立的量化标准,这些标准主要用来衡量公司的经营业绩,聚焦于短期的财务结果。会计指标:投资回报率(ROI)、资产回报率(ROA)。市场指标:经济附加值(EVA)、制定风险规避型决策。公司采取非相关多元化战略时应强调财务控制。

平衡计分卡是战略控制的一种工具,用于评价公司在提高业绩的过程中是否实现了战略控制和财务控制的适当平衡。这种工具最适合评价业务层战略,也可以用于评价公司的其他战略(图 8-1)。

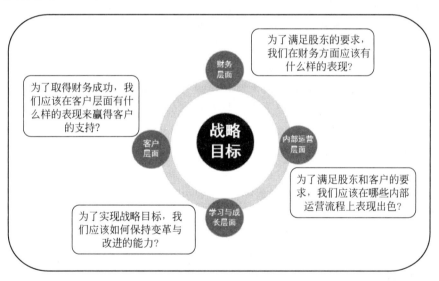

图 8-1　平衡计分卡

第三节　公司治理、企业制度和企业文化

一、公司治理

(一)公司治理的内涵

公司治理有广义与狭义之分。广义的公司治理是处理不同利益相关者即股东、债权人、管理人员和员工等之间的关系,以实现企业目标的一整套制度安排。而狭义的公司治

理主要指公司董事会的结构与功能、董事会与经理的权利与义务以及相应的聘选、激励与监督方面的制度安排等内容,主要解决公司股东与高层管理人员间的关系问题。从结构上看,公司治理结构就是指所有者、董事会和高级经理人员组成的一种组织结构,三者之间形成一定的制衡关系。通过这一结构,所有者将自己的资产交由公司董事会托管;董事会是公司的最高决策机构,拥有对高级经理人员的聘用、奖惩以及解雇权;高级经理人员受雇于董事会,在董事会的授权范围内经营企业。因此,公司治理结构相当于企业的高层组织结构,对企业的组织结构起着全面统辖的作用。[①]

(二)公司治理的任务

(1)委托代理与监督制约。在公司制企业中,股东聘用具有专业的管理知识和专门的管理技能的经理人员负责公司业务的经营,因此股东与经理人员之间产生了委托代理关系。由于股东与经理人员的利益并不完全一致,为了保证经理人员从股东的利益出发进行决策,必须对其进行有效的监督。

(2)大股东约束与利益均衡。当公司股权结构分散时,代理问题表现为股东与经理人员之间的利益冲突。在公司的股权集中到一定程度后,大股东拥有对公司的实际控制权,且由于大股东的利益与其他股东的利益并不完全一致,因此大股东有可能为了实现自己的利益最大化而侵占其他股东的利益,此时的代理问题便从股东与经理人员之间的利益冲突转移到了大股东与小股东之间的利益冲突。因此,在股权集中的情况下,主要的问题是对大股东进行有效的监督和约束,避免侵害小股东的利益。

(3)股东有限责任与债务权益保护。有限责任对于股东来说是一个优势,但这一原则的滥用也会危及债权人的利益。若大股东操纵公司从事与其注册资本不相符的业务,产生的经营风险显然对股东和债权人来说是不对等的,保护债权人的利益成为一个重要问题。

(4)利益相关者保护。根据利益相关者理论,公司是包括股东、债权人、雇员、顾客、供应商、政府、社区等在内的广大公司利益相关者一系列契约的联结。因此,公司治理的主体不仅要保护股东的利益,还要保护债权人、雇员、顾客、供应商、政府、社区等在内的所有利益相关者的利益。

(5)信息不对称与信息有效披露。利益相关者需要公司的信息来进行决策,但是经理人员负责公司的日常运作并控制了信息披露,因此与其他利益相关者之间存在信息不对称的问题。而且经理人员为了自身利益最大化有时会产生虚假披露的倾向,这就要求公司治理通过行之有效的措施保证经理人员披露高质量的信息。

(6)关联交易治理与行政—市场双重约束。关联交易是关联方之间转移资源或义务的交易,其主要特征是:尽管交易是以市场行为方式进行的,但往往由于一方对另一方具有控制权或可以产生重大影响,交易结果并不一定是公平的,有可能造成一方投资者对另一方投资者利益的侵害,并由此影响到投资者的信心和资本市场的稳定。因此,这就需要通过政府的行政权力和市场力量双重制约,以减少不公允的关联交易的发生。

(7)内部人控制。内部人控制是现代企业中的所有权与经营权相分离带来的产物,

[①]   陈志军,张雷,等.企业战略管理[M].北京:中国人民大学出版社,2016.

所有者与经营者的利益不一致导致了经营者控制公司,即"内部人控制"的现象。因为筹资权、投资权、人事权等都掌握在经营者手中,股东很难对其行为进行有效的监督,可能会导致治理结构的扭曲和经理人员损害利益相关者利益的败德行为,造成资源浪费,因此需要对其进行控制。[①]

(三)公司治理和战略实施的关系

战略管理的主体主要包括内外部环境的分析者、战略的制定者、战略实施的领导者和监督者以及战略执行结果的评价者,与公司治理的主体高度重合。因此,公司治理也可以说是用于决定和控制一个组织的战略方向与业绩表现的各种利益相关者之间的关系,其核心在于寻求一种保证战略管理有效性的方式。公司治理结构对保证战略的有效性发挥起着直接和主要的作用;而公司战略作为公司治理与公司管理交叉关系的连接点,治理结构主要是通过影响公司战略来达到间接影响公司管理运作和提高公司管理效率与管理效益的目的。

公司战略本身没有优劣之分,治理结构也不能决定企业绩效,只有当公司战略与治理结构相匹配时才能给企业创造最大的价值。以国际化战略为例,企业国际化程度的提高、制度落差变大会导致企业董事会与高管团队任务复杂性的提高以及信息处理需求的增加,因此国际化程度会对治理结构如董事会构成、高管激励计划产生重要影响。

二、企业制度

(一)企业制度的内涵

"制度"一词古今中外皆有论之,不同学科领域也各有解释。新制度经济学家诺斯认为制度是决定人们相互关系的系列约束,由非正式约束(道德约束、禁忌、习惯、传统和行为准则)和正式的法规(宪法、法令、产权)组成。而企业制度应该具有制度的本质属性,是关于企业组织、运营、管理等一系列行为的规范和模式的总称,是企业全体员工在生产经营活动中须共同遵守的规定和准则的总称,其表现形式或组成包括法律与政策、企业组织结构(部门划分及职责分工)、岗位工作说明,专业管理制度、工作流程、管理表单等各类规范文件。

(二)企业制度的应用

企业制度主要应解决管理模式选择、管理轴心选择、管理体制选择和管理目标选择等问题。

1. 企业管理模式的选择

企业管理模式是指企业为实现其经营日标组织资源、经营生产活动的基本框架和方式。常见的企业管理模式有亲情化管理模式、友情化管理模式、温情化管理模式、随机化管理模式和制度化管理模式等。

(1)亲情化管理模式。该管理模式一般是家族企业所采用的,在我国法律体制和信用体制还不完善的情况下,亲情化管理模式以其强大的内聚力起到较好的管理作用,特别是创业初期,亲情化管理模式是其他管理模式无法替代的。但企业发展到一定规模后,亲

---

① 徐向艺.管理学[M].北京:经济科学出版社,2018.

情化管理模式就应转轨,否则家族内部由于亲情关系会产生很大的内耗降低管理效率,甚至解体。

（2）友情化管理模式。与亲情化管理模式类似,该管理模式在企业的初创阶段具有积极意义。但友情化管理模式没有家族血缘作为连接的纽带,因此显得更为松散,更易产生内耗。

（3）温情化管理模式。温情化管理模式强调管理中的人情化,更多地调动人性的内作用,但人情味过于浓厚可能会导致企业失控。企业在采取温情化管理模式时应完善相应制度,以防止温情泛滥导致企业走向破产。

（4）随机化管理模式。随机化管理模式是指随意性的管理模式,一般有两种：一种是民营企业的独裁式管理,一种是受行政干预的国有企业管理模式。独裁式管理由于管理者"拍脑袋决策"产生随意性,而行政干预的国有企业由于行政干预而产生随机性。随机性管理模式是企业管理应该避免的,在企业管理中应用制度来避免随机性,以避免因一时的决策错误而产生无法挽回的损失。

（5）制度化管理模式。制度化管理模式是指按照某些已经确定的规则来推动企业管理。当然,这种规则必须是大家所认可的带有契约性的规则,同时这种规则也是责、权、利对称的。制度化管理模式是成熟企业应采取的管理模式,但在制度中不妨体现一点亲情、友情和温情,以促进企业文化的提升和良好企业氛围的形成。

2. 企业管理轴心的选择

在现代激烈竞争的条件下,任何一家企业都需要围绕某个管理轴心来安排自己对整个企业的管理。企业的管理在不同的时期、不同的发展阶段、不同的生存环境中会形成以不同轴心为核心的管理模式,主要有以下几种类型。

（1）以生产要素管理为管理轴心。这种管理方式强调对人、财、物等生产要素的管理。如果管理者以生产要素为管理轴心来安排管理制度,那么企业往往设立人力资源管理、财务管理、设备及材料管理、技术管理等部门,适用于企业初创阶段,但是机构复杂臃肿、管理粗放、效率低下。

（2）以经营流程管理为管理轴心。这种管理方式坚持动态化的原理,将整个经营过程划分为不同的环节,重视环节的管理和衔接。一般在经营中以生产线的设置为基础的企业,往往都把流程作为自己的管理轴心,设立材料采供部、生产车间管理部、在库管理部等部门。它适用于企业大规模扩张阶段或处于大规模生产阶段,缺点是流程各环节割裂后易脱节。

（3）以质量管理为管理轴心。将跟踪控制产品的质量作为管理的轴心,从原材料进入车间就开始跟踪产品的效用及质量,通过质量控制来实施对企业的管理。这种管理方式在新产品开发量占较大比重的企业以及产品质量直接涉及人的生命安全的企业中实行得比较多,例如医药产品生产企业、工艺艺术品生产企业等。它由于更多地表现为一种先进的管理技术而可以和其他管理方式进行交叉运用,但是市场反应相对迟缓。

（4）以岗位管理为管理轴心。以岗位管理为管理轴心是将企业的管理内容及管理对象主要体现在对岗位的设计上,对岗位的数量、职责、权力进行确定,然后按岗位择人。人员就岗后必须适应岗位的要求,服从岗位的管理,按岗位的职权来办理,通过岗位设计将企业的工作设计、薪酬体系、绩效考核组织成科学的管理体系,以达到良好的管理效果。该模式适用于管理水平较高、规模较大、快速发展的企业,但对岗位设计要求非常严格和准确,否则严重影响企业的管理。

(5)以资源管理为管理轴心。企业资源是指企业创造利益的最主要因素,例如服务性企业的最主要资源就是客户资源,其管理轴心就是客户关系管理。把能给企业带来利益的最为关键的要素的控制作为管理轴心,能有效防止管理失控。其具体的管理方式有:资源全控方式,将核心资源全部掌握在最高管理者手中;资源分解方式,将资源分解,使得各个分解部分只有合起来才能有效运作;资源高度集中方式,往往体现在财务管理上,通过财权的集中和监控掌握企业的管理核心;资源监控方式,对资源进行全方位的监控,使资源总是由企业控制;资源垄断方式,往往体现在对核心技术的垄断上。它适用于依靠核心资源生存和发展的企业,缺点是实施难度较大,管理基础要求高。

3. 企业管理体制的选择

企业管理体制的选择是企业管理的最基本框架,包括母公司与子公司型体制、事业部型体制、分公司体制、矩阵式体制等。其中,母公司与子公司型体制中母公司通过产权控制子公司,而分公司型体制中则是母公司直接参与公司管理。

4. 企业管理目标的选择

企业的管理制度往往是围绕着企业的目标而制定的,管理制度应能体现企业的管理目标,对管理目标的选择应处理好以下关系。

(1)利润最大化目标和理性目标的关系。利润最大化是企业的基本目标,但必须与理性目标协调。理性目标包括生存目标、共赢目标、可持续发展目标等。

(2)企业的设计目标与市场认可目标的关系。企业的设计目标必须与市场认可目标协调。例如企业可以根据市场价格来进行成本控制和利润控制,并在管理制度中将这种方法制度化。

(3)企业目标与非企业目标的关系。企业目标应依据出资人的意愿确定。非企业目标是指企业所追求的政绩或虚荣目标。

(4)企业的规模目标与流动性目标的关系。企业规模目标常常是指固定资产的规模或企业占有的市场份额。企业的流动性目标是指企业资产的流动性,企业资产的流动性越大,则企业越充满活力,其支付、偿还能力也越强。

(5)企业的速度目标与稳定目标的关系。跳跃式发展、快速发展越来越成为现代化企业的主要发展战略,但摊子铺得太大、太快也容易导致管理失控,这时必须处理好速度目标和稳定目标的关系,可以用制度规定企业扩张时应具备的条件,如资金条件、后备管理人员条件、员工组织培训条件等。

三、企业文化

(一)企业文化的内涵

企业文化定义繁杂,综合起来,有广义和狭义之分。[①] 广义的企业文化是指企业的物

---

① 徐向艺.管理学[M].北京:经济科学出版社,2018.

质文化、行为文化、制度文化、精神文化的总和；狭义的企业文化是指以企业的价值观为核心的企业意识形态。企业文化反映的是企业特有的观念，它从精神方面支配着企业的运行。

企业文化由四个层次组成，即深层的精神文化、中间的制度文化、浅层的行为文化和表层的物质文化。企业物质文化，是员工所创造的产品和各种物质设施等构成的器物文化，是一种以物质形态为主要研究对象的表层企业文化。如企业的标志、标准图、标准色，带有本企业文化色彩的生产环境、学习纪念品和文化传播网络。它们外观有特色，容易被人们所感受，并联想到企业特有的精神。企业行为文化是员工在生产经营、学习娱乐中产生的活动文化。它是企业经营、教育宣传、人际关系活动、文化体育活动中产生的文化现象，是企业经营作风、精神面貌、人际关系的动态体现，也是企业精神价值观的折射。企业制度文化，主要包括企业领导体制、企业组织机构和企业管理制度三个方面，是企业深层意识形态转化为表层实体文化的中介。企业精神文化包括企业精神、企业经营哲学、企业道德、企业价值观念、企业风貌等内容，是企业意识形态的总和，也是物质文化、行为文化和制度文化的升华。精神层面的企业文化是企业文化的灵魂和核心，对其他层面的文化起着决定性的作用。企业文化的四个层次相互依存、相互作用，其中精神文化是根本，起决定作用，但它又必须依赖其他三个层次的文化才能得到贯彻和表现。

（二）企业文化的类型与特点[①]

1. 企业文化的类型

根据文化对企业发挥作用的大小，可以将企业文化分为强文化和弱文化。强文化是指企业的核心价值观得到强烈而广泛的认同的文化。接受核心价值观的企业成员越多，对核心价值观的信念越坚定，企业文化就越强。强文化会对员工的行为产生巨大的影响，因为这种高度的认同感会在企业内部创造一种强有力的行为控制氛围。弱文化则是企业的核心价值观处于一个相对弱势的地位，没有得到内部人员强烈而广泛的认同。强文化对员工的行为影响更大，并且与降低员工的流动率有着直接的关系。在强文化中，企业成员与企业的历程保持着高度的统一，这种经历的一致性造就了内聚力、忠诚度和企业承诺，这些特征反过来又降低了员工脱离企业的可能性。

根据文化是否可以观察得到，企业文化又可分为隐性文化和显性文化。显性文化指的是那些以精神的物化产品为表现形式，通过人的各种感观能够感受到并且符合企业文化实质的内容，比如企业标志物。隐性文化是企业文化的隐形部分，是企业文化的主要组成部分。它虽然隐藏在显性内容的背后，但它直接表现为精神活动，在企业文化中起着根本决定性的作用，包括企业信念、企业价值观和伦理道德等。

2. 企业文化的特点

（1）独特性。企业文化具有鲜明的个性和特色，具有相对独立性，每个企业都有其独特的文化淀积，这是由企业的生产经营管理特色、企业传统、企业目标、企业员工素质以及内外环境不同所决定的。

（2）继承性。企业文化在一定的时空条件下产生、生存和发展，是历史的产物。企业

---

①　徐向艺.管理学[M].北京：经济科学出版社，2018.

文化的继承性体现在三个方面：一是继承优秀的民族文化精华，二是继承企业的文化传统，三是继承外来的企业文化实践和研究成果。

（3）稳定性。企业文化要经过较长的时间才能形成，而一旦形成就具有相对稳定性，要想短期内改变就比较困难。因此，企业文化一般在企业创建和发展期会起到积极的促进作用。但当企业处于稳定发展阶段，要想突破和创新时，企业文化又会成为障碍和阻力。

（4）人本性。企业文化是一种以人为本的文化，最本质的内容就是强调人的理想、道德、价值观、行为规范在企业管理中的核心作用，强调在企业管理中要理解人、尊重人、关心人。注重人的全面发展，用愿景鼓舞人，用精神凝聚人，用机制激励人，用环境培育人。

（5）整体性。企业文化是一个有机的整体，人的发展和企业的发展密不可分，引导企业员工把个人奋斗目标融于企业发展的整体目标之中，追求企业的整体优势和整体意志的实现。

（6）创新性。创新既是时代的呼唤，又是企业文化自身的内在要求。优秀的企业文化往往在继承中创新，随着企业环境和国内外市场的变化而改革发展，引导大家追求卓越，追求成效，追求创新。

（三）企业文化的功能和模式

1. 企业文化的功能

研究企业文化，目的就是利用企业文化为企业的生存与发展发挥作用，企业文化具有以下功能。

（1）导向功能。经营哲学决定了企业经营的思维方式和处理问题的法则，这些方式和法则指导经营者进行正确的决策，指导员工采用科学的方法从事生产经营活动。而企业目标代表着企业发展的方向，没有正确的目标就等于迷失了方向。

（2）约束功能。约束功能主要是通过完善管理制度和道德规范来实现。企业制度是企业内部的法规，领导者和员工必须遵守和执行。道德规范是从伦理关系的角度来约束领导者和职工的行为。如果人们违背了道德规范的要求，就会受到舆论的谴责，心理上会感到内疚。

（3）凝聚功能。企业文化以人为本，尊重人的感情，从而在企业中形成了一种团结友爱、相互信任的和睦气氛，强化了团体意识，使员工之间形成强大的凝聚力和向心力。共同的价值观念形成了共同的目标和理想，员工把企业看成是一个命运共同体，把本职工作看成是实现共同目标的重要组成部分，整个企业步调一致，形成统一的整体。

（4）激励功能。企业文化作为一种群体意识，具有激发员工自律自强、积极进取以及为集体和社会多做贡献的功能。这种激励能使员工明确生活哲理和人生价值，从而增强他们工作和生活的动力。同时，企业文化普遍强调集体发展对个人和社会的价值，从而激发员工以主人翁姿态自觉为企业做贡献。

2. 企业文化的模式

1）学习型文化

学习型文化，就是在企业文化发展过程中导入学习型组织理论，以此来引导企业成长为学习型企业的一种组织文化。学习型文化高度重视人的因素，特别是人素质的全面提高,注重企业和员工的协调发展,是人本管理最高层次的体现。学习型文化是一种鼓励个人学习和自我超越的企业文化,是一种形成共同价值观、改善心智模式、培养系统思考能力的企业文化,是一种以学习力提升创新力进而增强企业和员工竞争力的企业文化。

构建学习型企业文化有五个关键要素,分别是建立共同的愿景、团队学习、改变心智模式、自我超越和系统思考。在组织内部营造学习型的企业文化是一个漫长和艰苦的过程,必须结合本企业的实际情况不断探索和总结,以建立起具有自身鲜明特色的学习型文化,真正促进企业的长远发展。

2)知识共享型文化

知识经济已经到来,知识作为一种独特而无限的资源已成为企业经济发展的核心要素,知识的管理和应用成为较为重要的管理方法。知识共享会提升企业的应变和创新水平,达到凝聚全体员工、管理知识员工的目的,包括外部知识共享和内部知识共享。外部知识共享主要指与组织环境、供应商、销售商等相关的知识,但它一般不能带来竞争优势。内部知识共享是企业管理的出发点和重要内容,一个组织的内部知识尤其是关键性的内部知识往往是竞争对手无法模仿的,也是给组织带来竞争优势的重要资源。

企业要想建立有利于知识共享和增值的新型企业文化,可从以下几个方面入手:第一,完善制度文化,推动知识共享;第二,畅通知识网络,营造共享环境;第三,建立企业知识库,培植知识共享意识。

3)顾客满意型文化

顾客满意型文化是指企业构建的以提高满意指标和顾客满意级别为核心,从顾客的角度出发、分析和判断,调整企业的生产经营活动的文化。这里的顾客不是我们平时所说的企业产品或服务的消费者,而是任何接受或可能接受产品或服务的对象。

企业若想建立顾客满意型文化,必须建立起一套完整的顾客满意管理制度,这一机制至少包括以下内容:顾客需求的感知系统、顾客需求的满足系统、顾客满意的反馈系统。在建立这几个系统的基础上,企业在处理所遇到的问题时实施自己独特的行为过程,久而久之,企业的解决办法就会固化,不断重复使用的解决问题的办法就会成为企业文化的一部分。因此,上述机制使用的时间越长,就会越深入地渗透到企业文化当中,形成顾客满意型文化。

第四节　战略动态实施挑战

一、全球化对战略动态实施的挑战[①]

经济全球化是指商品、生产要素和信息通过市场交换行为在世界市场上远距离流动的过程,是人类社会生产发展的历史趋势。由于较少受到关税等人为因素的限制,全球经济迅速扩张,商业竞争环境由此变得愈加复杂。全球经济的出现既为企业的发展带来新的机遇,也使企业面临全新的挑战。

---

① 李馨月. 企业在战略制定和实施中面临的挑战及对策[J]. 现代营销,2020(4):28-29.

经济全球化有五大优势：第一，开启新的收入来源。因为国际市场能为国家和企业带来新的收入，稳定的海外客户群和开放的海外布局不仅能够分散风险，更能扩大市场供需填补业务空缺，创造更多商机，帮助企业突破发展瓶颈，扩充发展空间。第二，提高竞争优势。具有全球化思维的企业发展战略，将有效提升企业市场竞争力，实现行业竞争优势和企业收益的双丰收。第三，丰富企业的人才库。人才是当今企业参与竞争的核心要素，全球化的人才优势体现在吸收各地的高素质人才，为企业的全球化发展增添活力等方面。第四，寻找新的全球客户。通过积极布局海外，拓展国际市场，企业将能寻找到全球的蓝海市场和客户群体，重新连接国际化的市场、客户、企业与产品。第五，享受政府的优化政策。许多国家正顺全球化潮流而行，出台了较为完善的招商引资的政策文件，经济全球化有助于将国家层面的努力转化为企业自身的产能。

然而，经济全球化将导致市场竞争中不确定性的增加，从而提高了制定应对全球化过程中更激烈的竞争和潜在威胁的战略的难度。随着商品、服务、金融资本和劳动力跨境流动的日益频繁，越来越多的企业开始寻求海外市场以节省成本谋取更高的利润。一个值得警惕的风险是这些企业是否能够满足当地的需求，"本土化"这个不确定的因素将会削弱跨国企业的竞争力，也给企业战略的实施带来了挑战。例如，星巴克是一个著名的大型跨国公司，它一直在尝试开拓新的国际市场。当它进入欧洲市场时，虽然取得了一定的成功，但也遇到了一个很大的挑战：欧洲的咖啡文化与美国大相径庭，星巴克很难在短时间内制定出新的策略来适应当地的咖啡文化和口味。经济全球化虽然能够为企业提供更多的发展机会，但在一定程度上对企业战略的制定也是一种威胁和挑战，因为在全球化的背景下，企业的发展形势将变得更加不可预见。

为应对全球化带来的挑战，企业应根据自身提供的商品或服务的类型来决定到底制定什么样的国际化经营战略。一般来说，企业国际化经营战略可以分为国际化战略、多国本土化战略、全球化战略与跨国战略这四种类型。当企业提供的产品是能源、基础原材料或农副产品这一类的"同质化"大宗商品时，企业更适合制定全球化战略，也就是向世界市场推广标准化的产品，从而降低成本，并获得规模经济效益。而当企业提供的是餐饮、服装等各国在文化、喜好方面差异较大的产品时，就更适合制定多国本土化战略，以满足东道主国的市场需求。例如，肯德基为了更好地适应中国市场，就推出了诸多"中国味"十足的"中式"洋快餐，如油条、豆浆和老北京鸡肉卷等。总之，企业在制定发展战略时，应根据自身情况来灵活选择，从而在一定程度上规避经济全球化带来的挑战和风险。

二、技术创新对战略动态实施的挑战

技术创新是指新产品、新工艺的研发、产业化、商品化、市场化的过程。技术创新的每一个环节都需要人、财、物的投入和调配。对于企业而言，人、财、物等都是有限的资源，每一项资源的投入和调配，企业都需要考虑其投入产出、风险大小、对企业未来的影响等。因此，技术创新对企业而言是不得不慎重考虑、权衡再三的事情。[①]

互联网带来的不仅仅是技术的颠覆，准确地说是时代的变革，使得企业的价值链、管

---

① 陈志军，张雷，等. 企业战略管理［M］. 2版. 北京：中国人民大学出版社，2020.

理成本、交易成本都发生了变化,进而影响到企业战略的制定与实施。互联网给企业战略管理带来的挑战表现在以下四个方面。

第一,产业结构的变化。互联网使传统产业从消费需求端出发倒逼上游流程,从而实现变革。从企业价值链来看,由传统的以商品为中心,封闭的链式生产,只有最终环节面向用户,转变为以用户为中心,用户参与各个环节,强调个性化营销、柔性化生产、社会化供应。然而,互联网所带来的最大影响是它能够对现有的受信息交流、信息收集或者高交易成本困扰的产业进行重组。

第二,市场的变化。在移动互联网时代,信息越来越对称,沟通实现无边界,这就使商品交易中各利益相关者都可以随时表达自己的价值诉求与价值主张,传统的盈利模式、行业边界、思维定式被彻底颠覆。消费者的选择成本降低,更加注重服务水平,如果不能提供足够的差异化服务,消费者更容易转向其他竞争对手。与工业时代的规模化、标准化生产相比,互联网可以为大量的长尾用户提供个性化产品和服务。同时,随着用户参与程度的提升以及产业互联网的发展,企业将通过小批量、个性化定制为用户创造更多价值。

第三,组织的变化。在移动互联网时代,为了支持不断变化的战略,组织需要将员工分解为细小的"能力流",通过柔性的网络化模式进行连接和引导,保证其高效地流向各关键业务领域,实现最大幅度地调动人的主观能动性,发挥组织模式的优势。

第四,盈利模式的变化。互联网通过免费、事件营销等多种运营手段培养粉丝,扩大用户的规模,提高用户活跃度,有了用户流量,就可以通过广告、增值业务、会员制等方式变现。同时,互联网加快了数字化进程,数据呈爆发式增长,大数据的发展使数据价值得到重估,从企业经营的副产品变为最重要的资源之一。电商、社交、通信、交通、金融和零售等领域的数据已被开发为产品,应用于国家安全、疾病防控、城市规划、精准营销、产品开发和客户维护等众多领域。

数字经济时代已经到来,传统企业需要适时建立起全新战略理念,以捕捉发展机遇,适应新一波发展。随着互联网出现,尽管出现了各种新的商业模式,但竞争的基本面却没有发生改变。今后,随着互联网的进一步发展,人们的思维模式将会从"电子商务"重回到"商务"概念,从"互联网战略"重回到"战略"概念。只有融入总体战略,互联网这项新技术才能够真正强有力地催生出竞争优势。

三、知识经济对战略动态实施的挑战

对于知识经济的定义,是一项还没有定论的工作。因为知识经济的研究还处于一个开放的系统,各国均处于知识经济或正向知识经济迈进的阶段。关于知识经济的定义中,为人们接受程度最高的是 OECD(经济合作与发展组织)所提出的定义:以知识和信息为基础,建立在知识和信息的生产、分配和使用之上的经济。知识经济本身的一些特性决定了身处在这个时代的企业在制定自己的发展战略的时候,也必然有其特殊之处,并对企业战略提出了新的挑战。这主要表现在以下几个方面。

第一,管理理念的更新。企业管理的核心是人,在知识经济时代,人是最重要的资源,如何让人发挥出最大价值是企业面临的一个重大问题。现代企业所需要的不仅仅是一般性的人才,而是具有多方面知识、能解决多种问题的复合型人才。所以企业应加强对人才的培养,更新管理理念,为人才发挥出最大价值提供良好的环境。

第二,企业竞争方式的改变。现代社会企业都直接或间接地参与了全球竞争,企业无法再单纯地依靠地区性行为来获取利润。在知识经济时代,企业必须立足于全球竞争,集中研究如何在全球市场发挥自己的竞争优势,一些跨国公司从"简单一体化"到"复合一体化"的转变趋势,正好说明了这一点。

第三,企业营销方式的转变。知识经济的发展使社会物质财富迅速积累,同时也使消费者需求发生极大变化:消费者需求越来越具有个性,消费者行为越来越理性,消费者需求从物质需求向精神需求转变,消费者面临更多的产品选择。这些变化使传统营销和关系营销都不能满足消费者需求,这就迫使企业更新营销战略、内容和方式,知识营销于是应运而生。知识营销表现在产品中科技含量增加,商品销售手段自动化,消费者对产品不仅有功能需求、服务需求、个性需求,更有知识需求,要求厂商以更快捷的方式提供商品的有关信息,并提供自动售货、自动结算业务。因此企业要树立大市场营销观念,重视知识营销工作以及企业文化的营销工作。

第四,知识交流与更新方式的改变为公司内部和公司间的合作创造技术设施条件,使企业对内、对外都能够实现快速、准确的交流,在科学工程、产品开发、生产和市场销售之间进行反馈。

知识是一种重要的组织资源,且难以被竞争对手所模仿,越来越成为竞争优势的重要来源。同时,在 21 世纪的竞争格局中,因为环境的不断变化,企业战略必须具备灵活性,必要的时候,还要进行战略方向转移。这就要求企业不断地学习,持续地创造知识,有效地转移和共享知识。只有不断学习,才能不断地为组织积累知识,从而适应动态变化的环境。①

四、企业内部管理对战略动态实施的挑战②

在实施战略的过程中,企业面临的一大挑战是,缺乏有效的培训和绩效考核机制来监督与保障战略的实施。据调查,超过一半的企业都是由于这个原因而无法有效地执行其战略。如果一个企业对新员工的培训缺乏效率,甚至根本没有为员工提供培训,一个新提出的发展战略将不会取得真正的进展。因为员工可能并不了解该战略的细节以及如何在日常工作中执行它。此外,绩效考核制度能够对战略的有效实施起到积极的作用,因为它能衡量和评估员工的工作表现与成效,并及时提供信息反馈。

由于同级之间以及上下级之间的协作和沟通不足,企业有时可能无法实现预期的战略,这便是战略实施时面临的第二个内部挑战。例如,诺基亚的研发工程师和一些员工曾经提出,他们的手机应该追求创新,而不是仅仅专注于提高质量,但是上级领导没有和他们充分沟通,也没有采纳这个建议。此外,诺基亚的大规模裁员事件削弱了公司内部信任与合作的基础,之后由于沟通环境较差,在战略实施过程中出现了很多问题,企业的运行效率也随之下降。我们可以清楚地看到,糟糕的协作和沟通会降低员工的工作效率,增加

---

① 陈志军,张雷,等.企业战略管理[M].2 版.北京:中国人民大学出版社,2020.
② 李馨月.企业在战略制定和实施中面临的挑战及对策[J].现代营销,2020(4):28-29.

战略实施时出错的风险。

为此,首先,企业应加强员工技能培训,并建立完善的绩效考核机制,促使战略的实施真正落到实处。员工培训能够让员工了解企业的运营模式和战略的实施过程,从而大大提高战略实施的效率。培训方式可以灵活多样,以充分调动员工的主动性和积极性。当员工明确了企业的战略是什么以及战略是如何实施的,就需要有绩效考核这一监督保障措施促使员工认真落实、不敢懈怠。企业可以从工作完成情况、工作态度和出勤率等方面对员工的表现作出量化与质化相结合的评价,并及时将考察情况反馈给员工,以便员工能尽快作出相应调整。这样一来,员工就会在监督下按部就班地执行好、落实好各项工作,并逐渐自觉地为企业的发展战略的实施贡献力量。其次,企业应该为内部的交流创立更多的沟通渠道,并营造出互相理解、互相尊重的氛围,从而减少战略实施的障碍。一般来说,平级的同事之间有较多的沟通机会,而在上下级之间往往缺少互相沟通的渠道,就算有,员工也很难表达出真实的想法,因而领导无法得到有效的反馈。所以,为了减少这种隔阂,企业可以为上下级提供更多匿名交流的途径,上级领导可以设立匿名意见箱,或在线上通过匿名的形式收集员工的意见。员工不仅可以提出更真诚的看法,还能及时反映在完成工作时遇到的问题或核实自己对工作的理解是否符合企业的发展战略和规划,从而降低战略实施过程中出现错误的风险。公司举办团建和年会等活动是有效促进内部交流、培养合作精神、增强团队凝聚力的举措。总之,企业在战略实施时遇到的很多障碍都是可以通过高效、真诚的沟通去解决的。一个企业从提供更多沟通渠道入手,逐渐形成鼓励沟通、敢于表达、互相理解的企业文化时,就向企业战略的顺利实施迈出了重要的一步。

【案例讨论】

不落实就落空——黄山旅游绩效管理体系变革之路

"中国旅游第一股"、中国服务业企业500强之一、中国驰名商标……依托黄山风景区优势资源,黄山旅游发展股份有限公司(以下简称"黄山旅游")自成立以来就"自带流量"。从"中国旅游从黄山出发"到如今"走下山、走出去",开启"二次创业"新征程,近年来黄山旅游秉承改革基因,不断地反思自己,大刀阔斧推进以"组织、考核、薪酬、激励、内控"为主要内容的"五大体系"改革,坚定地探索中国山岳型景区改革发展之路。

一、危机四伏,勇蹚深水区

2016年初,章德辉临危受命担任黄山旅游的总裁。为更好地摸清公司存在的问题,他邀请信永中和团队对公司进行全面的诊断。历时半年的调研访谈、问卷调研,该团队给出了一份长达几百页PPT的问题诊断:架构不合理、职能不健全、激励不到位、内控不完整等方面的不足和差距。时隔不久,一场连夜召开的问题诊断汇报会暨黄山旅游"五大体系"改革启动会举行。会上,该团队对诊断出来的问题进行了全面的披露和分析,随后给出了解决问题的办法——一场深入的改革,具体到黄山旅游来说,即开展"组织、薪酬、考核、激励、内控"的"五大体系"改革。

五大体系改革第一步的"薪酬与考核体系优化"工作率先启动。虽然表面看上去薪酬管理只是改革的其中一项内容,但这却是要动多数人蛋糕的一次行动。唯有把硬骨头先啃下来,后面的改革才能顺利进行。而想要解决这一难题,真正应该动刀子的是要从根本上对与薪酬紧密相关的绩效考核制度进行变革。

公司首先采用目标管理(MBO)的方法,建立目标锁链和目标体系。将企业的战略目标进行逐级分解,转换为各部门、各下属单位、员工的分目标。在目标分解过程中,明确权、责、利,使各部门、各下属单位明确自身目标和工作的具体任务,并把这些目标的达成情况作为评估和奖励贡献的标准,从而实现企业总目标、各部门、各下属单位、员工的分目标互相配合,形成协调统一的目标体系。其次,确定公司绩效考核管理办法的考核主体以及考核对象:不同的考核主体将绩效考核管理办法分为三个层级,而不同的考核对象将绩效考核管理办法细化为六个部分。

二、政出令行,没有回头箭

2017年年底,在一次办公会上,财务管理中心总监李浩和人力资源中心总监吴超为是否奖励争论不休。事情的起因是,公司下属单位黄山国际大酒店2016年的亏损额高达800万元人民币,2017年将亏损额降至200万元人民币。按照新的绩效考核管理办法,符合发超额利润奖的规定,应该奖励30万元人民币。李浩认为,酒店依然处于亏损状态不能奖励;而吴超则认为市区的酒店市场竞争激烈,一直处于亏损状态,这次减亏成效显著,就应坚持按照制度给予奖励。争论传到了章德辉耳中,他果断地决定:"我们一定要遵守制度,要奖励为企业作出贡献的人。"奖励费立即到位,这件事深深地激励了全体黄山员工,原有的"大锅饭"的局面不复存在了。

2017年启动绩效考核制度,利用绩效管理工具,明晰公司价值导向,实现经营压力层层传导;让绩效考核成为"指挥棒",明确各部门、各单位的经营目标和发展方向。使各级管理者都从公司整体利益以及工作效率出发,使公司运行效率逐渐提高,同时,逐步优化公司管理流程和业务流程。比如内控指标纳入考核,使得各级员工的业务行为逐步规范。人事费用率指标的考核,使得"人效"急速提升、人力成本大幅降低。在年终总结会上,吴超欣喜道:"以前是'叫你去干',现在是'主动去干'。"

三、联动共担,股份一家亲

在启动改革方案伊始,章德辉就预感到:"用老人老体系去推动自我改革,必然会遇到巨大阻力,稍有不慎就会导致改革的失败。"因此,他直接从公司内部筛选了一部分有先进理念和进取思想的年轻人并抽调到总部,担任各类绩效改革的组长,用赋权给新改革班子的方法,削弱老人老体系对改革产生的阻力。

在实施新的绩效考核办法后,员工们干事创业的热情得到极大提高,但是新问题转瞬而来。虽然公司早在2014年就实施了统一订房,收回了各个酒店的单独销售权,但对酒店的考核仍然是以经营指标为主,导致山上的酒店为了完成经营业绩,依旧采取一些内部竞争的手段争取客户,损害了公司的既定利益。为解决该问题,设置"协同性考核指标"被提出来:针对山上6家酒店设置一个总的经营业绩指标——"区域营业收入总额",山上酒店必须在完成该指标的基础上才能拿到基本的考核分数。只要是入住山上的酒店,就不分你我,都是公司的客人。该举措既解决了山上酒店恶意竞争的痼疾,同时由经营管理公司进行统筹考核,也解决了经营管理公司权责不对等的固有矛盾。

酒店板块协同的问题解决了,但索道板块在考核中遇到的问题也逐渐浮现出来。由于绩效考核制度把索道列为利润创收部门，因此各个索道的工作人员都以如何尽可能提高所在索道的乘坐率为重点，而不关心客户体验。为此，黄山旅游转换思路，将索道部门与其他部门分开，不将其列为一个利润创收部门，而更多的是视作一个成本中心。以降低成本、提高客户服务质量为索道部门考核的主要指标。

在公司的年度考核会议上，章德辉指出，应减少利润指标考核，增加管理指标考核，促使景区内各单位将重心从完成业绩指标，转变到提升客户服务质量的轨道上来，而游客的口碑效应其实就是最好的营销，这比单纯考核景区内单位的业绩指标更有效果。由此，景区内三个重要板块——园林开发、酒店、索道的考核重心实现了从业绩指标到服务质量指标的转换，客户满意度、绿色低碳环保、安全管理等指标成为考核的一部分。

除了在价值理念上达成一致，为了进一步消除单位间的藩篱，章德辉提出了"股份一家亲"的企业价值理念，希望各单位可以加强沟通协作，共同做好服务工作，为公司的发展贡献力量。在该理念指导下，各板块之间的自主协调能力明显增强。公司旗下所有酒店可以代售门票、索道票，一改过去只能在票房买门票、在索道买索道票的传统做法；为了给临时改变行程的游客提供便利，公司旗下所有索道票实行了票务通检；为了共同培育一个新的产品组合，山上、山下的资源捆绑销售、打包销售。种种做法既提升了公司形象，也提升了游客的旅游体验和满意度。

四、持续优化，协同创价值

黄山旅游作为服务类企业，投诉与评分是服务绩效的最直观反映。因此，工作人员将自己的主要工作重点放在了投诉内容的分析之上。可是当认真了解后发现，公司通过热线及各大平台等渠道所收到的投诉中，竟有相当一部分是无效投诉，投诉内容并不能真实反映管理能力和质量。比如，顾客通过第三方 OTA（在线旅行代理）平台订了山上酒店，但 OTA 平台迟迟不能为顾客提供预订酒店的房间信息，且在退单时还要扣顾客佣金，顾客便立马投诉了黄山旅游，黄山旅游只能背锅。

当投诉不能转化为绩效改进的推动力，而仅仅作为绩效考核的结果时，实质上就失去了绩效管理的真正作用。景区每年都会针对反映的突出问题采取措施进行改进，景区服务环境也在不断变化和改善。从这一点来看，绩效考核的量化指标体系确实起到了成效。但每年收到的投诉数量波动变化较大，最初制定的量化指标放在现在是否还适用？量化指标是不是永远固定不变？有没有更合适的指标能部分取代量化指标？负责绩效考核体系投诉评分的经营管理公司综合部经理陈明提议建立一个申诉机制，成立考核委员会，给基层努力工作的员工们一次发声的机会。只有把权力继续下放，把改革的理念和信心放在第一线，让所有员工都参与到指标优化的改革中来，这样考核才真正做到有的放矢，也能大大减少无效投诉的数量。

经过几年的努力，改革成效逐渐显现。在章德辉看来，"五大体系"改革的全面落地标志着黄山旅游从过去围绕一座山的组织结构向跨区域、多元化的组织结构转变，从运营型企业向投资型企业转变。展望未来，章德辉掷地有声地说："改革只有'启动键'，没有'暂停键'，更没有'退出键'。我们必须坚定信心、勇往直前，以时不我待、只争朝夕的精神状态，积极投身到改革浪潮中去。"黄山旅游股份的绩效考核如表 8-6 所示。

表 8-6　黄山旅游股份的绩效考核

绩效考核指标		
标准绩效指标	制胜绩效指标	基准指标
业绩	超额利润指标	重大安全事故
运营	特别贡献指标	重大经济损失
管理		重大商誉损失
客户		重大违纪违法
		重大生态及环境污染

黄山旅游股份绩效考核流程如图 8-2 所示。

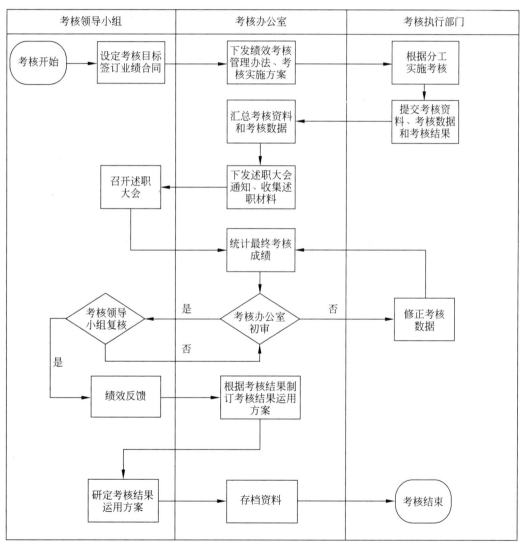

图 8-2　黄山旅游股份绩效考核流程

在改革的驱动下,公司对外拓展实现了新突破,积极推进其他传统优势业务拓展,公司实现从运营黄山一个景区到"山水村窟"联动发展。与此同时,公司还拓展了一系列新兴业务。"旅游＋基金"方面,发起设立10亿元的黄山赛富基金,29个在管项目投资中8个进入IPO程序,3个已在香港交易及结算所有限公司挂牌上市。"旅游＋新零售"方面,成立黄山华胥氏旅游文化创意有限公司,按照"一店一景一主题"目标,在黄山景区布局14家体验店,推出迎客松家族等一批深受市场欢迎的文创精品。"旅游＋小镇"方面,聚焦大黄山区域小镇开发,推进医疗康养、休闲旅游等小镇建设。"旅游＋茶业"方面,完成六百里品牌战略升级方案和发展规划制定,推进品牌战略升级。"旅游＋供应链"方面,联合打造农产品区域公共品牌"田园徽州"项目,依托黄山丰富物产,整合农产品的种养、采购、加工、配送、销售等资源,打造一体化特色农产品供应链系统。

从"重内容"到"重体验",游客旅游需求在转变,创意创新的产品越来越受到游客们的欢迎,黄山也成为"创意之山",展现了它的独特魅力。

思考题:

1. 根据所学知识,分析黄山旅游成功转型的原因。

2. 在文旅融合时代,结合黄山旅游所实施的变革措施,谈一谈旅游企业发展所应采取的具体做法。

资料来源:

[1] "五大体系"改革给黄山旅游带来了什么?[EB/OL].(2019-11-13).https://baijiahao.baidu.com/s?id=1650046750041427326&wfr=spider&for=pc.

[2] 疫情寒冬,文旅第一股如何自救?[EB/OL].(2022-04-30).https://www.163.com/dy/article/H67Q8ONS0524879C.html.

[3] 黄山旅游:董事长兼任集团董事局主席 大刀阔斧推进"二次创业".[EB/OL].(2022-03-17).https://finance.eastmoney.com/a2/202203172314198286.html.

[4] 黄山旅游发展股份有限公司[EB/OL].https://www.hstd.com/.

[5] 黄山旅游 十年筑梦谱华章 奋勇前行向未来.[EB/OL].(2022-10-28).http://sl.china.com.cn/2022/1028/155288.shtml.

[6] 安徽省文旅产业典型企业分析——黄山旅游集团.[EB/OL].(2021-05-24).https://baijiahao.baidu.com/s?id=17005979265559892014&wfr=spider&for=pc.

即 测 即 练

第九章

企业数字化实施的战略演化

【本章学习目标】

1. 了解数字化的内涵,把握企业数字化转型中的"变"与"不变";
2. 如何进行数字化组织结构变革,其措施有哪些;
3. 学会认知和分析企业数字化实施战略中的变革;
4. 掌握业务流程数字化转变的内容。

【开篇案例】

X 新世代 数字化赋能科技福田

随着互联网等 IT(信息技术)的快速发展和应用,汽车行业面临更加白热化的竞争。汽车企业纷纷开始探索企业商业模式和组织管理模式的持续创新。北汽福田汽车股份有限公司(以下简称"福田汽车")借助大数据完成企业数字化转型,截至 2021 年 4 月,累计产销量突破 1 000 万辆,2020 年完成 68 万辆,销售收入 1 000 多亿元。2021 年世界品牌实验室发布的《中国 500 最具价值品牌》排行榜,福田汽车品牌价值达到 1 808 亿元。

一、福田汽车数字化转型的驱动因素

对于福田汽车来说,数字化转型的驱动因素,除了技术驱动以外,福田所在的商用车行业面临着非常大的挑战。汽车市场 C 端客户的需求逐步向汽车新"四化"的方向发展,现在的汽车产品已经脱离了原来交通、运输工具的传统定义,成为一个移动终端,而这个移动终端在未来将发展出对应的生态体系。如果产品技术的发展跟不上,适应客户变化的商业模式跟不上,国家法规政策变化时跟不上,那么这个企业在未来将没有太大的发展潜力和竞争力,在这个行业很快就会掉队。福田汽车自 2003 年开始进行信息化建设,2015 年完成云平台和电商数字营销平台的建设,这是福田汽车进入数字化转型阶段的标志。

二、福田汽车数字化转型顶层设计

福田汽车数字化转型的顶层设计采用"一云、四联、四化"的数字化发展战略,"一云"指混合云。"四联"指产业链数据互联,工厂内部数据互联,企业和产品互联,企业与客户互联。"四化"指规模化定制、智能化生产、数字化研发、服务化延伸。福田汽车在数字化转型的过程中通过统一规划、分工合作,保障整个技术架构和数据标准的统一,并坚持业务场景和数字化技术融合、一体化运营。福田汽车从 2018 年进行战略调整,聚焦商用车业务,从产品到服务,做整个物流产业的智能、移动终端,用业务场景定义商用车的立体描述,围绕设计好车、造好车、卖好车、用好车四个维度将业务场景和数字化技术融合,用数

字化对福田汽车的四个环节进行改造和赋能。

三、全生命周期的管理数字化

首先是设计好车。在研发方面，福田汽车建立了以项目管理为主线、以质量控制为核心的产品创造质量保证体系 FCVDS，在工时、关键交付物、核心质量管理、过阀管理等方面积累了 10 余年经验，在开发的基础之上经过不断迭代，已经形成了成熟、专业化的平台。在研发数字化协同平台的基础上，福田汽车拓展研发数字化双孪应用，并实现市场-规划-研发一体化和设计-仿真-验证一体化及研发-制造-服务一体化的全过程产品创造能力再升级。

其次是造好车。供应链协同的核心是实现业务流和数据流协同，协同端到端流程打通，完成产品创造流程和订单交付（OTD）流程的集成协同，提高产品交付能力，提升产品质量和交付效率。福田汽车为供应链协同赋能，在订单满足率、可控 CPV（每辆车成本）、报交效率等方面实现提升，同时降低了采购成本。

此外，数字化工厂是福田汽车的建设重点，通过采集生产过程中各类自动化设备、RFID（射频识别）、二维码、工装拣配等数据，运用自身模型和算法，建设 WMS（仓库管理系统）、ERP（企业资源规划）、MES（生产执行系统）、LES（物流执行系统）、IoT（物联网）系统，围绕产线制造工艺虚拟化、生产过程自动化、设备预测性维护、产品质量控制、仓储物流可视化五个方面的应用，对生产过程进行优化。

最后是卖好车、用好车。在营销服务方面，以客户为中心，为客户提供 360 度解决方案，建设全渠道营销体系。用好车是围绕客户的用车过程提供全生命周期的一站式专业化服务。例如在远程技术支持服务方面，通过 VR 实现后台和前台一致的技术交流和沟通解决方案，处理疑难问题。

福田汽车现有会员 453 万，月活跃量 60 万，道路救援 26 万次，在线服务商 8 425 家，保养提醒服务发送 75 万条，电商渗透率 2.5％左右，每个月大概通过 DMT（成熟度验证）转换 3 600 辆车，占福田汽车销量的 2％～2.5％。

大数据治理是福田汽车数字化转型的核心。过去 5 年，福田汽车建立了数据管控、数据采集、数据建模及数据服务相结合的数据管理体系，为福田汽车内外部提供了数据可视化及数据共享服务。对于福田汽车这样的传统企业来说，难度最大的是过去不同域的产品数据可能存在标准差异，要通过建立数据标准，进行数据整合和数据治理，建立数据中心，然后是数据建模，最后形成管理驾驶舱。

福田汽车"十四五"的愿景目标是挑战 100 万辆车，打造产品力、营销力、订单交付力和盈利能力四大核心竞争力，通过数字化转型提升产品体验，提升客户黏性，提升企业经营全过程的可视化程度。

思考题：
1. 简要分析福田汽车数字化转型的动因。
2. 简要分析数字化在福田汽车公司具体表现。
3. 简要分析福田汽车数字化投资对其产品与服务有何成效。

资料来源：福田汽车副总经理杨国涛：X 新世代 数字化赋能科技福田［EB/OL］.（2021-11-01）.
https://www.sohu.com/a/498477974_121124373..

第一节　实施中的变与不变

数字化逐渐成为全球技术变革的核心战略方向。《2019 埃森哲中国企业数字转型指数研究》报告显示,2018 年中国数字经济规模达 31.3 万亿元,已占我国 GDP 的 1/3。政策层面,国务院在 2016 年发布的《"十三五"国家战略性新兴产业发展规划》中明确表示,将对涵盖"互联网＋"、云计算、大数据、物联网、智能制造等在内的新兴产业进行大力扶持。诚然,我国数字化产业发展前景明朗,但企业向数字化转型的进程并非一帆风顺。《2019 埃森哲中国企业数字转型指数研究》显示,中国企业在数字化转型方面成效显著的比例仅为 9％,平均成绩只有 45 分。数字化转型之路的曲折也非中国特例,如学者指出的,全球企业的数字化转型实践都亟须具备现实洞察力和战略导向的系统性理论框架来指导。在数字化成为无可逆转的趋势背景之下,战略管理理论能否指导企业实践关乎一个企业乃至整个产业的兴衰存亡。

一、数字化转型的本质

(一) 数字化转型的内涵与目的

从人类的历史来看,所谓革命本质上就是效率之战,用高效率打败低效率。数字化被誉为继工业革命之后的又一重大革命。农业革命给人类带来了先进的耕种、畜牧、养殖技术,以农耕养殖取代了狩猎采集,从而使整个人类不再为了生存而奔波迁徙。工业革命使人类进入电力、石油、工厂和机器的时代,以机器取代手工劳动,以工厂取代家庭作坊,从而创造了倍于农业社会的物质财富。现在,以互联网和物联网为特征的数字化时代,又一次使社会整体效率得到大幅度提升。

数字化,简单说就是将信息用数字的形式表示出来,将问题和现象转化成为可制表分析的量化形式,通过分析提取有用的信息,形成相对科学的结论。数字化转型是指企业利用人工智能、大数据、云计算、区块链、5G 等新技术,建立一种全新的、以数字技术为核心的、富有活力和创新性的新商业模式,帮助客户达到开源节流、降本增效、控制风险、提升口碑、走向国际的效果,从根本上提升竞争力。要特别强调的是,数字化转型不仅是源于企业的信息系统变革,而是由数字技术发展驱动的企业业务系统的整体变革,包含各种企业管理要素的变革。

数字化转型过程中新技术的应用并不是目的,转型的根本目的是提升产品和服务的竞争能力,让企业获得更大的竞争优势。数字化转型本质上是业务转型,是新一代信息技术驱动下的一场业务、管理和商业模式的深度变革重构。其中,技术是支点,业务是内核。企业数字化转型,着重点是企业转型,数字化只是实现的手段,更多的是对企业本身业务进行重大改革,涉及流程、组织、人员等方方面面,在变革过程中利用数字化的技术手段,更容易重组优化原有业务流程,提升运营与决策效率,减小阻力。此外,数字化转型是一个长期系统工程,是一项艰巨的任务,多数企业需要 3～5 年甚至更长时间才能取得显著成果。对于大多数企业而言,数字化转型面临的挑战来自方方面面,从技术驾驭到业务创新、从组织变革到文化重塑、从数字化能力建设到人才培养,数字化转型的成功不可能一蹴而就。

（二）数字化转型的特点与挑战

在互联网技术全面渗透的时代环境下，企业数字化转型呈现出以下特点：第一，用户为先。无论做什么，必须把用户放在首位，使用户研究成为企业数字化服务的核心比代码、架构、方法论更为重要。如果用户觉得很好，企业所提供的产品和服务将得到用户的认可，最终也会更加成功。第二，数字资产成为创造价值的新源泉。数字化转型不仅仅是将新技术简单运用到生产过程中，更应该在转型过程中不断积累并形成围绕数字资产构建数字世界的竞争能力，让企业拥有更大的竞争优势。第三，融合共享成为数字化转型的核心理念。数字化转型首先是数据的融合共享，然后推动业务的融合共享，从而实现企业内外部资源的高效整合，提升企业运营效率和客户服务能力，为企业发展赋能。第四，及时反馈。在数字化的世界中，客户都期待自己的请求能够获得即刻的反馈，数字化世界的响应时间已经开始用毫秒做单位，甚至要求做到全天候接受请求。第五，定期更新完善。例如世界领先的云计算服务平台 AWS（亚马逊网络服务），它为全世界各个国家和地区的客户提供一整套基础设施与云解决方案，据统计，它曾在两周的时间范围内更新了 28 次。数字化平台应该尽可能以必需的频率完善自己。

企业在数字化转型过程中会面临各种各样的挑战：第一，未来的数字化企业将以完全不同的形态和方式运行，数字化转型过程打破了传统企业所在的"舒适区"，在缺乏经验的未知领域探索，新、旧两种文化观念将存在长期的冲突。第二，数字化转型不仅要求企业能够迅速学习和掌握新技术，还需要将新技术融会贯通形成组合优势，并且在业务变革上找准结合点，使之运用和改变现有业务，这对企业驾驭新技术的能力提出了极大挑战。第三，为了有效推进数字化转型，必须同步进行组织结构变革，转型本身是动态的，在转型过程中如何建立并调整与转型匹配的组织结构是一个重大挑战。转型人才也是行业转型中面临的一大挑战，数字化转型不仅需要新技术人才、业务创新人才，更需要能够将新技术与业务结合起来的跨领域人才，高水平的转型人才队伍建设是数字化转型不可避免的一个问题。第四，数据泄露、恶意软件和漏洞数量的急剧增长，使得缺乏安全性成为企业数字化转型所面临的更大的风险，如果处理不当，将会失去客户信任，威胁市场地位。[①]

二、数字化转型中的"不变"

目前，数字化技术已经加速或显著加速地改变了 90％以上商业组织的创新步伐。企业数字化转型已经不再是选择走不走这条路的问题，而是选择走什么样的路径和如何走好的问题。在数字化转型的道路上，企业唯有把握其中的变和不变，才能加速数字化转型，并从中真正获取收益。

第一，可持续增长的目的不变。对于每一家企业来讲，如何实现可持续发展都是企业始终思考的首要问题。科尔尼对全球 53 个国家的 25 000 家企业的研究表明，价值型增长是企业可持续增长的"金色轨迹"——通过平衡收入规模增长和利润或现金流的增长，

---

① 崔竣豪.业界都在谈的"企业数字化转型"是什么？［EB/OL］.（2019-01-30）. http://www. 360doc. com/content/19/0130/11/30119791_812124587. shtml.

企业才能够获得可持续增长。而数字化转型通过数字化技术的应用可以帮助企业更好地实现价值型增长。

大家熟知的 SMAC（社交、移动、分析和云计算）数字化技术已经推动了迄今最大规模的企业和市场转型。新的 DARQ（分布式账本技术、人工智能、扩展现实和量子计算）数字化技术同样是能颠覆世界的科技，其力量不容忽视。分布式账本技术将以低成本的方式解决个人信用问题，而不再需要受信的第三方进行信用背书。人工智能在优化业务流程和智能决策方面起着举足轻重的作用。扩展现实作为一项沉浸式技术，打开了人们体验这个世界并与之互动的新天地。量子计算则能够采用全新的方式解决最为棘手的计算问题。从众多先进企业的实践来看，数字化技术也具备这样的超能力，通过新体验、新速度、新价格、新产品、新服务、新模式等方式为企业创造了新价值，又增加了新的数据驱动业务，为公司贡献了新的利润增长点。

第二，为客户提供优质服务要求不变。市场经济环境下，几乎所有的产品和服务都会出现供给过剩，买方市场压力之下，只有提供最优质产品和服务体验的企业才能够生存。在移动互联时代，这一点显得尤为突出。在数字化转型中，企业要坚持以客户为中心，运用数字化技术力求发现新客户、新需求，改良现有的产品和服务模式，给客户带来新产品和新价值，从而促进业务的发展。如乐高通过扩展现实技术为客户即时呈现玩具拼装好的效果，创造了一种新的用户沟通方式。逐渐进入我们日常生活的智能音箱，"天猫精灵""小爱同学"等采用 AI 技术为人们提供了便捷的一站式服务入口，人们了解天气变化、聆听音乐、获取相应的信息等都可以通过语音对话的方式完成。

这些企业为客户创造价值的方式虽然各不相同，但从创造价值的本质都做到了以客户为中心，真正从客户的需求入手，基于客户需求进行产品或服务创新。因为这些企业都明白一个基本道理：只有客户的成功，才有企业的成功。企业的可持续发展，归根结底是要满足客户需求。

第三，尊重人才的文化不变。数字化时代，部分机械重复性岗位、危险性岗位确实要被机器人替代。即使没有被代替，其工作内容也发生了巨大的变化。以亚马逊的仓储管理岗位为例，其工作不再是传统的收、发、存和搬运，而是主要扮演机器人操控师和技术监察员的角色。但是，大量全新的岗位和角色又因数字化转型而得以产生。比如京东金融虽然不再聘用传统的信贷员，却增加了 3 000 多个与风险管理或数据分析相关的新岗位来完善公司数字化借贷算法。这些新岗位是人类技能和数字化技术赋能叠加的复合型岗位，对员工的技术水平要求更高，胜任这些岗位的人将是"人机协作"的超级员工。此外，数字化技术不仅帮助员工增加了原有的技能和经验，还赋予了员工更多的新能力。当技术帮助员工充分挖掘自身的潜力、让员工获得超级能力时，员工将面临更多的选择机会，员工跳槽的速度将越来越快。

数字化时代，人才仍是企业发展的第一资源，尊重人才的企业文化仍然很重要。企业人才的结构将发生巨大的变化，对人才能力（特别是数字化技能和创造力）将提出更高的要求，人才激励和保留的挑战越来越大。每个企业在投资数字化转型的同时，也需投资人才队伍的转型，更应该投资人才管理模式的升级。与此同时，领导力也需要转型，领导层要打碎传统的封闭保守、等级森严、论资排辈、虚伪算计的领导模式，采用尊重个人价值、坦诚开放、高度参与、真实透明的领导方式。

第四，以人为中心的理念不变。虽然数字化技术是人类强大的工具和助手，但它本身没有价值观，不辨是非，无法超越人类意识形态的范畴。但数字化技术将会高倍放大人性中的善与恶。据美国科技媒体报道，在亚马逊的仓库里，一个工人每小时必须完成几百个包裹的包装工作。强大的 AI 系统不仅跟踪每个人的工作进度，还能精确计算工人消极懈怠的"摸鱼"时间。亚马逊的 AI 监工可以根据实时数据，生成在线解雇指令，直接绕过主管开除工人。员工必须像机器一样时刻不停地工作，个人的身体和心理健康因此也受到了极大的伤害。利用数字化技术提升管理效率无可厚非，但如果使用数字化技术的出发点是错误的，缺乏人文关怀，科技则会成为人类作恶的帮凶，可能无限放大人性中的恶。数字化技术能够造福人类，但前提是人类要善用科技，利用技术把人类的善心最大限度地激发出来，而不是滥用，甚至恶用。[①]

三、数字化转型中的"变"

数字化时代，技术赋能使企业相较于市场在降低成本、资源调配以及环境响应方面都显示出截然不同的效率。与此同时，战略管理的研究对象也由以往的单一企业或交互企业网络转变为模块化、多变化、动态化的企业，共享平台以及生态系统。在此背景下，现有组织存在的必要性受到了前所未有的挑战，企业如何适应新的市场逻辑并激发企业生态间的合作潜能成为重要的研究话题。

（一）数字化转型中变化的企业环境[②]

1. 人工智能挑战人力资本

数字化革命也被称为"第四次工业革命"，至此人们开始进入智能时代。在这一轮革命中，最重要的区别在于，过去所有的技术革命都是淘汰生产资料，而这一轮技术革命开始淘汰人这一生产力。数字化变革，一方面大幅度提高了企业相较于市场在配置效率上的先进性，另一方面给传统工作模式与人力资源带来了威胁与挑战。

人工智能在某些领域会替代人力资本。智能算法的纯粹理性与高计算能力已经使其在许多情况下成为优于人类的潜在决策者，AI 对管理者的控制权与决策权产生了挑战。马祖赫（Masuch）和拉波廷（LaPotin）提出了一个利用人工智能进行决策的模型，该模型能够同时考虑决策成员互动、成员能力、成员行为、问题及结构等因素，模拟结果显示结构化组织中的决策可能与组织的无政府状态下的决策一样混乱。因此，算法决策的可靠性仍值得进一步商榷。此外，数字化也对劳动力市场构成了潜在威胁，强个体的出现导致雇佣关系趋于不稳定乃至消失，从而削弱了企业作为承诺集合的理论视角。人力资本的流动性加剧，跨界流动已成为大势所趋。数字化转型替代现有工作岗位加剧了减少员工自主权、降低员工工资、降低决策理性、增加组织风险及增加社会不稳定性的可能性。

---

① 景成芳. 企业数字化转型的四个"变和不变"[EB/OL]. (2019-05-16). https://www.sohu.com/a/314657929_120052156.

② 陈冬梅，王俐珍，陈安霓. 数字化与战略管理理论——回顾、挑战与展望[J]. 管理世界，2020，36(5)：20，220-236.

2. 问责响应器的强化

组织作为外部环境的响应器,与利益相关者之间的关系也在数字化时代发生了一系列转变。其中,组织问责的问题就愈加凸显。通过数字化技术(例如移动设备与社交媒体),公众可以及时报告和广泛散播组织及其员工的问题,从而对组织进行监视。因为组织担心因负面报道而失去声誉,数字化时代组织问责将得到加强。同时,由于通信手段的完善、信息的快速扩散,企业存在的根本意义不再是单纯的盈利,还应考虑到人道主义精神和企业社会责任等行为。数字化时代组织问责机制的增强也可能是一把双刃剑,公众对数字化技术的利用会使组织的责任感进一步恶化。例如,卡鲁纳卡兰(Karunakaran)通过 24 个月的民族志田野调查发现,数字化组织问责会增加组织前线专业人员的风险规避,破坏其角色认同,使组织与公众之间的角色关系紧张,从而限制了公众的可用资源。

3. 新创企业冲击传统企业

数字化革命带来了线上繁荣,同时也对传统行业产生了巨大的冲击。一方面,新创企业存在先天优势,成立时就自带新的商业模式,而传统企业则需要付出更多才能适应新的市场规则。这些新创企业的商业模式对行业内的传统企业构成了巨大威胁,这些动态可能会影响市场的规模经济和集中度,并影响企业实现和保持竞争优势的方式,正如平地造高楼比拆除改建更为高效。像 Uber 和 Airbnb 等点对点平台的进入会对同一细分市场的现有企业的绩效产生负面影响,这些平台上的供应增加不仅导致竞争加剧,还引发了消费者的偏好向直接搜索产品和在线交易转变,这种需求方式的转变也促使现有企业越来越多地使用点对点平台之类的竞争平台以吸引消费者并在线推广其产品。另一方面,像星巴克和联合利华这样的老牌企业,拥有客户基础、覆盖规模等更为丰富的资源优势,数字化优化也可能催生出更为强大的竞争优势与价值创造,因此不同类型企业受到的影响程度可能不尽相同。

4. 跨界竞争打破产业边界

数字化革命也被称为新产业时代。工业时代是原有生产要素的组合,而在新产业时代,数字化把原有要素全部更新为数字的价值,出现了新的组合,新组合完全改变了各个产业的空间。数字化技术带来的跨界竞争成为重要的研究话题。从未涉足某一行业的新创企业加入该行业对这个行业边界的理解是截然不同的。例如腾讯觅影的 AI 辅诊,有效降低全科医生漏诊率,辅诊准确率高,而且能提供实时诊疗建议。此时,人工智能和医疗产业之间的空间完全改变了,腾讯这一高科技平台企业就成功打入了医疗健康行业。而过去全球折扣零售连锁店的代表是沃尔玛,如今在零售方面最代表未来、成长性最高的则是亚马逊——一家数字化智能企业。大量新创企业的涌现使企业是更注重内部研发还是外包的争论再次成为探讨热点。

5. 竞争逻辑转向共生逻辑

数字化时代在拓展产业边界的同时,也改变了商业竞争的底层逻辑。数字化转型是对传统商业关系进行重构的过程,重构之后的新型商业关系形态重新定义了企业产品用户的市场角色,代表着更强连接、更多交互、更多维度的价值创造模式,也成为企业在数字化革命中赢得竞争优势的关键所在。首先,平台间的竞争不再是一场零和博弈,如何通过强强联盟的生态构建与产品组合以扩大市场成为平台企业竞争的关键。率先与大型平台、与更多其他平台或企业展开联合的企业平台,会在更广泛的领域内获得强链接能力和协同优势。其次,除了平台企业间的合作,更为重要的改变是数字化时代的消费革命带来了消费需求与生产过程的融合。此外,信息与资源的有效共享以及新联系的形成也为创新提供了新的可能性。

(二)数字化转型中变化的观念

1. 企业领导者高度重视

数字化转型是"一把手"工程,这已成为实务界对数字化转型的一致认知。企业领导者是数字化转型的决策者、发起者、推进者和引领者,因此企业领导者的决心和参与程度对数字化转型的成败起着非常关键的作用。一般而言,企业领导者作为数字化转型的引领者需要努力做到:①充分认识到数字化转型对于整个企业的价值所在。②决策观念要从经验判断向数据决策转变。③对数字技术、新兴商业模式保有高度敏感的洞察力,并能时刻反省和调整企业的转型战略。例如,当大多传统企业都认为数字化转型依靠信息部门或技术部门时,华为便意识到企业的数字化转型是"一把手"工程。任正非以开阔的视野与发展的思维,坚定地领导和驱动了华为的数字化转型之旅。华为认为企业数字化转型是组织、人才和文化的转型,基于此,任正非亲自领导华为的数字化转型,建立业务职能团队、IT 服务化平台、运营指挥中心的"铁三角"组织,全面推进华为的数字化转型。如今,华为已成为行业内数字化转型的标杆企业。由此可见,数字化转型的成功实施,离不开企业领导者的高度重视。

2. 改变对数字化转型的错误认知

数字化转型战略是企业数字化转型的顶层设计,缺少顶层设计的数字化转型必然不会成功。制定科学的数字化转型战略的首要前提就是改变对数字化转型"唯技术论""唯业务论"的错误认知。真正的数字化转型绝不是一蹴而就的,也不是引进数字化系统这么简单。企业领导者需要明白:数字技术只是赋能者,传统企业的数字化转型不是企业某一业务部门或技术部门的事情,而是由企业最高决策者来制定转型战略,从企业战略和组织设计一直到运营管理各个环节,均需要自上而下地部署企业各职能领域和业务领域的战略转型任务。例如,海尔集团以颠覆式创新的管理模式和组织文化,建立全员的数字化思维与正确认知,实现自身的数字化转型。海尔集团作为一家以"自以为非"为文化基因的企业,从数字化转型启动时便摒弃传统企业数字化转型的"技术至上""效益第一"等错误认知,明确了"用户价值第一""员工价值至上"的"人单合一"的价值理念,探索出了一条独特的数字化转型之路。

3. 制定科学的战略规划

数字化转型战略比传统企业战略更具有前瞻性,最佳的数字化转型战略需要对外部环境和预期变化作出反应并具有明确的方向。这就需要企业制定出详细的数字化转型战略规划,并采取有效保障措施来确保规划得以实施。在这一过程中,往往需要企业立足于顶层设计,自上而下地引领企业的未来发展。首先,开展全面评估,量身定制自己的数字化转型战略。其次,实施最符合客户价值的数字化运营体系。再次,转变管理结构、理念和能力。最后,构建可持续发展的数字化生态圈。此外,在制定数字化转型战略规划时,企业还需注意:①根据企业内外环境的变化,以满足客户需求为核心,制定一套具有前瞻性的数字化转型战略,并使其在企业数字化转型实施过程中真正发挥关键指导作用。②对企业现有的业务和运营模式等进行评估,找出缺口,确认管理流程和工作方式中必须作出改变的环节,并建立一个生态系统以确保战略得以实施。③建立一个专业的人才团队来负责数字化转型战略的反馈完善以及监督实施。

4. 数字化技术应用与组织结构相匹配

在数字化转型实践中,企业首先要清楚自己发展的瓶颈所在,有针对性地引入数字化技术予以解决发展难题,打破传统业务与数字化技术之间的界限,进而建立起新的数字化组织或者变革传统组织结构,以便实现数字化技术应用与组织结构的匹配,进而重构企业的业务模式和管理流程。一般而言,成功的数字化转型的组织具有以下三个特征:①敏捷性。数字化转型要求企业打破传统的层级式组织结构,构建扁平化的敏捷型组织,做到以客户需求为中心、扁平灵活和快速响应。②个性化与包容性。数字化转型要求企业组织在结构和文化方面具有一定的个性化与包容性特征,以适应数字技术带来的快速变化。③生态平台性。新的数字化组织是一种数字化实践、结构和价值提升的综合安排,生态平台型组织是数字化背景下衍生的一种常见的企业数字化组织形式,如海尔集团的"小微"组织模式、华为的"铁三角"组织模式。在企业数字化转型实践中,将数字技术应用与组织结构很好地匹配,以保证数字化转型战略的顺利实施。

5. 数字化新业务与组织适应能力相匹配

数字化新业务与组织的适应能力匹配体现在组织文化、数字化人才同数字化新业务开展之间的匹配。传统企业在数字化转型过程中,要建立起创新且具包容性的文化,注重数字化人才的开发与培养,以便使数字化新业务与组织适应能力相匹配。在当下的数字化转型实践中,很多企业并没有赋予组织文化新的数字化内涵,甚至在企业全体人员尚未对数字化认识达成共识的时候,就盲目地启动了数字化转型,结果必然导致企业在数字化转型过程中遇到层层阻碍,数字化转型最终流于失败。

第二节　数字化组织结构变革

在数字化浪潮的冲击下,传统企业的组织与管理模式受到巨大的挑战,需要更好地适应数字化业务的开展、应对瞬息万变的竞争格局,面临着数字化的转型要求。越来越多的传统企业增加了线上业务宣传和交易功能,与互联网的功能紧密融合。与此同时,互联网企业也纷纷与实体产业进行更紧密的合作,将网络平台作为信息传输媒介,实现从产业链端到价值端的撬动与活化。

如此,互联网产业与传统产业的边界正在逐步模糊,可以说,互联网不再是单独的一个工具或者行业,而变成了一个基础设施,成为所有企业的必备资源。正是在互联网等数字化技术的推动下,越来越多的企业开始加入"跨界融合"的队伍,并通过数字化融合带来的差异化形成竞争优势,拉动着越来越多的企业加入这场数字化融合的浪潮。不同于传统行业产品的制造与营销模式,数字化产品的开发与运营不再强调规模化与标准化,转而对产品线的敏捷迭代能力与对市场、客户需求的敏捷响应能力提出了更高的要求。同时,企业的核心资产也随着业务的数字化转型从场地、设备、资本等有形资产开始向数据、算法、技术、资质等无形资产转移,呼唤着新型技术开发模式与数据共享模式的出现。最后,数字化产品的开发与运营需要更多"产品经理、客户经理"等复合型人才的支撑,而不仅仅是流水线上的"专业工种",这也带来了企业对新型人才管理机制的转型需求。

一、数字化时代组织发展趋势

(一) 网络化

网络化组织在构成上是由众多灵活、敏捷、多技能的工作团队(工作单位)组成的联盟。各工作单位在地位上平等、行政上独立,在经营业务上又有联系而唇齿相依,因而从工作团队之间的关系看类似于一个网络。所以,我们称这种企业组织结构为网络化组织,对应的每个工作团队则是整个网络中的一个节点。网络化组织具有如下特征:①工作团队拥有经营所需的权力和资源,并全权负责本团队的经营职责。②团队成员间的权力与地位相等,各项决策均由团队共同制定。③工作团队之间关系密切,并相互提供援助。

网络化组织有两种形式:一种是"外部网络",即各个独立的企业组织之间的联盟,它具有强大的虚拟功能。另一种是组织内部按网络制运作的"内部网络",即通过企业重组把企业改组为由若干独立的经营单位组成的网络制组织。层级制组织形式的基本单元是在一定指挥链上的层级,而网络制组织形式的基本单元是独立的经营单位。

(二) 平台化

数字化浪潮中企业发展一个明显的趋势是平台的大量涌现,平台经济甚至逐渐成为主流的经济模式。平台往往由一个相互作用的社区形成,社区中互补的企业和个人共同发展其能力,定义其角色,并受到统一的架构和规范的约束。由于这一组织形式与生俱来的高竞争、高互补、网络性和长尾效应等特点,平台的概念已经受到来自产业经济学家、技术管理学者以及战略管理学者的极大关注。主导性平台的出现、平台中的网络效应、平台中的互补资源、平台的竞争优势、平台中各方价值共创等主题都收获了大量的研究。另一大趋势是平台定制化服务的广泛推广。例如,在数字音乐平台中使用同行推荐系统能够有效提高消费者发现新产品的效率、扩大新产品的搜索范围、降低新产品搜索过程中的不确定性,进而改善消费者的平台使用效用和购买倾向。

平台型企业的"业务",主要是一个"供应链管理支持平台"。利用统一的供应链管理信息平台使用户和供应商更有效地追踪与管理需求、材料供应、计划、生产、配送活动数据,并能控制采购供应过程,实现用户与供应商的无缝衔接。对于用户来说,它是一个可靠的低成本供应源,对于生产商来说,它是一个通往市场的渠道,从而为所有的参与者带来丰厚的利益。海尔和晨星等公司的实践说明企业无论大小,无论是否采用平台商业模式,在其每个发展阶段都可以采用平台型组织激发创新活力,而人人平台组织则代表了新时代一个充分将创新与资源相结合的新模式。

(三) 生态化[①]

在新经济的环境下,企业正变得越来越"生态化"。社交化促进企业间的合作互联,形

① 长城企业战略研究所.企业走向生态化——有生命的组织系统(下)[J].新材料产业,2018(4):66-70.

成连接一切、去中心化、网络化生产的企业生态圈,企业之间的竞争升级为生态圈之间的竞争。技术创新和人本经济改变了企业内部组织的运作逻辑,越来越多的企业组织由传统的线性发展转向多维发展,形成广分布、共生、自驱动的生态型组织。

生态型组织如同自然界中的生态圈,也是一个互利共生、自发运行、可持续发展的生命系统。与有边界的传统组织不同,生态型组织是一个开放的体系,通过打破组织界限,极大降低了管理熵,提高了运行效率。生态型组织通过搭建平台,与组织内外部的个体共享创新资源,共同发展。组织中的资源和人在生态化的管理制度下自由流动,实现整个组织的利益最大化。它强调以人为本,组织与人由传统雇佣关系转向互利合作的关系,员工在自我管理的模式下,最大程度上解放自身的价值,不断激发组织的创新生命力,完成共同的组织目标。生态型组织通过对业务的拆分重组,简化组织结构,提高组织的灵活性和敏捷性,跟随环境变化不断进化,始终保持与外部环境的动态平衡。

二、数字化进程组织结构选择

组织结构通过影响组织中的信息流动和决策倾向,从而影响企业的战略制定及未来绩效。关于企业正式组织结构的讨论缘于韦伯提出的科层制管理的基本模式,即通过等级权威和集权控制等正式的制度实现生产要素的有序化,从而提高生产效率。对科层制组织结构的讨论经历了直线制、职能制、直线职能制、事业部制和矩阵制的发展演化。企业往往按照其所处发展阶段、战略定位、外部环境、行业特点等采取最为合适的组织结构,也即一种基于权变思想的战略选择。

企业向数字化转型的过程中常因为对新技术、产品及市场反应没有十足的把握和预测而面临较高的不确定性和模糊性,这种模棱两可的状况甚至可能引起组织决策体系的瘫痪。随之而来的关键研究问题是何种组织结构更适合数字化企业。正式的组织结构作为一种企业精心设计,为实现组织效率而建立起来的有明显规则,程序和导向的层级关系,在企业数字化转型的过程中,能够帮助企业管理者和员工深入理解数字化技术带来的挑战和不确定性,为相关的创新活动提供方向和引导,从而有效降低创新过程中的模糊性,提高企业创新的程度和绩效。

除以往的战略理论中强调的正式和非正式组织结构之外,数字化时代的组织结构设计逻辑和机制也发生了变化。

首先,在以往的研究中,企业内部的组织和结构设计常常依赖产品线。目前常见的事业部式组织结构即如此,各事业部其实是相对独立的产品或产品群体系。但数字化新技术的发展改变了企业内外产品组合的方式,传统定义下无关的产品在数字化情境中可能成为一个有机整体。数字化技术的发展将会打破传统产品线之间的界限,以往毫无关系的产品可能会被重新组合,因此亟待一种更新的方法对企业的硬件、软件等产品及服务进行分类,并以此为依据设计出合适的组织结构。此外,企业除了生产过程、流程之外,其设备、产品、资源、决策体系等都要实现系统互通、数据互联。因而数字化背景下企业组织结构设计逻辑的另一个发展趋势是将业务流程模块化,并依靠即插即用功能来丰富不同资产之间的连接。

其次,数字化时代下企业竞争已从"大鱼吃小鱼"转变为"快鱼吃慢鱼"的模式。所谓快鱼,就是能够快速适应客户、市场、竞争环境变化的企业。在数字化时代高竞争强度的环境下,企业要获取竞争优势,打造敏捷、快速决策、高绩效的组织方式显得尤为重要。数字化企业中的信息需要快速在组织层级中传播,企业因而需要组织多功能的、集成的指挥中心来增强组织感知和响应内外部需求的能力。

在战略管理领域,已逐渐出现了探讨数字化相关的新技术如何催生新的组织结构形式的研究。默里(Murray)等的研究提出了一种区块链技术驱动下形成的新的组织结构——分权的自治组织。这种组织不再由管理者进行管理,而是完全通过智能合约协议对交易进行编码和执行。这种转变将会改变已有代理理论中对委托-代理问题的探讨。新的组织形式中的部分委托-代理问题可能消失,企业所有者将不再需要代理人完成某些交易,复杂的交易可以在区块链主导的系统中完成。其次,具备深厚技术储备的企业所有者在是否使用代理人的决策中将享有更高程度的自主权。企业所有者将面临新的管理挑战,例如:①哪些管理职能应当被区块链技术替代?②企业如何能够将区块链技术特有的分权形式融入已有的组织结构,同时保留适当的控制权?回答这些问题将会为企业的数字化转型实践提供思路和方向。合理、高效的组织结构可能成为数字化背景下企业整合组织资源的战略资产和竞争优势的来源,对企业中长期的发展具有关键性的作用。这种能力的构建,需要有信念、战略定力和投入,可能暂时看不到回报。但是,一旦能力构建起来,会助力企业的中长期发展。在市场环境不好的情况下,这恰恰是企业练内功的最佳时机。

三、数字化转型组织结构变革

传统组织结构以金字塔状的层级组织为代表,这类组织结构架构严谨,分工界面清晰,便于监控,但其弊端亦十分明显。例如,机构臃肿,权力集中,致使信息传达逐层递减,底层员工难以理解顶层意志。各项流程审批复杂,跨部门协作效率低下,难以对市场快速响应。总体而言,金字塔式组织结构严谨有余,但灵活不足,与数字化服务所要求的敏捷型组织结构相距甚远。

数字化服务,本身由来自用户、行业、市场等的多源信息流所驱动,信息呈现网状传播,为保证信息传达的真实性和及时性,并提供相匹配的服务资源,纵向需要减少层级,横向需要消除部门界限。也就是说,未来的组织需要从职能划分型转向共享服务型。这其中,最关键的是在中层打破部门壁垒,集成服务职能,并实现一体化配送服务。

在数字化服务的模式下,前台将被划分成多个小团体,独立决策以应对瞬息万变的市场。为支持业务的快速研发和更迭,需要一个强大的中间层支撑,包括提供数据运营能力、技术能力等。过去的中间层,各部门以专业区分,各自为政,以部门间协作的方式搭建业务支撑体系,"部门墙"现象颇为严重,跨部门沟通复杂且耗时过长,无法达到整合资源、一体化支撑一线业务的要求。今后,企业的中间层有可能打破专业部门的划分,从业务服务导向来建立统一运作的体系,以具体业务所需要的不同配套服务为单位,形成类似共享中心的中间层架构,包括营销平台、研发平台、供应链管理平台等,为业务发展提供一站式服务。

如今,业务端的小团体模式已成为业界共识,正如海尔的"小微"模式,成效显著且深受推崇。但中层的整合与转型尚不明显。贝恩咨询曾对 IT 服务做过评价:"IT 部门为满足不同的业务部门的需要搭建了一组拜占庭风格的复杂系统,功能相互重合的系统可能短时间内满足了一些部门的需求,但却没能在整体上推进公司业务的发展。"过去,业务层开展创新,需征得业务和 IT 管理层的同意,之后由 IT 部门为业务端量身定制方案,但却很难形成标准化的落地,致使积累困难,以至于每次面临新任务都需重新进行系统开发和个性化设计。这种"一对一"的服务模式大大降低了 IT 服务效率。而今后的转型方向,就是建立共享型的中间层,倡导"多对一"服务模式,由中间层提供各项基本能力模块,前台业务团队根据自身需要自行组装设计,必要时由中层提供辅助。

阿里推行的"小前台,大中台"正体现了这种思想,业务团队一旦有新想法,仅需业务管理层同意,即可在 IT 层的公共资源池中寻找需要的能力模块,自行打磨并进行差异化改进。这对中层的公共资源池的要求是非常高的,不仅注重技术的持续革新,还关注业务端的用户需求导向,形成更具标准化和普适性的能力模块,这需要中层的相关部门通力合作,资源互通,形成高效的集中管理,至此便形成前台灵活、中台强大的组织结构。[①]

四、组织结构数字化转型的措施

企业数字化转型不是简单的新技术应用,而是战略思维、组织结构、业务流程、商业模式等全方位的转变,既是战略转型,又是系统工程,且"千企千面",需要探索符合企业自身特点的实施路径。

第一,战略数字化是企业数字化转型的思想引领。企业领导层应当把数字化转型作为系统工程,在理念统一、目标设定、路径选择、要素投入等方面进行统筹规划、顶层设计和系统推进,建立"一把手"负责制的数字化转型实施团队,构建符合数字运行特点的组织机制和激励机制,从体制机制层面保障数字化转型变革创新的成功。其主要包括:①企业领导层主导推动数字化战略实施,制定战略规划及行动计划,并持续进行资金投入。②开展扁平化管理,构建以项目(任务)为导向的自组织结构,促进员工参与不同团队,最大限度发挥技能。③提升员工数字技能,加强对技术创新人才、数字化应用型人才、数字化转型管理型人才等的激励,调动员工主动贡献、共享收益的积极性。

第二,设施数字化是企业数字化转型的基础支撑。企业充分运用 5G、物联网、云计算、边缘计算等数字技术,推动硬件设施的系统、接口、网络连接协议等向标准化升级,促使设施具备互联互通和安全防护能力,形成支撑数字化转型的基础底座。其主要包括:①企业部署高质量专线、高速以太网及 TCP(传输控制协议)/IP(网际互联协议)、TSN(时间敏感网络)等信息通信网络基础设施,对设备、软件、数据采集和应用等进行数字化改造,实现 IT 网与 OT(运营技术)网融合。②企业设施在互联互通基础上,产品与设备之间、不同的设备之间以及数字世界和物理世界之间能够实时联通、相互识别和有效交流,确保对设施数据的边缘采集和传输。③企业利用专门信息安全技术保障网络环境、数据采集、系统集成等方面的可用性、完整性、保密性检测与管理。

第三,资源数字化是企业数字化转型的必要路线。企业基于"云基础设施+云计算架

---

① 刘涛,杨雅清.数字化时代企业组织的转型之路[J].信息通信技术,2017,11(2):8-15.

构"搭建平台,推动生产全过程设备、系统、物料等全资源通过虚拟化、结构化的手段向云端迁移,构建起巨大的资源池,支撑企业高效聚合、动态配置各类资源。其主要包括:①云平台基础设施即服务的虚拟化。②业务系统在云平台上实现互操作。③人、机、物、料、法、环等生产资料信息在云平台实现汇聚。企业可通过两种方式搭建平台:①通过外部成熟平台,采购设备管理、现场管控、客户管理、融资租赁、供应链金融、能源优化等专业化服务资源,赋能自身业务流程的数字化升级。②企业可自建平台,汇聚内外部、产业链上下游、跨产业链资源,推动基于平台的资源汇聚,支撑数字化转型的各类变革。

第四,要素数字化是企业数字化转型的关键任务。企业在平台上对数据资源进行统筹规划、统一存储和统一管理,搭建算法库、模型库、工具库,以各类数据融通,支撑数据应用创新。其主要包括:①企业基于平台对数据进行集中存储,推进各类系统数据与系统分离,按照分级分类原则,进入基础信息库、业务信息库等。②企业利用平台提供软件工具,推动技术、工艺、方法、知识等显性化形成算法、模型,并根据业务应用需求促进数据流动融通,经分析挖掘实现数据创新应用。③企业基于平台进行数据管理,完善数据采集、数据共享、数据资产化、数据开放利用规则,健全数据治理机制。

第五,业务数字化是企业数字化转型的创新导向。企业基于数据开放利用,推动基于数据驱动的研发、生产、管理、营销、服务等业务流程的变革创新,逐步把数据作为价值创造的核心要素,形成新的数字业务和增值空间。其主要包括:①协同研发。企业搭建内外部开放式研发创新平台,共建共享研发设计、工艺流程、质量检验、运行维护等行业共性知识图谱和机理模型库,开展基于数字样机的智能仿真、虚拟试验、交互体验和学习优化。②智能生产。企业推动装备、产线、车间、工厂的智能化改造,打通生产现场数据流,促进生产制造全过程的全面感知、实时分析、精准执行和动态优化,实现生产物料精准配送、生产计划按需调整和生产管理智能决策。③数字管理。企业通过业务系统数据的弹性供和按需共享,实现一体化柔性经营管理和企业决策的智能化,使经营管理更精准、有效。④场景服务。企业利用平台开放交互能力,建立以用户为中心的营销场景,丰富服务渠道,创新服务模式,优化服务手段,快速、动态地响应用户需求,更进一步推动数据的资产化运营,拓展跨界的增值服务。⑤能力开放。企业通过搭建开发者社区等平台环境,汇聚多方创新主体,推动以 App 为载体的平台服务和能力的在线协同和交易,共同构建企业业务创新生态。

第六,数字化效益是企业数字化转型的价值体现。企业在创新、经济和社会效益三个层面实现效益增值和生态构建,促进价值创造机制的根本性突破。其主要包括:①创新效益。企业通过数字化,在提升核心技术创新能力、缩短研发创新周期、促进创新成果产业化等方面取得成效。②经济效益。企业通过数字化实现"两增一减",即节约成本、降低库存、降低能耗等节本降耗效益,技术、规模、管理、配置等效率提升,产品质量升级、服务内容升级、品牌价值升级等效益增值。③社会效益。企业带动社会就业等方面的社会责任和价值升级。①

---

　　① 高婴劢. 企业数字化转型的四个"有为"[N]. 通信产业报,2021-05-17(13).

第三节　数字化业务流程变革

　　业务流程,是为达到特定的价值目标而由不同的人共同完成的一系列活动。活动之间不仅有严格的先后顺序限定,而且活动的内容、方式、责任等也都必须有明确的安排和界定,以使不同活动在不同岗位角色之间进行转手交接成为可能。活动与活动之间在时间和空间上的转移可以有较大的跨度。所谓数字化的业务流程管理,就是依靠业务流程管理平台,构建业务流程的数字化、结构化模型,通过 IT 系统实现相关流程,最终实现企业业务流程的"可观""可动""可测",持续提高组织整体绩效和反应能力,为企业的经营运作、管理创新、战略决策提供重要支撑。[①] 数字化的业务流程可以在实际业务运行过程中,通过流程监控及数据分析,进行持续优化与改进,实现企业的管理变革与创新。

　　业务流程的畅通源自流程中信息的交互,在信息交互过程中,流程的精准性来自数据的准确性和数据分析后的迭代优化。传统业务流程需要手工工单或者人工纸质审批,所有的环节都缺少数据记录,没有电子化就没有办法用数据分析,流程效率非常低。一个高层管理者出差,所有需要审批的文件都需要他回来之后才能审批。老板出差两个星期,所有的付款或请款都要等待两个星期才能进行。传统的业务流程已经过时,电子化的审批和工单系统已经较为成熟、稳定,完全可以替代纸质审批和手工工单。现在,政府正在推动电子化,包括发票的电子化、证件的电子化、业务流程的电子化,在窗口办理的事情基本可以在网上办理,即使是需要人在场拍照确保是本人的,也可以通过视频验证或者留存录像的方式进行。

一、数字化业务流程基础

　　传统的业务流程方式,因为缺少准确和及时的数据采集,在缺少数据支撑的情况下,流程很难进行分析,更难以进行优化。这是很多企业存在高库存、低流转问题的原因。

　　而数字化转型的企业,需要在企业的各个环节设定数据采集的点,这个点被称为数据埋点。以一家企业供应链的全流程为例进行说明,企业需要在全流程中将数据记录下来,例如门店销售产品,需要记录销售订单,这是销售记录。有了销售记录之后,就可以计算每天的销售量以及预测未来的销售量。同时,有了该门店的库存数据,就可以判断门店的库存还可以卖多久、什么时间进货,确保在门店断货之前有新品供应。要让分拨中心能够看到门店的库存数据、销量数据和销量预测的数据,分拨中心就能够规划什么时间为门店供货,需要保证有多大的库存,并及时向工厂下订单,及时将工厂的货物运送到分拨中心,确保分拨中心的货物不多不少,补货也不早不晚。工厂在安排生产计划时,能够知道门店的库存、分拨中心的库存,同时能够知道每天的整体销量,能够预测什么时间为分拨中心补货,那样就可以更加科学地安排自己的生产计划。采购部门也需要了解工厂有多少原料库存,还能够满足多久的生产需求,能够预测到什么时间原料就会断货,所以要提前做好采购计划,并及时告诉供应商大概什么时间下什么订单,供应商也可以做到提前备货,

---

　　① 李丽娟,宋涛. 数字化业务流程照亮管理之路[J]. 企业管理,2012(12):88-90.

不至于下单采购时供应商也没有存货。

多数传统企业目前仍然采用手工记录数据的方式,或者用 Excel 表格对数据进行维护,这些表格数据不能及时通过信息系统传递到另一端。整个流程的上下游各环节也不能够共享数据,这就导致数据慢、数据不准确、数据提供不及时。如果做生产计划时向各个环节索要数据,就会导致效率低下。数据不准确导致计划不准确,计划不准确导致生产不准确,生产不准确导致供应不准确,各方相互埋怨、推脱责任,从而增加了管理方面的难度。想做到准确、及时、高效,就需要一个强大的信息系统,不仅有门店端的 POS(销售点终端)系统,还要有整个分拨中心的 WMS 系统、生产 MES 系统和 MRP(物资需求计划)系统,以及整个采购和供应商管理的 SRM(供应商关系管理)系统。

同时,这些系统能够相互打通、共享数据,通过一些算法进行串联。例如,门店的销售数据通过 POS 系统进行收集,对这些数据进行分析和加工,对未来的销量进行预测。根据历史销量建立模型,可以精准预测一个星期、一个月甚至三个月的销量。分拨中心也能够精准预测未来具体时间段内货物流通的情况,并精准到每个 SKU(最小存货单位)。同时,工厂也能够清楚地知道每天、每个星期、每个月,甚至未来三个月的排产计划,而且可以精准到每个 SKU。采购部门也需要根据这些数据形成一个算法,从而精准地预测未来一个星期、一个月和三个月需要采购哪些原料,确保原料到厂"不早不晚,不多不少"。企业内外流程如图 9-1 所示。

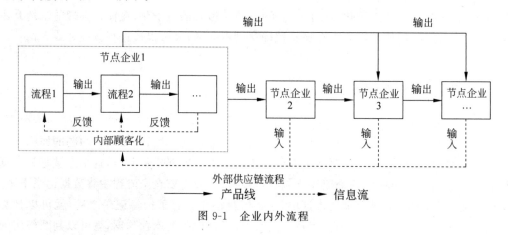

图 9-1　企业内外流程

二、业务流程转变

以往企业内部的流程都是固化和刚性的,同时也是被不同岗位分割的,非常适合实施确定性很强的任务。当外部市场瞬息变化,要求内部流程快速匹配外部变化的时候,这类层层审批、缺乏弹性的长流程显然已无法应对。比如在传统供应链流程中,企业依据自身职能分担供应链具体环节任务,仅对接上下游相关企业,资源调配由核心企业主导。除核心企业外,其他节点企业对供应链信息知之甚少,很难从全局意识推动业务创新。

随着企业内部资源的数据化,各项基础资源从物理态变为虚拟态,以数据流的形式贯穿企业内部的碎片化资源,以平台管理聚合信息资源,打破层级,各种需求直接对接,信息的不对称性大大降低,业务流程环节大幅减少,具体运作也从单向流动向实时交互转变。

如图 9-1 所示,企业内外部之间衔接中存在着两股流向:产品流和信息流。在数字化服务模式下,借助互联网技术,企业对外部市场的信息流掌控程度大大提升,可以进行跨级对接,挖掘更深层次的用户需求。

对外,企业的业务流程将由链式连接转为网状连接。由于互联网技术的引入,企业从原来比较孤立的一个个点,连接成了彼此交互的网络生态系统,企业的边界逐渐模糊,各节点企业都可以共享信息资源,获得更为丰富的需求信息,这样就能够根据具体的需求进行高效跨级对接,从而带动产品流从单向变为多向。内部运作流程将从单向变为双向流通状态。这其中最为关键的变化就是对客户的定义:从企业外部顾客的身份逐步内化,参与到企业生产过程中,形成所谓的产消者。生产过程的输出即为产品,每个主要的流程节点都有可能成为客户需求反馈的入口,进而实时改变产品的制作。

今后的流程将不再固化,而是围绕一线业务需要,形成柔性化和灵活性的动态流程。曾经固化的合格标准被用户需求所替代,对关键节点流程的审核不再以恒定的合格标准为主,而是以满足客户的需求为准则。各流程隔板向下游开放,上游流程的审核以下游顾客满意与否进行评定,至此形成双向沟通的内部运作流程。总体上相比传统的刚性流程,数字化业务流程的反应速度和灵敏性都将有极大的提高,但相应地对后台的智能系统也有更高的运算能力要求。

三、数字化业务流程变革举措

先行者在数字化方面的成功经验可以为绝大多数行业的公司借鉴。

第一,从最终状态开始倒推。数字化通常会颠覆原有流程。例如,自动化的决策流程与自助服务相结合就可以淘汰人工流程。成功的数字化项目从为每个流程设计未来状态开始,比如把某项流程的交付时间从几天缩短到几分钟,且暂不考虑当下的限制因素。一旦具有吸引力的未来状态被清晰描绘出来,那些限制因素(如法规要求的检查)就会重新加入进来。公司应当毫不犹疑地对每项限制因素提出疑问,因为许多限制因素可能只是人云亦云的迷思,完全可以通过与客户或监管人员沟通迅速解决。

第二,处理端到端客户体验。挑选客户体验的某些阶段进行数字化,会提高流程中特定领域的效率,解决某些棘手问题,但是这样做永远无法为客户带来真正的无缝体验,结果浪费了巨大的潜力。处理客户开户等端到端的流程,流程数字化团队需要获得与客户体验相关的各个职能部门的支持。终端客户也应当深入参与进来,尤其要质疑传统观点。为了将其付诸实践,有些企业建立了具有初创企业风格的跨职能部门,把所有与端对端的客户体验相关的人员招致麾下(包括 IT 开发人员)。跨职能部门有权对现状提出疑问。跨职能部门的成员通常被派驻到同一地点工作,以提高沟通效率,确保真正的团队合作。

第三,能力构建。由于数字化技能短缺,所以成功的数字化项目必须强调企业内部能力的培养,其目标是打造一支由技能卓越、能快速适应数字化流程的员工所组成的核心团队。尽管如此,很多时候公司还必须寻找外部人才来满足新技能和新岗位的需求,如数据专家或用户体验设计师。考虑到数字化项目的重要性,首批数字化项目的领导者应当仔细挑选值得信赖且愿意长期从事该项目的管理人员。与此同时,团队还必须具备模块化技能,搭建起在不同流程中可重复使用的技术组件,使经济规模最大化。

第四,迅速行动。传统的 IT 密集项目只有在项目结束时才会看到效果,而有时一个项目要长达几年才能完成。逐一对端到端的流程进行数字化,在 3～5 个月内就能够看到业绩的改善。短期内,恐怕难以迅速推进遗留系统集成等复杂的 IT 挑战,但是有办法降低拖延风险。比如,某工业企业想要集成 IT 遗留系统,它借助低成本的离岸资源重新激活系统数据,在建立强大的 IT 界面的同时,确保新的数字流程上线供试点客户使用。这种方法可以降低整合工作的风险,加快投资回收速度。但迅速行动也存在难点,通常造成瓶颈的原因不在 IT 开发部门,而在于业务部门的决策制定。因此,数字化项目的执行需要董事会层面的大力支持,统一所有利益相关方的认识,同时把其他决策权下放给项目组。

第五,转入而不是转出。传统的做法中,新方案通常是逐步推广到不同地区的。但是,数字化变革对于流程和支持部门的冲击都很大,因此公司或许采取不同的方法。例如,电信公司的销售人员也许更希望客户通过现有店铺体系申请服务,而不是通过自助服务台。银行信贷审批专员可能不信任自动算法,而选择重新审查获批的申请。出现这些情况时,设立一个专门处理数字流程的新部门可能是个较好的解决办法,把员工转入这个部门,同时增加数字流程的处理量。这样做,不用把大量精力花在改变旧习惯和老行为上,能确保向数字化流程的转移过程更为简便。等到所有流程的处理量都迁移到新的数字化流程中,这个新成立的数字部门就需要"吞掉"原来部门的所有必要人员。

进行流程数字化的企业可以提高自身的盈利能力并能取悦客户。数字化所能创造的价值最终要看企业的商业模式和发展起点,但是可以通过端到端流程的成本分配和与同业对标估算出其大体价值。在进行业务流程数字化变革时,企业可以先开展一两个试点,启动该方法,培养相应的能力和发展势头,然后再迅速扩大规模。①

【案例讨论】

雁阵效应赋能——华为的数字化转型之路

2021 年,我国数字经济发展取得新突破,数字经济规模达到 45.5 万亿元,同比名义增长 16.2%,高于同期 GDP 名义增速 3.4 个百分点,占 GDP 比重达到 39.8%,数字经济在国民经济中的地位更加稳固、支撑作用更加明显,由网络化、平台化、智能化与生态化构成的企业数字化转型已成为企业发展的必由之路。在该大环境下,华为技术有限公司(以下简称"华为")从雁阵效应入手,将其作为着眼点,把握其核心理念,然后展开"攻势",以搭建数字生态圈、充当"头雁"以及积极帮助其他企业进行数字化转型为"三步走战略",发展数字生态。

一、打造数字生态圈,建造属于自己的雁阵

在这场数字化转型的战役中,华为察觉到没有任何一家企业可以单枪匹马地完成一次成功的数字化转型,因此数字化转型的前提就是寻找自己所属于的数字群体。所以华为不断地组建一个适合自己的"雁阵",搭建一个属于华为的数字化生态圈。

---

① MARKOVITCH S,WILLMOTT P.加快业务流程的数字化转型[J].销售与管理,2014(11):65-67.

首先，华为着眼于客户企业。华为在划分目标客户时，不仅将眼光停留在那些进行数字化转型的传统企业身上，还着眼于需要升级换代的新兴企业，因为华为注意到新兴企业是一股不容小觑的数字化力量，它们刚刚诞生，基础薄弱，所以需要数字化方面的大力支持。华为将需要其帮助的企业列为客户企业。其次，华为明确目标企业，即想要赶超或是需要向其学习的企业。华为之所以划分目标企业，是因为转型道路上充满了各种可能性，需要不断地完善、探索、发展，华为需要学习，也乐于学习，于是不断向目标企业学习数字化转型，也向目标企业提供属于华为独特的数字化见解，共同促进数字化生态健康发展。最后，华为也关注那些数字化基础薄弱但仍在华为生产链上的上、中、下游企业。由于在生产链上有比它们更优的企业或组织来替代它们，所以这些企业是最容易被忽视的。但是华为没有忘记它们，因为华为意识到它们之中蕴含着巨大的数字化转型机会，是一股庞大的数字化转型力量，所以华为也将数字化水平相对落后的企业纳入华为数字生态圈。

二、华为当头雁，创新领风骚

在组建完雁阵之后，华为就充当起头雁，带领雁阵前进。

（一）提供舞台——数字化平台

华为根据自身情况和多年来与其他企业交流的经验，总结出了转型时通常会遇到的两个难题：第一，企业内部技术部门达不到转型要求，或者企业找不到进行相关技术合作的途径，技术不达标就没有机会谈转型。第二，在技术层面达标的情况下，企业需要面对数以千计的客户需求，每一个客户需求都具有独特性，这种情况对企业拥有的数据量以及创新能力提出了巨大的挑战。

华为努力寻求解决之法，推出了华为数字化平台。此平台是业界唯一能够横向融合云、AI、IoT、大数据、通信、视频、GIS（地理信息系统）等新 ICT（信息通信技术），纵向打通端边网云的平台。可以将其理解成"数据库＋工具＋媒介"，也就是说企业可以借助强大的数字化平台搭建利益平台，实施盈利手段，使得领先的企业继续领先，让处于瓶颈期的企业获得一种全新的解决方案，让还未进行转型的企业处于更高的起点。如睿呈时代的强项是大数据可视化呈现，让客户秒懂大数据。它基于华为的数字化平台，借助华为强大的全球运营能力，实现技术叠加，打造智慧城市解决方案，不仅将自己做大、做强，更把数字化平台的作用发挥得淋漓尽致。

（二）独树一帜——创新文化

因为技术是华为的立足之本，是 ICT 行业的核心竞争力，所以华为尤为重视且推崇创新，形成了独树一帜的创新文化。

首先，在管理方式上，华为以人为本，尊重用户体验，合理安排技术人员，不断优化组织结构，同时牢牢掌握核心技术，进行技术卡位，开展有目的、有驱动力的创新。其次，在企业战略上，华为每年在技术研发上采取密集炮火、饱和攻击的策略，2022 年华为研发费用支出约为人民币 1 639 亿元，高研发投入给华为创造了无可匹敌的竞争力，取得了很多实质性的突破，像鸿蒙 OS 系统、方舟编辑器、仓颉编程语言、XMAGE 影像系统等众多自研成果，都是华为大量的研发投入所造就的。最后，在企业价值观上，华为一切都按照计划来执行任务，在合理范围内进行创新，实行有计划的创新观念。华为利用创新精神实现了自身的强大，同时也为数字生态圈内的企业着想，积极地向圈内的企业宣传创新，提供相关服务与咨询,创造数字技术创新链条,帮助圈内的企业实现转型。

三、合作中转型,阶段式发展

华为以"共和"理念为指导思想开展合作,建设企业层面的"命运"共同体。在实践上,首先,华为以"共和"理念为合作的精神内核,力求实现可持续健康发展。其次,华为根据经验与理论,将数字化转型分为网络化转型、平台化转型、智能化创新与生态化创新四个阶段。最后,华为以"共和"理念为指导思想,将其注入上述四个阶段,与其他企业开展合作的同时帮助它们进行转型。

(一)网络化转型

网络化阶段,属于线下向线上转型的初期阶段,是企业从传统商业模式转向数字化模式的第一个阶段,华为将其作为数字化转型的奠基工程。在华为帮助数字生态圈内的企业进行网络化转型的案例中,最典型的就是华为与贵州茅台酒股份有限公司(以下简称"贵州茅台")的合作。

在此次合作中,华为的总体计划是帮助贵州茅台主攻线上与线下融合,建设营销管理平台。首先,华为帮助贵州茅台打造"智慧茅台"线上平台,把大数据分析应用作为贵州茅台网络化的核心,实现贵州茅台线上转型。同时华为以"互联网＋"为手段,进行数据整理和数据分析,帮助贵州茅台实现线上精准营销。其次,在品牌立意方面,华为辅以网络技术进行创新,打造以大数据平台和大数据分析为主的价值体系。"智慧茅台"的简单介绍如图 9-2 所示。

带你认识"智慧茅台"

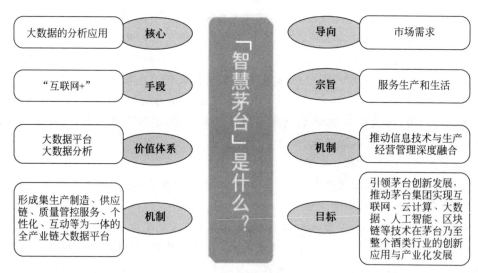

图 9-2 "智慧茅台"的简单介绍

(二)平台化转型

平台化阶段,属于线下向线上转型的成熟阶段,数字化转型的第二个阶段。在华为帮助数字生态圈中的企业进行平台化转型的案例中,较典型的就是华为与中国邮政集团有限公司(以下简称"中国邮政")的合作。

中国邮政和华为在分布式架构、咨询规划、智慧物流、智慧园区等领域加强合作，共同探索 ICT 新技术在中国邮政金融、寄递、邮务三大业务板块的应用。华为帮助中国邮政搭建大数据信息化平台，完成平台化转型，成立"中国邮政·华为新技术应用实验室"，帮助中国邮政建立遍布全国的营业网点，便民利民惠民的综合服务平台和电子商务平台，帮助中国邮政实现平台化转型。

（三）智能化创新

智能化创新阶段，属于线上向智能转型的阶段，是数字化转型的第三个阶段。华为在此阶段所作出的最显著的贡献就是推出智能办公模式，具体来说就是"1＋3＋X"智能战略。"1"是华为基于企业的办公数字化趋势，利用巨量数据进行平台优化，打造智能工作平台。"3"是指华为隆重推出的三类智能协作终端，分别是专业智真系列、企业智慧屏幕系列、智能桌面系列，同时实现创新卡位，精准服务，满足客户全方位、多角度的需求。"X"是指华为引领开放合作趋势，以此为基点引领线上线下合作办公，不论是在企业内部还是企业之间，实现智能化创新，促进其多样化的办公场景与其实体业务、线上操作等多元事项更优化地结合，提高效率，使得企业更加智慧。华为智慧办公模式简图如图 9-3 所示。

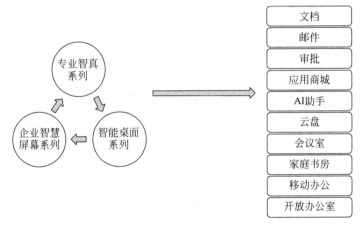

图 9-3　华为智慧办公模式简图

（四）生态化创新

生态化创新阶段，属于智能阶段的成熟期，数字化转型的第四个阶段。华为将此阶段的发展赋予"整体"的思想，与其说建设自身数字生态不如说建设行业数字生态，具体来说就是建设地区数字经济，促进整个地区的数字化发展。生态化创新最典型的就是浙江数字生态新基建的建设。此次建设中，华为与浙江省数字行业内众多企业进行合作，帮助浙江省打造解决方案认证平台、创新标准孵化平台、成果展示平台以及专业培训平台，建设浙江数字生态。华为在此次合作中所做的就是在网络优化、平台优化的基础上实现企业内部、企业之间、地区之间的智能协同，围绕"高""新""人""合"等理念发展高新科技，建设科技园区，加强人才培养。通过生态创新中心形成创新驱动力，打造核心竞争力。实现以大数据平台、数字化平台为代表的新基建，以 5G、IoT 为代表的新连接，以云、AI、鲲鹏、昇腾为代表的新计算，实现浙江数字转型生态，帮助浙江数字行业完成生态化创新。

四、启示与挑战

华为利用雁阵效应推进数字化转型是具有启发性意义的。在大规模、多类型、全员参与的经济革命中如何取得胜利呢？华为交给了我们一份完美的答卷——"共和"合作，阶段转型。华为将数字化转型明确分为四个阶段，在不同阶段利用不同手段开展不同的业务，并且抱着共同发展、互利共赢的观念进行合作，实现合作双赢，共同推进行业健康发展，最终完成企业的数字化转型。首先，数字经济仅是当下的一种经济业态，将来可能迎来不同的、更加高级的经济业态，所以要灵活运用雁阵效应，解决具体的实际问题。因此，有担当、有能力的企业应该积极承担责任，以身作则，带领着行业发展。其次，合作在企业发展中是必不可少的。最后，只有互惠互利、互利共赢、共同发展，把实现自身与群体的共同发展作为目标，自身才能实现突破，群体才能发展壮大。

华为在利用雁阵效应赋能数字化转型时面临如下挑战：第一，难以突破。华为把数字生态圈作为出发点、发力点，从而进行数字化转型，那么数字化转型成功的果实只能在一个圈子里分享，无论华为再怎么扩大数字生态圈，始终会有无法顾及的企业，所以华为无法突破其所在的数字生态圈。第二，难以复制。只有华为这种数字化实力雄厚的企业才能支撑、负责起这么庞大的数字生态圈，实力平平的企业无心组建也无力组建数字生态圈，没有雁阵，这一切将无从谈起。就算有了圈子，也需要圈子里的企业心往一处想、力往一处使、以群体为重，显然，这对于处于逐利、利己的时代潮流下的企业来说太难了，所以雁阵效应赋能难以复制，无法普及应用。

思考题：

1. 结合案例分析华为在数字化转型中的优势。
2. 结合案例分析华为是如何帮助数字生态内企业进行数字化转型的。
3. 结合案例分析华为是如何利用雁阵效应赋能数字化转型的。掌握这对以后的企业数字化转型有哪些启示，明白雁阵效应赋能数字化转型所面临的挑战。

资料来源：

[1] 李雪松,党琳,赵宸宇.数字化转型,融入全球创新网络与创新绩效[J].中国工业经济,2022(10):43-61.

[2] 刘政,姚雨秀,张国胜,等.企业数字化,专用知识与组织授权[J].中国工业经济,2020(9):156-174.

[3] 倪克金,刘修岩.数字化转型与企业成长:理论逻辑与中国实践[J].经济管理,2021(12):79-97.

[4] 戚聿东,肖旭.数字经济时代的企业管理变革[J].管理世界,2020,36(6):135-152.

[5] 史丹.数字经济条件下产业发展趋势的演变[J].中国工业经济,2022(11):26-42.

[6] 田秀娟,李睿.数字技术赋能实体经济转型发展——基于熊彼特内生增长理论的分析框架[J].管理世界,2022,38(5):56-71.

[7] 肖土盛,吴雨珊,亓文韬.数字化的翅膀能否助力企业高质量发展[J].经济管理,2022(5):41-62.

[8] 余江,孟庆时,张越.数字创新:创新研究新视角的探索及启示[J].科学学研究,2017(7):1103-1111.

即测即练

教师服务

感谢您选用清华大学出版社的教材！为了更好地服务教学，我们为授课教师提供本书的教学辅助资源，以及本学科重点教材信息。请您扫码获取。

≫ 教辅获取

本书教辅资源，授课教师扫码获取

≫ 样书赠送

企业管理类重点教材，教师扫码获取样书

 清华大学出版社

E-mail: tupfuwu@163.com

电话：010-83470332 / 83470142

地址：北京市海淀区双清路学研大厦 B 座 509

网址：https://www.tup.com.cn/

传真：8610-83470107

邮编：100084